建设项目全过程工程咨询实务

安徽海量科技咨询有限责任公司　组编

机 械 工 业 出 版 社

本书以项目建设为主线，系统阐述全过程工程咨询理论与方法，业务内容与实际业务流程或工作程序，既体现建设过程（决策阶段、设计阶段、发承包阶段、施工阶段、竣工阶段、运营阶段六大阶段），又涵盖工程咨询的全部内容，方便读者学习掌握和实际使用。本书共9章，内容包括全过程工程咨询的制度、标准、业务范围、组织机构、咨询项目管理和咨询文件编制，六大阶段的工程咨询内容、方法、依据、业务流程、咨询成果的形成及注意事项，以及建设项目全过程文件报批与综合管理等。

本书可供投资人（业主或建设单位）、全过程工程咨询单位（包括工程咨询、工程设计、工程勘察、工程造价、工程监理、招标代理、项目管理单位）、施工单位或总承包单位、房地产企业、重点项目中心以及工程建设行政主管部门的管理人员、业务人员工作参考，也适合工程建设专业技术人员（包括建筑师、建造师、造价师、监理师、勘察设计工程师、安全工程师、咨询工程师、招标师等）和大专院校师生使用以及作为职业培训教材。

图书在版编目（CIP）数据

建设项目全过程工程咨询实务/安徽海量科技咨询有限责任公司组编. —北京：机械工业出版社，2024.5
ISBN 978-7-111-75785-6

Ⅰ.①建…　Ⅱ.①安…　Ⅲ.①基本建设项目-咨询服务-高等职业教育-教材　Ⅳ.①F284

中国国家版本馆 CIP 数据核字（2024）第 093969 号

机械工业出版社（北京市百万庄大街 22 号　邮政编码 100037）
策划编辑：闫云霞　　　　　　责任编辑：闫云霞　范秋涛
责任校对：孙明慧　刘雅娜　　封面设计：张　静
责任印制：常天培
固安县铭成印刷有限公司印刷
2024 年 8 月第 1 版第 1 次印刷
184mm×260mm · 18 印张 · 446 千字
标准书号：ISBN 978-7-111-75785-6
定价：78.00 元

电话服务　　　　　　　　　　网络服务
客服电话：010-88361066　　　机　工　官　网：www.cmpbook.com
　　　　　010-88379833　　　机　工　官　博：weibo.com/cmp1952
　　　　　010-68326294　　　金　书　网：www.golden-book.com
封底无防伪标均为盗版　　机工教育服务网：www.cmpedu.com

《建设项目全过程工程咨询实务》编审人员名单

主　编　杨　博

副主编　李顺达　刘　辉　杨　光　王　瑾

编著者（排名不分先后）

　　　　刘　辉　杨　光　李顺达　王　瑾　柏　娟

　　　　王艳丽　程　峰　陈安英　姜　葵　王永刚

　　　　杨旻紫　郑　中　王玉涵　罗张福　董逸伟

　　　　胡旭辉　黄　郝　胡　煜　苏　奎　贾莉莉

　　　　童　进　陈　鹏

审　定　吴旺水　杨　璐

前　言

　　建设项目全过程工程咨询是建设行业发展到一个新阶段的必然产物，在新时代、新征程的大背景下，建设行业咨询新业态正在逐步构建，工程咨询业也面临着新业务、新发展的考验，各地工程咨询企业都在积极寻求新的发展之路。近几年各地政府都在鼓励工程咨询企业开展全过程工程咨询服务，支持工程咨询企业探索与实践全过程工程咨询。随着全过程工程咨询服务业的兴起与发展，从业人员急需科学系统的全过程工程咨询实务指导书。

　　本书将建设项目的全过程划分为六大阶段（即决策阶段、设计阶段、发承包阶段、施工阶段、竣工阶段、运营阶段），体现真正的建设项目全过程，探讨各阶段所需要的咨询产品以及该产品所要解决的问题。切实融工程咨询内容于过程中，同时整合工程咨询服务业务，打破条块分割，打破信息与资源壁垒，从而提高工程建设管理水平，实现建设项目品质的提升，建设投资效益的提高。全书系统地介绍了全过程工程咨询的内容、业务范围、相关制度和标准、咨询文件的编制以及建设项目全过程文件报批和项目综合管理，扼要介绍了全过程工程咨询组织机构的建立与职责分工，以及全过程工程咨询服务的招标采购。以全过程工程咨询单位和总咨询师为主线，突出业务流程和咨询工作程序，详细介绍了各个阶段工程咨询的方法、依据、业务流程、咨询成果的形成以及注意事项，通过将建设项目全过程各阶段与对应的咨询服务内容相匹配，使工程咨询单位、投资人（业主或建设单位）、政府主管部门清晰地了解到建设项目所处阶段所需的工程咨询服务，以及如何开展咨询服务。

　　本书由安徽海量科技咨询有限责任公司组织编写。杨博担任主编，李顺达、刘辉、杨光、王瑾担任副主编。撰稿人的具体分工为：杨光（安徽省招标集团股份有限公司）编写第一章，杨旻紫、郑中（安徽中技工程咨询有限公司）编写第二章，刘辉（安徽海量科技咨询有限责任公司）编写第三章，程峰、童进（安徽审计职业学院）编写第四章，陈安英、贾莉莉（合肥工业大学）编写第五章，柏娟（安徽中技工程咨询有限公司）编写第六章，姜葵（安徽鑫建联教育咨询有限公司）、王永刚（安徽金瑞安工程咨询有限公司）编写第七章，王艳丽（合肥大学）、李顺达（容诚工程咨询有限公司）编写第八章，王玉涵（徽商银行股份有限公司）、罗张福（容诚工程咨询有限公司）、董逸伟［上海建纬（合肥）律师事务所］编写第九章。其他参编人员为：胡旭辉、黄郝、胡煜、苏奎、陈鹏。

　　本书既能为工程咨询企业开展全过程工程咨询提供实务指导，又为投资人（业主或建设单位）评价和考核全过程工程咨询服务成果质量提供指引。本书可供投资人、全过程工程咨询单位（包括工程咨询、工程勘察、工程设计、工程造价、工程监理、招标代理、项目管理单位）、施工企业、房地产企业、重点项目中心以及工程建设行政主管部门的管理人员、业务人员工作参考，也适合工程建设专业技术人员（包括建筑师、建造师、造价师、监理师、勘察设计工程师、安全工程师、咨询工程师、招标师等）和大专院校师生使用以及作为职业培训教材。

全过程工程咨询是一项全新咨询业务，随着建设方式的改变，其形式、内容和程序也会不断更新，对咨询服务将会提出更高要求。书中内容可能与现实不完全吻合，加之作者水平有限，难免有欠妥甚至错误之处，敬请读者提出宝贵意见。

目　录

第一章

全过程工程咨询概述

推行全过程工程咨询是提高工程建设管理水平、提升行业集中度、保证工程质量和投资效益、规范建筑市场秩序的重要措施。同时也是我国现有投资咨询、勘察、设计、监理、造价、招标代理、施工、运行维护等企业调整经营结构，谋划转型升级，增强综合实力，加快与国际建设管理服务方式接轨，适应社会主义市场经济发展的必然要求。

第一节　全过程工程咨询服务的内容

一、全过程工程咨询的概念

全过程工程咨询是指对建设项目全生命周期提供组织、管理、经济和技术等各有关方面的工程咨询服务，包括项目决策、勘察、设计、造价、招标代理、工程监理、运行维护等专业咨询服务。

全过程工程咨询服务可采用多种组织方式，由投资人授权一家单位负责或牵头，为项目从决策至运营持续提供局部或整体解决方案以及管理服务。

二、全过程工程咨询的由来

在我国全过程工程咨询是从工程咨询中派生出来的。标志性的文件为 2017 年 2 月，国务院办公厅印发《关于促进建筑业持续健康发展的意见》（国办发〔2017〕19 号），首次在建筑工程的全产业链中明确"全过程工程咨询"这一理念。2017 年 5 月，住房和城乡建设部发布《关于开展全过程工程咨询试点工作的通知》（建市〔2017〕101 号），选择北京、上海、江苏、浙江、福建、湖南、广东、四川八省（市）以及中国建筑设计院有限公司等40 家企业开展为期两年的全过程工程咨询试点工作。

2019 年 3 月，国家发展改革委、住房和城乡建设部联合发布《关于推进全过程工程咨询服务发展的指导意见》（发改投资规〔2019〕515 号），该指导意见将全过程工程咨询服务划分为两部分：投资决策综合性咨询和工程建设全过程咨询。

投资决策综合性咨询由国务院投资主管部门负责指导，综合性工程咨询单位接受投资者委托，提供就投资项目的市场、技术、经济、生态环境、能源、资源、安全等影响可行性的要素，结合国家、地区、行业发展规划和相关重大专项建设规划、产业政策、技术标准及相关审批要求进行的分析研究和论证，为投资者提供决策依据和建议。

工程建设全过程咨询由国务院住房和城乡建设主管部门负责指导，全过程工程咨询单位提供勘查、设计、招标代理、工程监理、造价、运行维护等全过程咨询服务，满足建设单位一体化服务需求，增强工程建设过程的协同性。在保证工程质量和安全的前提下，进一步提高项目建设效率，节约建设资金。

近几年试点省（市）先后发布《全过程工程咨询服务导则》《建设项目全过程工程咨询服务指引》《全过程工程咨询服务招标文件范本》《全过程工程咨询合同文件试行文本》等指导性文件，通过文件发布使投资人和工程咨询单位对全过程工程咨询服务概念的理解更加清晰明了。

三、全过程工程咨询的特点

全过程工程咨询贯穿项目建设全过程，覆盖项目建设全部内容，主要有以下特点：

（1）跨阶段　全过程工程咨询概念有所扩大，横跨项目建设六大阶段，即决策阶段、设计阶段、发承包阶段、施工阶段、竣工阶段和运营阶段六个阶段。

（2）集成化　全过程工程咨询将碎片化的投资咨询、勘察设计、造价咨询、招标代理、工程监理和运行维护等专项咨询进行有机整合，从而实现设计、施工、运营维护的集成，人员与团队的集成，知识、技术与管理的集成。

（3）强调智力服务　咨询人（或工程咨询单位）要运用工程技术、经济学、管理学、法学等多种学科的知识和经验，为委托人（或投资人）提供智力服务。

四、全过程工程咨询的业务范围

建设项目全过程工程咨询概览图如图 1-1 所示。全过程工程咨询的业务范围，与建设项目的特性、发包方式和管理模式有关。对于一般建设项目，其业务范围主要有以下内容。

（1）决策阶段　主要包括项目规划咨询、投资策划咨询、项目建议书、可行性研究、项目建设条件咨询、环境影响评价、节能评估、社会稳定风险评估、水土保持评价、地质灾害评估、安全风险评价、交通影响评价、资源综合开发利用评估、投资估算、方案比选等。

（2）设计阶段　主要包括初步勘察、方案设计、初步设计、设计概算、详细勘察、设计方案经济比选与优化、施工图设计、施工图预算、BIM 技术及专项设计等。

（3）发承包阶段　主要包括项目招标策划、招标文件编审、工程量清单和招标控制价编审、合同条款策划、招标投标过程服务等。

（4）施工阶段　主要包括工程质量、进度与造价控制、勘察设计现场配合管理、安全生产管理、工程变更、索赔、现场签证及合同争议处理、安全文明施工与环境保护管理、工程文件资料管理等。

（5）竣工阶段　主要包括项目竣工验收、竣工资料管理、竣工结算审核、竣工移交、竣工决算编制、质量缺陷及项目保修期管理等。

（6）运营阶段　主要包括项目后评价、运营管理、项目绩效评价、设施管理、资产管理等。

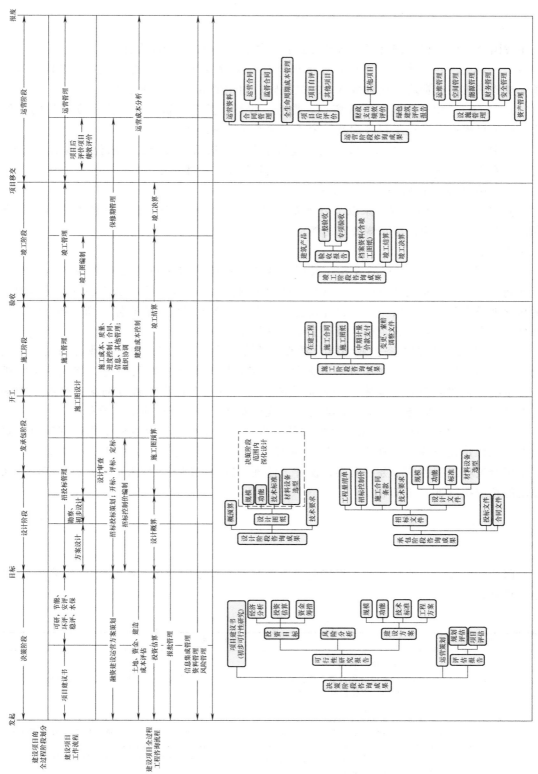

图 1-1 建设项目全过程工程咨询概览图

五、全过程工程咨询服务方式

在我国全过程工程咨询有三种服务方式：一体化、"1+N"和联合体。

（1）一体化　由一家工程咨询企业承担全过程工程咨询服务。该咨询企业应具备国家法律法规要求的相应资质。这种服务方式是我国目前主要推行的一种方式。

（2）"1+N"　由一家具备工程咨询、勘查、设计、监理、造价等至少一项资质的咨询企业承担项目建设全过程工程咨询及一项或多项专业咨询服务。

"1"是指全过程工程咨询，服务范围包括建设项目决策、设计、发承包、施工、竣工、运营六个阶段中的一个或多个阶段，由投资人或建设单位自主确定。

"N"是指专业咨询服务的一项或多项。

（3）联合体　由两家或两家以上咨询企业组成联合体承担全过程工程咨询服务，联合体咨询企业应具备国家法律法规要求的相应资质。

注意事项：

1）全过程工程咨询服务的委托：投资人或建设单位应将全过程工程咨询中的前期研究、规划和设计等工程设计类服务，以及全过程工程咨询、工程监理、造价咨询等工程项目控制和管理类服务，委托给一家工程咨询企业或由多家企业组成的联合体。同一项目的工程咨询企业不得与工程总承包企业、施工企业具有利益关系。

2）全过程工程咨询服务企业的能力要求：提供全过程工程咨询服务企业应当具有相应的组织、管理、经济、技术和法规等咨询服务能力，同时具有良好的信誉、相应的组织机构、健全的工程咨询服务管理体系和风险控制能力。目前全过程工程咨询服务企业承担勘察、设计或监理咨询服务时，应当具有与工程规模及委托内容相适应的资质条件。

3）全过程工程咨询项目负责人及相关执业人员的基本要求：全过程工程咨询项目负责人应取得工程建设类注册执业资格，以及具有工程类、工程经济类高级职称和类似工程经验。承担全过程工程咨询服务中勘察、设计、监理、造价咨询等工作人员应具有现行法律法规规定的相应执（职）业资格。

六、全过程工程咨询服务费用

（一）全过程工程咨询服务费用计算

目前全国尚无统一的全过程工程咨询服务收费标准和计算方法，各地区（不同省、市）费用计算见表1-1。

表 1-1　不同地区全过程工程咨询服务费用计算

序号	地区	费用计算
1	江苏省	1）分项计算后叠加 2）建设单位对项目管理咨询企业提出并落实的合理化建议，应当按照相应节省投资额或产生的效益的一定比例给予奖励，奖励比例在合同中约定
2	浙江省	1）各项专业服务费用可分别列支 2）以基本酬金加奖励的方式，鼓励建设单位对全过程工程咨询企业提出并落实的合理化建议按照节约投资额的一定比例给予奖励，奖励比例由双方在合同中约定 3）全过程工程咨询服务费的计取应尽可能避免采用可能将全过程工程咨询企业的经济利益与工程总承包企业的经济利益一致化的计费方式

（续）

序号	地区	费用计算
3	广东省	1）根据委托的内容分项叠加计算 2）可探索基本酬金加奖励
4	四川省	1）分项计算后叠加，或采用人工计时单价取费 2）对咨询企业提出并落实的合理化建议，建设单位应当按照相应节省投资额或产生的经济效益的一定比例给予奖励

（二）各类咨询服务收费

相关咨询服务收费应根据建设项目投资额的不同情况，分别实行政府指导价和市场调节价确定。各类咨询服务收费见表 1-2。

表 1-2　各类咨询服务收费

咨询服务	收费标准	来源
前期工作咨询	工程咨询收费根据不同工程咨询项目的性质、内容，采取以下方法计取费用： 1）按建设项目估算投资额，分档计算工程咨询费用 2）按工程咨询工作所耗工日计算工程咨询费用 按照上述两种方法不便于计费的，可以参照本规定的工日费用标准，由工程咨询机构与委托方议定。但参照工日计算的收费额，不得超过按估算投资额分档计费方式计算的收费额	《国家发展计划委员会关于印发建设项目前期工作咨询收费暂行规定的通知》（计价格〔1999〕1283 号）
勘察	工程勘察收费＝工程勘察收费基准价×(1±浮动幅度值) 工程勘察收费基准价＝工程勘察实物工作收费＋工程勘察技术工作收费 其中：工程勘察实物工作收费＝工程勘察实物工作收费基价×实物工作量×附加调整系数 工程勘察技术工作收费＝工程勘察实物工作收费×技术工作收费比例	国家计委、建设部关于发布《工程勘察设计收费管理规定》的通知（计价格〔2002〕10 号）
设计	工程设计收费＝工程设计收费基准价×(1±浮动幅度值) 工程设计收费基准价＝基本设计收费＋其他设计收费 基本设计收费＝工程设计收费基价×专业调整系数×工程复杂程度调整系数×附加调整系数	国家计委、建设部关于发布《工程勘察设计收费管理规定》的通知（计价格〔2002〕10 号）
招标代理	招标代理服务收费按差额定率累进法计算。依据《招标代理服务收费管理暂行办法》（计价格〔2002〕1980 号）附件规定计算的收费额为招标代理服务全过程的收费基准价格，但不含工程量清单、工程标底或工程招标控制价的编制费用	国家计委关于印发《招标代理服务收费管理暂行办法》的通知（计价格〔2002〕1980 号）；《国家发展改革委关于降低部分建设项目收费标准规范收费行为等有关问题的通知》（发改价格〔2011〕534 号）
工程造价	工程造价咨询服务收费按差额定率累进计费	参考各省市发布的《建设工程造价咨询服务收费管理办法》

（续）

咨询服务	收费标准	来源
工程监理	建设工程施工阶段监理收费，其基准价应依据《建设工程监理与相关服务收费标准》计算，浮动幅度为上下20%。发包人和监理人应当根据建设工程实际情况在规定的浮动幅度内协商确定收费额。实行市场调节价的建设工程监理与相关服务收费，由发包人和监理人协商确定收费额 1)施工监理服务收费=施工监理服务收费基准价×(1±浮动幅度值) 2)施工监理服务收费基准价=施工监理服务收费基价×专业调整系数×工程复杂程度调整系数×高程调整系数	国家发展改革委、建设部关于印发《建设工程监理与相关服务收费管理规定》的通知(发改价格〔2007〕670号)
环境评估	环境评估收费根据国家计委《关于规范环境影响咨询收费有关问题的通知》(计价格〔2002〕125号)附件一中进行计算： 1)估算投资额为项目建议书或可行性研究报告中的估算投资额，咨询服务项目收费标准根据估算投资额在对应区间内用插入法计算 2)以本通知收费标准为基础，按建设项目行业特点和所在区域的环境敏感程度，乘以调整系数，确定咨询服务收费基准价，调整系数见《建设项目环境影响咨询收费标准调整系数》 3)评估环境影响报告书(含大纲)的费用不含专家参加审查会议的差旅费；环境影响评价大纲的技术评估费用占影响报告书评估费用的40% 4)本通知所列编制环境影响报告表收费标准为不设评价专题的基准价，每增加一个专题加收50% 5)本通知中费用不包括遥感、遥测、风洞试验、污染气象观测、示踪试验、地探、物探、卫星图片解读、需要动用船、飞机等的特殊监测等费用	国家计委《关于规范环境影响咨询收费有关问题的通知》(计价格〔2002〕125号)、《国家发展改革委关于降低部分建设项目收费标准规范收费行为等有关问题的通知》(发改价格〔2011〕534号)
物业管理	业主与物业管理企业可以采取包干制或者酬金制等形式约定物业服务费用。包干制是指由业主向物业管理企业支付固定物业服务费用，盈余或者亏损均由物业管理企业享有或者承担的物业服务计费方式 酬金制是指在预收的物业服务资金中按约定比例或者约定数额提取酬金支付给物业管理企业，其余全部用于物业服务合同约定的支出，结余或者不足均由业主享有或者承担的物业服务计费方式	国家发展改革委《物业服务收费管理办法》(发改价格〔2003〕1864号)；参考各省市的《物业管理收费标准》
资产评估	法定资产评估服务可实行计件收费、计时收费或计件与计时收费相结合的方式	国家发展改革委、财政部关于发布《资产评估收费管理办法》的通知(发改价格〔2009〕2914号)；参考各省市《资产评估收费标准》
房地产评估	提供有关房地产政策法规、技术及相关信息等咨询的服务收费，实行市场调节价。也可采用房地产的价格总额采取差额定率分档累进计收	国家计委、建设部《关于房地产中介服务收费的通知》(国家计委计价格〔1995〕971号)；国家发展改革委、住房和城乡建设部《关于放开房地产咨询收费和下放房地产经纪收费管理的通知》(发改价格〔2014〕1289号)；参考各省市的《房地产评估收费标准》
协调费用	各类咨询收费之和×30%	

第二节　全过程工程咨询制度与标准

一、全过程工程咨询管理制度

目前在我国尚未有专门的全过程工程咨询管理办法，而是在工程咨询相关的制度文件中，如国家发展改革委出台的《工程咨询行业管理办法》（2017 年第 9 号令），住房和城乡建设部《关于开展全过程工程咨询试点工作的通知》（建市〔2017〕101 号），国家发展改革委、住房和城乡建设部联合发布《关于推进全过程工程咨询服务发展的指导意见》（发改投资规〔2019〕515 号）等文件，作为指导全国工程建设中全过程工程咨询的重要文件，也是开展全过程工程咨询的制度依据。

（一）《工程咨询行业管理办法》主要内容

1. 总况

《工程咨询行业管理办法》（以下简称"办法"）由国家发展和改革委员会于 2017 年 11 月 6 日以第 9 号令颁发，自 2017 年 12 月 6 日起施行。该办法共 6 章 36 条，包括总则、工程咨询单位管理、从业人员管理、行业自律和监督检查、法律责任等。

2. 主要条款解读

（1）什么是工程咨询　该"办法"第二条明确：工程咨询是遵循独立、公正、科学的原则，综合运用多学科知识、工程实践经验、现代化科学和管理方法，在经济社会发展、境内外投资建设项目决策与实施活动中，为投资者和政府部门提供阶段性或全过程咨询和管理的智力服务。

（2）工程咨询单位和从业人员要求　该"办法"第三条明确：工程咨询单位是指在中国境内设立的从事工程咨询业务并具有独立法人资格的企业、事业单位。工程咨询单位及其从业人员应当遵守国家法律法规和政策要求，恪守行业规范和职业道德，积极参与和接受行业自律管理。

（3）行业主管部门　该"办法"第三条明确：国家发展改革委负责指导和规范全国工程咨询行业发展，制定工程咨询单位从业规则和标准，组织开展对工程咨询单位及其人员执业行为的监督管理。地方各级发展改革部门负责指导和规范本行政区域内工程咨询行业发展，实施对工程咨询单位及其人员执业行为的监督管理。

（4）工程咨询业务专业划分　该"办法"第七条明确工程咨询业务分为 21 个专业。

（5）工程咨询服务范围　该"办法"第八条明确为规划咨询、项目咨询、评估咨询、全过程工程咨询。

（6）工程咨询业务的开展　该"办法"第九条、第十条、第十一条、第十二条明确，工程咨询实行有偿服务，价格由双方协商确定，工程咨询单位应当和委托方订立书面合同，按照合同内容开展咨询业务。

（7）工程咨询的管理　该"办法"第二章、第三章、第四章均明确加强对工程咨询单位、从业人员的管理，以及咨询业务的监督检查。该"办法"第五章对工程咨询单位、从业人员、有关单位、行业组织等明确了法律责任和处罚措施。

（二）《关于开展全过程工程咨询试点工作的通知》主要内容

2017 年 5 月 2 日住房和城乡建设部发布《关于开展全过程工程咨询试点工作的通知》（建市〔2017〕101 号）（以下简称"咨询试点通知"）。通过选择有条件的地区和企业开展全过程工程咨询试点，健全全过程工程咨询管理制度，完善工程建设组织模式，培养有国际竞争力的企业，提高全过程工程咨询服务能力和水平，为全面开展全过程工程咨询积累经验。咨询试点通知明确北京、上海、江苏、浙江、福建、湖南、广东、四川八省（市）为试点地区。试点时间为 2 年。

咨询试点工作要求：

1）制定试点工作方案。

2）创新管理机制。

3）实现重点突破。

4）确保项目落地。

5）实施分类推进。

6）提升企业能力。

7）总结推广经验。

（三）《关于推进全过程工程咨询服务发展的指导意见》主要内容

2019 年 4 月国家发展改革委、住房和城乡建设部联合印发《关于推进全过程工程咨询服务发展的指导意见》（发改投资规〔2019〕515 号）（以下简称"指导意见"）。该"指导意见"指出，改革开放以来，我国工程咨询服务市场化、专业化快速发展，形成了投资咨询、招标代理、勘察、设计、监理、造价、项目管理等咨询服务业态。随着我国固定资产投资项目建设水平逐步提高，为更好地实现投资建设意图，投资者或建设单位在固定资产投资项目决策、工程建设、项目运营过程中，对综合性、阶段性、一体化的咨询服务需求日益增强。这种需求与现行制度造成的单项服务供给模式之间的矛盾日益突出，因此，有必要创新咨询服务组织实施方式，大力发展以市场需求为导向、满足委托方多样化需求的全过程工程咨询服务模式。

"指导意见"从鼓励发展多种形式全过程工程咨询、重点培育全过程工程咨询模式、优化市场环境、强化保障措施等方面提出一系列政策措施。

1）明确了培育发展全过程工程咨询的两个着力点。"指导意见"坚持市场培育和政府引导相结合的原则，鼓励咨询单位根据市场需求，从投资决策、工程建设、运营等项目全生命周期角度，开展跨阶段咨询服务组合或同一阶段内不同类型咨询服务组合，发展多种形式的全过程工程咨询服务模式。同时，结合投资高质量发展和工程质量提升需求，立足关键环节，"指导意见"针对项目决策和建设实施两个阶段，重点培育发展投资决策综合性咨询和工程建设全过程咨询，为推进全过程工程咨询指明了发展方向和实施路径。

2）明确了投资决策综合性咨询的内容和方式。"指导意见"要求投资决策综合性咨询要统筹考虑影响项目可行性的各种因素，将各专项评价评估一并纳入可行性研究统筹论证，提高决策科学化水平。投资决策综合性咨询服务可由工程咨询单位采取市场合作、委托专业服务等方式牵头提供，或由其会同具备相应资格的服务机构联合提供。"指导意见"鼓励纳入有关行业自律管理体系的工程咨询单位开展综合性咨询服务，鼓励咨询工程师（投资）作为综合性咨询项目负责人。

　　3）明确了工程建设全过程咨询的内容和条件。"指导意见"鼓励实施工程建设全过程咨询，由咨询单位提供招标代理、勘察、设计、监理、造价、项目管理等全过程咨询服务。"指导意见"规定，工程建设全过程咨询单位提供勘察、设计、监理或造价咨询服务时，应当具有与工程规模及委托内容相适应的资质条件。这样的企业资质要求符合法律法规及相关政策规定。"指导意见"对工程建设全过程咨询项目负责人的资格提出较高要求：应当取得工程建设类注册执业资格且具有工程类、工程经济类高级职称，并具有类似工程经验。对于工程建设全过程咨询服务中承担工程勘察、设计、监理或造价咨询业务的负责人，应具有法律法规规定的相应执业资格。

　　4）明确了全过程工程咨询服务酬金计取方式。"指导意见"规定全过程工程咨询服务酬金可在项目投资中列支，也可根据所包含的专项服务（投资咨询、招标代理、勘察、设计、监理、项目管理等）在项目投资中列支的费用进行支付。全过程工程咨询服务酬金，既可按各专项服务费用叠加后再增加相应统筹管理费用计取，也可按人工成本加酬金方式计取。鼓励投资者或建设单位根据咨询服务节约的投资额对咨询单位予以奖励。

　　5）明确了推进全过程工程咨询服务发展的部门职责分工，以及加强政府监管和行业自律的措施。

二、全过程工程咨询标准

　　全过程工程咨询标准广义的理解应包括工程咨询的规范、规程和专门的全过程工程咨询标准，以及相关技术标准。狭义的理解仅是指全过程工程咨询标准。

（一）《建设项目全过程工程咨询标准》总况

　　2022年3月8日中国工程建设标准化协会发布关于《建设项目全过程工程咨询标准》的公告（第1115号）（以下简称"咨询标准"）。该标准编号为 T/CECS 1030—2022，自2022年8月1日起施行。

　　"咨询标准"共分为13章和2个附录，主要内容包括总则、术语、基本规定、全过程工程咨询组织机构、全过程工程咨询项目管理、项目投资决策咨询及管理、工程勘察设计咨询及管理、工程监理咨询及施工管理、工程招标采购咨询及管理、工程投资造价咨询及管理、工程专项专业咨询及管理、工程竣工验收咨询及管理、项目运营维护咨询及管理等。

（二）"咨询标准"的主要特点

1. 以全过程工程咨询创新理论为指引

　　"咨询标准"在成熟项目管理理论基础上，提出了全过程项目管理和全过程专业咨询是全过程工程咨询这一新型智力服务模式的理论基础，在此基础上通过一体化的全过程项目管理行为和全过程专业咨询行为的充分融合和互相支撑，最终形成全过程工程咨询的创新理论框架体系。从理论层面分析，一体化的全过程项目管理和全过程专业咨询是全过程工程咨询充分而必要的条件，全过程项目管理是实现全过程专业咨询价值的重要手段，全过程专业咨询是进行全过程项目管理的重要支撑。

2. 以完整的全过程项目管理体系为主线

　　"咨询标准"建立了包括委托人和咨询人、全过程咨询管理部、专业咨询组三级管理组织体系，明确了各相关方的责权利；建立了全过程工程咨询规划大纲、全过程项目管理实施计划和专业咨询实施细则三级管理策划体系；建立了全过程工程咨询的范围管理、目标管理、工作制度和工作程序等一套完整的一体化全过程项目管理体系。

3. 以完整的全过程专业咨询体系为大纲

"咨询标准"以全过程专业咨询模块为章节单元构成了框架体系，明确规定了各项专业咨询模块在建设项目全过程的工作内容和成果形式，同时明确规定了各项专业咨询模块的咨询重点和审核重点，便于咨询人在应用咨询标准过程中把握关键环节。建立了全过程工程咨询的专业咨询条件输入、过程把控、成果输出、质量评审等一套完整的一体化全过程专业咨询体系。

4. 以先进的一体化数字管理平台为手段

"咨询标准"以一体化数字管理平台为主要管理手段和工具，促成建设项目各相关方将各自工作统一到一体化数字管理平台上开展，提高建设项目各相关方的决策科学性，提高全过程项目管理的效率和质量，提高全过程专业咨询数字化交付的水平。

（三）"咨询标准"的主要内容

1. "咨询标准"的适用范围

"咨询标准"适用于房屋建筑和市政基础设施领域的建设项目全过程工程咨询。

2. "咨询标准"的重要术语

（1）建设项目全过程工程咨询　在建设项目的投资决策阶段、工程建设阶段（包括勘察设计阶段、发承包阶段、施工阶段、竣工阶段）、运营维护阶段，咨询人为委托人提供综合性、跨阶段、一体化的工程咨询服务，简称全过程咨询。

（2）全过程项目管理　在建设项目的投资决策阶段、工程建设阶段、运营维护阶段，咨询人为委托人提供全过程或跨阶段的项目管理服务。

（3）全过程基本专业咨询　在建设项目建设过程中必然发生且咨询成果对建设项目全生命周期总体目标的实现起到根本性影响作用的咨询服务的活动，包括项目投资决策、工程勘察设计、工程监理、工程招标采购、工程投资造价、工程竣工验收及项目运营维护等专业咨询。

（4）全过程专项专业咨询　在建设项目建设过程中可能发生且咨询成果对建设项目局部目标的实现起到一定影响作用的咨询服务的活动，包括项目政策、法律、产业、融资、特许经营、财务、绿色建筑、工程保险、建筑信息模型（BIM）技术应用、项目后评价、项目绩效评价等相关专业咨询。

3. 全过程咨询的原则和要求

1）咨询人应以"独立、科学、公正、诚信、廉洁"为服务原则开展全过程工程咨询活动。

2）咨询人应以"集约、创新、智能、低碳，以人为本"为服务理念开展全过程咨询活动。

3）全过程咨询服务范围应以合同约定的咨询范围为准，宜贯穿建设项目投资决策、工程建设和项目运营维护全过程。

4）全过程咨询服务内容应以合同约定的咨询内容为准，应包括全过程项目管理服务，宜包括一项及以上的全过程基本专业咨询服务。

5）全过程咨询服务质量应符合国家、行业及项目所在地现行相关指导性文件和技术标准的规定。

6）全过程项目管理宜采用一体化数字管理平台，全过程专业咨询宜提高工程数字化交付水平。

7）咨询委托人可依法依规采用直接委托、询价、单一来源采购、竞争性谈判、邀请招标、公开招标等委托方式选择咨询人，并应与咨询人签订全过程咨询合同。

4. 全过程工程咨询组织机构的设置要求

"咨询标准"规定委托人和咨询人应通过全过程咨询管理组织机构的一体化，实现双方工作目标和价值观的一致化。要求全过程工程咨询单位，针对咨询的建设项目成立专门全过程咨询组织机构，以承担咨询合同约定的服务。该机构下设若干个咨询部门，并成立相应的咨询专业小组。

"咨询标准"明确了建设项目相关方分工、职责和权限，全过程咨询组织机构相关决策部门、管理部门、执行层的合理设置，以及总咨询师、专业总师、部门负责人的任职条件、职责和权限等。

5. 全过程工程咨询项目管理

"咨询标准"明确在全过程咨询组织机构中设置专门总控管理部，负责全过程咨询项目管理，包括建设项目总体的投资、进度、质量、安全、绿色建造和环境管理等目标管理，建设项目总体的信息与知识、合同、沟通、资源、技术、风险等职能管理，报审报批报建报验、数字化应用及其他相关子项工作的管理等。

总控管理部应依据全过程咨询启动、策划、实施、控制、收尾和履约评价等管理流程科学地开展全过程咨询工作。

6. 各专业咨询及管理

各专业咨询包括投资决策咨询、工程勘察设计咨询、工程监理咨询、工程招标采购咨询、工程投资造价咨询、工程专项专业咨询、工程竣工验收咨询及项目运营维护咨询。"咨询标准"明确各专业咨询及管理的内容，承担各专业咨询总咨询师的资格、经验和能力要求。

"咨询标准"针对各专业咨询及管理特点，分别从管理策划、管理实施、咨询实施、咨询评审四个方面进行了叙述。

第三节　全过程工程咨询组织机构

全过程工程咨询组织机构，广义的理解是指从事全过程工程咨询的单位、组织、团体和有关单位。狭义的理解应为开展全过程工程咨询的项目组织机构。

一、全过程工程咨询项目组织架构

依据"咨询标准"，结合工程建设行业特点，全过程工程咨询项目组织架构如图1-2所示。项目组织机构包括咨询决策层、管理层、执行层。咨询决策层由项目总咨询师、副总咨询师等构成；管理层由全过程工程咨询行政管理人员、专业总咨询师、专业副总咨询师、部门经理、部门副经理组成；执行层包括专业咨询工程师、专业咨询人员等组成。

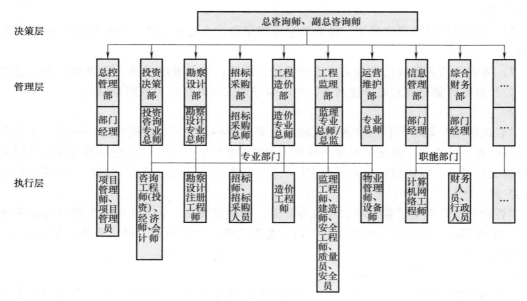

图 1-2　全过程工程咨询项目组织架构

二、项目组织机构设置规则及步骤

（一）项目组织机构设置规则

1）全过程工程咨询单位应根据全过程工程咨询合同约定的服务内容、服务期限以及项目特点、规模、技术复杂程度、环境等因素，组建项目组织机构。

2）全过程工程咨询项目组织机构按图 1-2 所示架构设置，由总咨询师、若干个专业总师和职能部门经理组成。业务上专业总师直接接受项目总咨询师指导。

3）全过程工程咨询单位应书面授权委托项目全过程工程咨询的负责人，即项目总咨询师，并实行总咨询师负责制。

4）全过程工程咨询项目组织机构的各部门应根据本部门的职责定位，制定本部门的组织架构、岗位设置及职责分工。

（二）建立全过程工程咨询项目组织机构的步骤

1）依据全过程咨询合同、全过程咨询规划大纲及全过程咨询目标责任书，明确项目管理任务和专业咨询任务。

2）依据项目管理和专业咨询的任务分解，明确项目管理组织机构。

3）依据项目组织机构，确定岗位职责、权限和人员配置。

4）制定全过程咨询工作程序和工作制度。

5）经咨询人审核后，报委托人审批。

三、项目组织机构设置及职责分工

（一）项目组织机构设置

全过程工程咨询单位应根据咨询合同约定的服务内容、服务期限，以及项目特点、规模、技术复杂程度、环境等因素，组建项目全过程工程咨询组织机构。一般情况下，按照

图1-2所示的组织机构设置。决策层为全过程总咨询师、副总咨询师。管理层为专业总师、专业副总师、部门经理、部门副经理，专业部门如投资决策部、勘察设计部、招标采购部、工程造价部、工程监理部直接由专业总师负责，不再设部门经理。职能部门如总控管理部、运营维护部可设部门经理。执行层为专业咨询工程师、项目管理师、项目咨询员和项目管理员。

（二）总咨询师和部门负责人任职条件和职责

1. 总咨询师任职条件和职责

（1）总咨询师任职条件　总咨询师不宜在同一时间内担任两个及以上建设项目的总咨询师，同时应满足下列任职条件：

1）满足合同要求，具备法律、法规要求的相应注册执（职）业资格，同时应取得工程建设类或工程经济类高级职称，并具有类似建设项目的管理经验及能力。

2）具备良好的类似建设项目的法律、政策知识和经验。

3）具备良好的类似建设项目的经济、金融知识和经验。

4）具备良好的职业道德素质。

5）具备良好的沟通协调能力。

（2）总咨询师的职责

1）在全过程咨询单位的授权范围、内容和期限内，代表咨询单位负责领导项目全过程咨询组织机构，对全过程咨询目标负总责。

2）负责项目全过程咨询组织机构的建设和管理。

3）配合全过程咨询单位编制全过程咨询规划大纲。

4）主持编制全过程项目管理实施计划，负责审批专业咨询实施细则。

5）主持编制全过程咨询的各项工作程序和工作制度，并遵照落实。

6）负责统筹全过程咨询组织机构的项目管理和专业咨询，以及其信息与知识、合同、沟通、资源、技术、风险和数字化应用等职能管理工作。

7）负责监督、检查、考核和评价全过程咨询组织机构各部门的过程执行情况。

8）负责授权范围内的任务分解和利益分配，各类资源的动态管理。

9）审核相关方的各项履约成果，并取得委托人的批复。

10）审核相关方的各项清款申请，并协调委托人支付。

11）协助解决项目实施过程中出现的重大变更认定和处置，以及责任划分和处置。

12）协助解决委托人、工程承包人和各相关方之间的有关争议或纠纷。

13）配合建设项目缺陷责任期和运营维护阶段的相关工作。

14）负责全过程咨询组织机构的解散和善后工作。

15）配合各层级审计工作。

16）配合委托人、咨询单位组织的报优评奖及有关检查工作等。

2. 部门负责人任职条件和职责

（1）部门负责人应满足的任职条件

1）专业咨询部专业总师应满足合同要求，具备法律或法规要求的相应执业资格，同时宜取得工程建设类或工程经济类高级职称，并具有类似建设项目的管理经验及能力。

2）总控管理部经理和职能部门经理应具备相应项目管理和职能管理资格，并具有类似项目管理经验和能力。

（2）部门负责人的职责

1）负责主持本部门的全面工作，对实现本部门工作目标负责，宜与总咨询师签订本部门工作目标责任书。

2）根据本部门的职责分工，制定本部门的组织架构和岗位设置。

3）负责主持编制本部门管理实施计划、工作制度、工作程序等，并遵照落实。

4）负责统筹本部门的项目管理和专业咨询，以及其信息与知识、合同、沟通、资源、技术、风险和数字化应用等职能管理工作。

5）专业总师应负责主持编制本部门专业咨询任务书，组织专业咨询小组编制专业咨询实施细则，并监督、检查、考核和评价专业咨询实施细则执行情况等。

3. 项目组织机构的各部门职责分工及工作成果

根据图1-2，列出全过程咨询项目组织机构的各部门职责分工和工作成果的内容，见表1-3。

表1-3　全过程咨询项目组织机构的各部门职责分工和工作成果

序号	工作项目名称	总控管理部	投资决策部	勘察设计部	招标采购部	工程监理部	工程造价部	运营维护部	工作成果形式
1	搭建全过程咨询管理平台	执行	协助	协助	协助	协助	协助	协助	一体化数字管理平台
2	委托人及其他相关方团队建设	执行	执行	执行	执行	执行	执行	执行	相关方团队组织机构图及人员配置表
3	建设项目范围管理和全过程工程咨询服务范围管理	策划、执行	协助	协助	协助	协助	协助	协助	建设项目工作分解表和全过程咨询工作分解表
4	建设项目全生命周期总体目标和全过程工作目标	策划、执行	协助	协助	协助	协助	协助	协助	全过程咨询目标责任书及部门目标责任书
5	全过程咨询工作程序	策划、执行	协助	协助	协助	协助	协助	协助	全过程咨询工作流程图
6	全过程咨询工作制度	策划、执行	协助	协助	协助	协助	协助	协助	全过程咨询管理规章制度、责任制度和履约评价制度
7	全过程咨询策划	策划、执行	协助	协助	协助	协助	协助	协助	全过程咨询规划大纲、全过程项目管理实施计划和专业咨询实施细则
8	全过程咨询实施	策划、执行	协助	协助	协助	协助	协助	协助	全过程咨询实施周报、月报、年报、应急和变更处理报告等

（续）

序号	工作项目名称	总控管理部	投资决策部	勘察设计部	招标采购部	工程监理部	工程造价部	运营维护部	工作成果形式
9	全过程咨询控制	策划、执行	协助	协助	协助	协助	协助	协助	项目执行状态评估报告及纠偏建议与意见
10	全过程咨询收尾	执行、协助	执行、协助	执行、协助	执行、协助	执行、协助	执行、协助	执行、协助	全过程咨询总结报告
11	全过程咨询履约评价	执行、协助	执行、协助	执行、协助	执行、协助	执行、协助	执行、协助	执行、协助	全过程咨询履约评价报告
12	项目投资决策管理策划	检查	策划、执行	协助	协助	协助	协助	协助	项目投资决策管理实施计划
13	项目投资决策管理实施	检查	执行						周报、月报、年报和执行状态评估报告及纠偏建议与意见
14	项目投资决策咨询实施		检查、执行						专业咨询实施细则,各项专项咨询成果及文件
15	建筑信息模型（BIM）技术应用	检查	执行						建筑信息模型（BIM）文件等
16	项目投资决策咨询评审	检查	执行	协助	协助	协助	协助	协助	第三方评审、评估报告等
17	工程勘察设计管理策划	检查	协助	策划、执行	协助	协助	协助	协助	工程勘察设计管理实施计划
18	工程勘察设计管理实施	检查		执行					工程勘察设计周报、月报、年报和执行状态评估报告及纠偏建设与意见
19	工程勘察设计咨询实施			检查、执行					工程勘察设计实施细则、各项勘察设计成果及文件
20	建筑信息模型（BIM）技术应用	检查		执行					工程勘察设计建筑信息模型（BIM）文件等
21	工程勘察设计咨询评审	检查	协助	执行	协助	协助	协助	协助	工程勘察设计第三方评审、评估报告等
22	报批报建	协助		协助					报批报建材料
23	施工、采购、竣工验收及调试运营配合			协助					招标采购技术文件及技术规格书、变更设计、资料归档及调试运营方案审核报告
24	工程招标采购管理策划	检查	协助	协助	策划、执行	协助	协助	协助	工程招标采购管理实施计划
25	工程招标采购管理实施	检查			执行				工程招标采购周报、月报,建立工程招标采购数据库、签订合同等

（续）

序号	工作项目名称	总控管理部	投资决策部	勘察设计部	招标采购部	工程监理部	工程造价部	运营维护部	工作成果形式
26	工程招标采购咨询实施				检查、执行				工程招标采购咨询实施细则、招标文件、示范合同等
27	建筑信息模型（BIM）技术应用	检查			执行				工程招标采购建筑信息模型（BIM）文件等
28	工程招标采购咨询评审	检查	协助	协助	执行	协助	协助	协助	招标文件、工程量清单及招标控制价审核报告
29	报批报建	协助			协助				报批报建材料
30	工程监理策划	检查	协助	协助	协助	策划、执行	协助	协助	工程监理实施计划
31	工程监理实施	检查				执行			工程施工监理周报、月报、年报和执行状态评估报告及纠偏建议与意见
32	工程监理咨询实施					检查			工程监理规划、工程监理实施细则、各项监理成果及文件
33	建筑信息模型（BIM）技术应用	检查				执行			工程施工建筑信息模型（BIM）文件等
34	相关专业咨询评审	检查	协助	协助、执行	协助	执行	协助	协助	深化设计
35	报批报建报验	协助				协助			报批报建报验材料
36	工程造价管理策划	检查	协助	协助	协助	协助	策划、执行	协助	工程造价管理实施计划
37	工程造价管理实施	检查					执行		计量与支付台账和造价管理分析报表、工程造价全过程管理报表和造价预警报表等
38	工程造价咨询实施						检查、执行		工程造价实施细则、各项造价成果或成果审核报告
39	建筑信息模型（BIM）技术应用	检查					执行		建筑信息模型（BIM）文件等
40	工程造价咨询评审	检查	协助	协助	协助	协助	执行	协助	各项造价成果或成果审核或复核报告
41	报批报建	协助					协助		报批报建材料
42	专项专业咨询管理	策划、执行	协助	协助	协助	协助	协助	协助	专项专业咨询管理实施计划
43	专项专业咨询	检查							各项专业咨询成果
44	专项专业咨询评审	执行	协助	协助	协助	协助	协助	协助	各项专业咨询评审报告

（续）

序号	工作项目名称	总控管理部	投资决策部	勘察设计部	招标采购部	工程监理部	工程造价部	运营维护部	工作成果形式
45	工程竣工验收管理策划	策划、执行	协助	协助	协助	协助	协助	协助	工程竣工验收管理实施计划
46	工程竣工验收管理实施	执行	协助	协助	协助	协助	协助	协助	竣工验收备案表、开业试生产专项记录单、固定资产移交证书、固定资产保修完结证书等
47	项目运营维护管理策划	检查	协助	协助	协助	协助	协助	策划、执行	项目运营维护管理实施计划
48	项目运营维护管理实施	检查						执行	周报、月报、年报和运营维护状态评估报告及纠偏建议与意见
49	项目运营维护咨询实施							检查、执行	项目运营维护实施细则、设施管理方案、资产保值增值方案等
50	建筑信息模型（BIM）技术应用	检查						执行	建筑信息模型（BIM）二次应用开发
51	项目运营维护咨询评审	检查	协助	协助	协助	协助	协助	执行	各项目运营维护成果审核报告

注：本表中全过程咨询组织机构的部门设置可根据具体项目情况进行调整，相应职责分工也可在部门之间进行调整，如增设相关职能管理部门等，需做出相应改变。

第四节　全过程咨询项目管理

依据全过程工程咨询合同和全过程工程咨询规划大纲，建设项目全过程咨询管理在总咨询师领导下，由总控管理部组织实施。

一、全过程咨询项目管理的主要内容及主要环节

（一）全过程咨询项目管理的主要内容

全过程咨询项目管理主要包括以下内容：

1）建设项目总体的投资、进度、质量、安全、绿色建造和环境管理等目标管理。

2）建设项目总体的信息与知识、合同、沟通、资源、技术、风险等职能管理。

3）建设项目报审报批报建报验、数字化应用及其他相关工作的管理。

（二）全过程咨询项目管理的主要环节

全过程咨询项目管理的主要环节有启动、策划、实施、控制、收尾和履约评价等。

（1）启动　全过程咨询项目管理活动宜在全过程咨询的招标投标阶段或签订合同前预启动，在合同签订后正式启动。

（2）策划　咨询人应对全过程咨询进行策划。全过程咨询策划应遵循咨询人关于全过程咨询业务的策划工作制度、策划工作程序及策划成果深度要求，并结合建设项目实际情况进行编制。

（3）实施　总控管理部应依据全过程咨询实施计划、全过程专业咨询实施细则、全过程咨询工作制度和工作程序开展全过程咨询工作，包括建设项目全过程的投资（造价）管理，进度、质量、安全、绿色建造、环境管理，以及全过程的信息、知识、合同、沟通协调、资源、技术、风险管理等，并开展全过程的报审、备案或核准、报批、报建、报验管理和数字化应用管理等。

（4）控制　总控管理部应把建设项目范围管理和全过程咨询服务范围管理贯穿至建设项目整个建设过程中，按照既定目标不断修正、持续改进，控制在一定范围内。

（5）收尾　总控管理部应依据全过程咨询项目管理收尾的管理实施计划、工作制度和工作程序进行全过程咨询收尾管理工作。

（6）履约评价　委托人和咨询人宜在全过程咨询完成后开展分级履约评价。

二、全过程咨询项目管理各环节工作内容和要求

（一）全过程咨询启动

1. 全过程咨询启动工作内容

全过程咨询启动阶级主要有以下工作内容：

（1）建设项目全生命周期总体目标和全过程咨询目标的管理　一是咨询人应在预启动阶段对建设项目全生命周期总体目标和全过程咨询目标进行识别；二是咨询人项目组织机构（一般为总控管理部）在正式启动阶段对建设项目全生命周期总体目标和全过程咨询目标进行确认。

（2）建设项目范围和全过程咨询服务范围的管理　咨询人应在预启动阶段对建设项目的建设范围和全过程咨询服务范围进行识别，再由总控管理部在正式启动阶段对建设项目建设范围加以确认，并协助委托人对建设项目进行工作分解和确认，然后总控管理部在明确全过程咨询服务范围的基础上，对全过程咨询进行工作分解和确认。

（3）策划全过程咨询工作制度和工作程序　一是咨询人在预启动阶段应依据自身工作制度、工作程序要求和招标文件要求，对全过程咨询工作制度和工作程序进行初步规划；二是总控管理部在正式启动阶段应依据明确的全过程咨询服务范围编制咨询工作制度和工作程序文件。

2. 全过程咨询启动工作相关要求

1）咨询人应在预启动阶段对建设项目相关方需求进行识别，总控管理部应在正式启动阶段对建设项目相关方期望与要求进行协调和确认。

2）总控管理部应在正式启动阶段协助委托人召开建设项目启动会。

（二）全过程咨询策划

咨询人应对全过程咨询进行策划，并形成全过程咨询策划成果。其策划成果主要包括全过程咨询规划大纲、全过程咨询实施计划、全过程专业咨询实施细则。

1. 全过程咨询规划大纲的策划成果

咨询人应在预启动环节编制全过程咨询规划大纲。

全过程咨询规划大纲的策划成果应包括以下内容：

1）建设项目范围及范围管理的初步规划和全过程咨询的服务范围及范围管理初步规划。

2）建设项目全生命周期总体目标初步规划和全过程咨询目标初步规划。

3）建设项目开发建设模式和投资融资模式初步规划。

4）全过程咨询服务内容和服务深度标准。

5）全过程咨询组织机构的类型、部门设置、部门分工、岗位设置及职责分工的初步规划。

6）建设项目的信息与知识、合同、沟通、资源、技术和风险等全过程职能管理的初步规划。

7）建设项目各阶段咨询及管理的初步规划，以及专项专业咨询及管理的初步规划。

8）报审或备案或核准、报批、报建、报验和数字化应用的咨询及管理的初步规划。

9）一体化的全过程项目管理和全过程专业咨询的初步实施方案。

10）全过程咨询收尾、履约评价的初步规划和其他相关工作的初步规划。

2. 全过程咨询实施计划的策划成果

总控管理部应在策划环节编制全过程咨询实施计划。

全过程咨询实施计划的策划成果应包括以下内容：

1）建设项目开发建设模式、策略和实施计划。

2）建设项目范围管理实施计划和全过程咨询范围管理实施计划。

3）全过程咨询项目组织机构、部门分工、岗位设置及职责划分的管理实施计划。

4）建设项目总体的工期、投资、质量、安全生产、绿色建造与环境管理等全过程目标管理实施计划。

5）建设项目总体的信息与知识、合同、沟通、资源、技术和风险等全过程职能管理实施计划。

6）建设项目各阶段基本专业咨询的管理实施计划。

7）建设项目的政策法律、产业、融资、特许经营、财务、绿色建筑、工程保险、建筑信息模型（BIM）技术、项目后评价、项目绩效评价等全过程专项专业咨询的管理实施计划。

8）建设项目的报审或备案或核准、报批、报建、报验等相关工作的全过程管理实施计划。

9）全过程项目管理收尾实施计划和其他相关管理实施计划。

3. 全过程专业咨询实施细则的策划成果

各专业咨询部应在策划环节编制专业咨询实施细则。

全过程专业咨询实施细则的策划成果应包括以下内容：

1）各专业咨询部组建专业咨询组情况。

2）明确专业咨询各工作岗位设置及职责划分。

3）明确专业咨询工期、成本、质量等目标管理实施计划。

4）明确专业咨询工作计划、工作边界和各项工作搭接原则。

5）明确专业咨询内部评审流程和外部验收计划。

6) 明确专业咨询收尾管理实施计划和其他相关实施细则。

（三）全过程咨询实施

总控管理部应依据全过程咨询实施计划、全过程专业咨询实施细则、全过程咨询工作制度和工作程序开展全过程咨询工作。

各专业咨询部应依据专业咨询实施细则、工作制度和工作程序，对本部门的工作进行全过程策划、组织、协调、指挥、控制、评价和持续改进，直至本部门的专业咨询服务完成。

全过程咨询实施主要包括全过程投资管理、进度管理、质量管理、安全管理、绿色建造和环境管理、信息与知识管理、合同管理、沟通管理、资源管理、技术管理、风险管理等，以及全过程报审或备案或核准、报批、报建、报验管理和数字化应用管理等。

1. 全过程的投资管理内容

建设项目全过程的投资管理应包括以下主要内容：

1) 测算并确定建设项目总投资，分解总投资目标。

2) 依据投资管理实施计划，工作制度和工作程序进行投资管理。

3) 预测投资风险，制定投资风险防范措施。

4) 加强建设项目全生命周期的投资管理。

2. 全过程的进度管理内容

建设项目全过程的进度管理应包括以下主要内容：

1) 制定建设项目总进度和各阶段进度目标。

2) 依据建设项目进度管理实施计划、工作制度和工作程序进行进度管理。

3) 加强建设项目进度变更管理。

4) 正确运用动态控制等原理控制进度。

3. 全过程的质量管理内容

建设项目全过程的质量管理应包括以下主要内容：

1) 制定建设项目总体质量和各阶段质量目标。

2) 依据建设项目质量管理实施计划、工作制度和工作程序进行质量管理。

3) 加强对建设项目质量全过程的有效控制。

4) 加强对建设项目全过程质量的不合格项的整改销项。

4. 全过程的安全管理内容

建设项目全过程的安全管理应包括以下主要内容：

1) 制定建设项目总体安全生产目标，明确工程施工阶段和项目运营维护阶段的安全生产目标。

2) 依据建设项目安全管理实施计划、工作制度和工作程序进行安全管理。

3) 加强建设项目全过程的安全管理实施与检查。

4) 对安全事故进行快速响应和处理。

5) 开展建设项目全过程的安全管理评价。

5. 全过程的绿色建造和环境管理内容

建设项目全过程的绿色建造和环境管理应包括以下主要内容：

1) 制定建设项目绿色建造和环境管理目标。

2) 依据建设项目绿色建造和环境管理实施计划、工作制度和工作程序进行绿色建造和环境管理。

3）加强绿色设计管理工作。

4）制定施工阶段和运营阶段的环境污染事故的应急预案。

5）加强施工现场环境管理。

6）开展建设项目全过程的绿色建造和环境管理评价。

6. 全过程的信息与知识管理内容

建设项目全过程的信息与知识管理应包括以下主要内容：

1）依据建设项目信息与知识管理实施计划、工作制度和工作程序进行信息与知识管理。

2）关注各相关方的信息策划、过程管理、安全管理、文件和档案管理等。

3）开展建设项目全过程的信息与知识管理评价。

4）加强数字化手段在信息与知识管理方面的应用。

7. 全过程的合同管理内容

建设项目全过程的合同管理应包括以下主要内容：

1）依据建设项目合同管理实施计划、工作制度和工作程序进行合同管理。

2）严禁通过违法发包、转包、分包、挂靠等方式订立合同和实施合同。

3）加强建设项目全过程的合同变更管理。

4）开展建设项目全过程的合同体系管理评价。

5）加强数字化在合同管理方面的应用。

8. 全过程的沟通管理内容

建设项目全过程的沟通管理应包括以下主要内容：

1）依据建设项目沟通管理实施计划、工作制度和工作程序进行沟通管理。

2）运用数字化技术进行信息收集、归纳、传输与应用工作，建立有效的信息交流和共享平台，实现沟通协调的全过程跟踪，并建立相应台账。

3）在项目建设全过程，分阶段、分层次、有针对性地进行项目各相关方之间的交流和检查，督促项目各相关方按沟通管理实施计划开展工作。

4）采用信函、邮件、文件、会议、口头交流、工作交底以及其他媒介沟通方式与项目各相关方进行沟通，特殊事项的沟通结果应书面确认。同时定期编制全过程咨询服务周报、月报和年报。

5）对沟通管理工作进行记录、总结和评价。

9. 全过程的资源管理内容

建设项目全过程的资源管理应包括以下主要内容：

1）依据建设项目资源管理实施计划、工作制度和工作程序进行资源管理。

2）对建设项目全过程的资源使用情况进行跟踪分析和总结改进。

10. 全过程的技术管理内容

建设项目全过程的技术管理应包括以下主要内容：

1）依据建设项目技术管理实施计划、工作制度和工作程序进行技术管理。

2）统筹设计管理与技术管理工作。

11. 全过程的风险管理内容

建设项目全过程的风险管理应包括以下主要内容：

1）依据建设项目特点，从投资、进度、质量、安全、绿色建造和环境管理等不同角度，对涉及社会、经济、公共卫生等诸多方面的风险要素进行管理，并贯穿建设项目全过程。

2）依据建设项目全过程风险管理实施计划、工作制度和工作程序进行风险管理。

3）明确各相关方对建设项目的风险管理责任，督促各相关方建立风险和健康安全环境管理体系。

12. 全过程的报审或备案或核准、报批、报建、报验管理内容

建设项目全过程的报审或备案或核准、报批、报建、报验管理应包括以下主要内容：

1）依据建设项目全过程报审或备案或核准、报批、报建、报验管理实施计划、工作制度和工作程序进行报审或备案或核准、报批、报建、报验管理。

2）熟悉当地建设项目报审或备案或核准、报批、报建、报验流程，协助委托人办理建设项目报审或备案或核准、报批、报建、报验。

3）对报审或备案或核准、报批、报建、报验的资料进行审核。

13. 全过程的数字化应用管理内容

建设项目全过程的数字化应用管理应包括以下主要内容：

1）依据建设项目数字化应用的管理实施计划、工作制度和工作程序进行数字化应用管理。

2）将数字化应用贯穿建设项目全过程，加强建筑信息模型（BIM）技术在各个阶段的应用。

3）将数字化应用与建设项目的投资、进度、质量、安全、绿色建造和环境、信息与知识、合同、沟通、资源、技术、风险等管理，以及各项专业咨询、报审报批报建报验等管理工作进行充分结合。

（四）全过程咨询控制

建设项目全过程咨询控制，要把握关键环节和核心内容，依据建设项目全过程咨询规划大纲，主要从以下几个方面进行控制：

1）总控管理部应把建设项目范围管理和全过程咨询服务范围管理贯穿建设项目建设全过程，并持续改进。

2）总控管理部应把建设项目全过程咨询工作制度和工作程序的管理贯穿建设项目建设全过程，并持续改进。

3）总控管理部应对全过程项目管理的实施计划进行全程跟踪检查，并进行持续改进。如重新调整全过程项目管理实施计划应进行逐级审核和批准，同意后方可执行。

4）各专业咨询部应在咨询过程中对全过程专业咨询实施细则进行持续改进，如重新调整全过程专业咨询实施细则应进行逐级审核和批准，同意后方可执行。

（五）全过程咨询收尾

全过程咨询收尾环节是整个咨询工作的闭合阶段。总控管理部是这个环节咨询工作的主要承担部门，有以下几项工作：

1）应依据全过程项目管理收尾的管理实施计划、工作制度和工作程序进行全过程咨询收尾管理工作。

2）应在收尾环节完结全过程咨询合同中约定的所有工作内容后，正式结束服务。

3）应在收尾环节完成与所有相关方的工作关系的梳理和终结，并做好债权、债务清算。

4）应在收尾环节编制全过程咨询总结报告，并纳入全过程咨询档案。

全过程咨询总结报告主要包括以下内容：

1）建设项目全生命周期目标落实情况总结。

2）各阶段咨询策划总结。

3）全过程咨询策划总结。

4）全过程项目管理执行情况总结。

5）全过程专业咨询执行情况总结。

6）全过程咨询经验、教训和创新总结。

7）其他相关工作总结。

（六）全过程咨询履约评价

全过程咨询履约评价是指委托人对咨询人进行的履约评价，以及咨询人对全过程咨询组织机构进行的履约评价。

委托人和咨询人应依据履约评价的管理实施计划、工作制度和工作程序开展履约的评价工作。评价做到过程规范、评价范围准确、评价内容客观、评价指标科学、评价方法先进。

咨询人应分析总结全过程咨询履约评价报告，并持续改进全过程咨询服务方法和技术管理水平。

（七）咨询服务认证

全过程工程咨询服务涉及面广，内容多，其服务质量和效果反映在项目中，将由建设项目的后评价和绩效评价而定，反映在建设活动过程中，全过程咨询服务由认证机构而定。咨询服务认证是一个全过程咨询服务单位在咨询实施中是否符合全过程咨询标准和其他规范性文件的第三方证明。通过咨询服务认证，能够帮助咨询企业识别质量控制关键环节和风险因素，持续改进质量管理，不断提高咨询服务质量和效果，尤其对全过程咨询服务，在目前各项制度和专业标准相对不健全的情况下，采取咨询服务认证十分必要，通过第三方权威认证，来证明咨询企业具有专业咨询活动的能力，以及服务活动符合规范要求的信用载体。服务认证在国际上属通行做法，其证书为市场经济活动的"信用证"，而在我国尚处起步发展阶段，深圳市认证工作起步较早，该市如中深国评认证检测（深圳）有限公司等多家国家认可的认证机构，开展了认证活动。其做法是通过认证机构按照认证规则、标准对申请认证的咨询企业，开展全过程咨询服务活动是否符合标准的服务管理成熟度和服务特性两方面进行全面审查测评，对符合标准要求的咨询服务企业颁发认证证书，该证书在国家认证认可监督管理委员会官网上可查，作为咨询服务企业开展全过程咨询服务活动的信用证明。

第五节 全过程工程咨询服务的招标采购

针对建设项目的特点和实际情况，以及全过程工程咨询服务的内容，根据国家招标投标法和政府采购法等法律法规的规定，通过招标采购选择全过程工程咨询服务单位（或咨询人）。

一、招标采购方式

全过程工程咨询服务的招标采购方式有以下几种方式：

（1）直接委托　直接委托又称直接谈判采购，由投资人（或业主）直接选定一家全过程工程咨询单位，通过谈判达成协议，为其提供服务。这种方式适用于项目咨询服务内容简单、投资数额较小的建设项目。但对于招标投标法或政府采购法明确规定的建设项目全过程工程咨询，则不宜采用直接委托。

（2）询价　询价是指采购人向有关供应商发出询价单让其报价，在报价基础上进行比较并确定最优供应商的一种采购方式。这种方式主要适用于货物采购，货物规格、标准统一、现货货源充足且价格变化幅度小的政府采购项目，可采用询价方式采购。而对于全过程工程咨询服务，注重的是服务技术和质量，以及服务效果，而非唯一的服务价格，采用询价方式不是太合适。但对于少数工程咨询服务内容单一稳定的咨询服务项目也可以采用询价方式采购。

（3）单一来源采购　单一来源采购也称直接采购，是指采购人向唯一供应商进行采购的方式。适用于达到了限购标准和公开招标数额标准，但所购商品的来源渠道单一，或属专利、首次制造、合同追加、原有采购项目的后续扩充和发生了不可预见的紧急情况不能从其他供应商处采购等情况。该采购方式的最主要特点是没有竞争性。由于单一来源采购只同唯一的供应商、承包商或服务提供者签订合同，所以就竞争态势而言，采购方处于不利的地位，有可能增加采购成本，并且在谈判过程中容易滋生索贿受贿现象，所以对这种采购方式的使用，国际规则都规定了严格的适用条件。一般而言，这种方式的采用都是出于紧急采购的时效性或者只能从唯一的供应商或承包商取得货物、工程或服务的客观性。全过程工程咨询服务的采购，有些特殊项目，这种采购方式也是一种选择。

（4）竞争性谈判　竞争性谈判是指采购人或代理机构通过与多家供应商（不少于3家）进行谈判，最后从中确定中标供应商的一种采购方式。

这种方式主要适用于：①依法制定的集中采购目录以内，且未达到公开招标数额标准的货物、服务；②依法制定的集中采购目录以外、采购限额标准以上，且未达到公开招标数额标准的货物、服务；③达到公开招标数额标准、经批准采用非公开招标方式的货物、服务；④按照招标投标法必须进行招标的工程建设项目以外的政府采购工程。

全过程工程咨询服务本身技术要求高，性质特殊，不能确定具体要求，非采购人所能预见的原因或者非采购人拖延造成采用招标所需时间不能满足用户紧急需要的，多数建设项目的全过程咨询服务都可以选择这种招标采购方式。

（5）邀请招标　邀请招标是投资人（或业主）利用自己的经验和调查研究获得的资料，根据全过程咨询单位的技术力量、业绩、管理水平和信誉等选择一定数量的全过程咨询单位，向他们发出邀请，进行项目竞争。采用这种方式，参与竞争的全过程咨询单位数量少（一般为3~5家），招标工作量小，可以节省时间和招标费用。一般用于服务工作内容相对不复杂、投资数额不大的建设项目。

（6）公开招标　公开招标是指招标人（投资人或业主）在指定的媒体上刊登招标公告，公开选择全过程工程咨询服务单位。采用这种方式可以吸引众多的咨询单位参加投标，为一切有能力的咨询单位提供一个平等竞争的机会，投资人（业主）也可从众多的咨询单位中挑选出一个比较理想的单位，为其提供高质量和高效率的咨询服务。但是这种方式招标工作量大，所需时间较长，招标费用较高。对于工作内容较复杂、技术难度较大、投资数额较大的建设项目可以选择公开招标方式。

二、全过程工程咨询服务招标

全过程工程咨询服务招标采购方式较多，但其主要方式为公开招标，因此本节主要介绍公开招标方式的招标文件和招标程序等。

（一）全过程工程咨询服务的招标文件

1. 招标文件的概念

招标文件是指招标人向潜在投标人发出并告知项目需求、招标投标活动规则和合同条件等信息的要约邀请文件。

全过程工程咨询服务招标文件就是投资人（业主）向潜在咨询服务投标人发出并告知项目需求、招标投标活动规则和咨询服务合同条件及主要内容等信息的要约邀请文件。

2. 全过程工程咨询服务招标文件的主要内容

全过程工程咨询服务招标文件主要包括以下内容：

1）全过程工程咨询服务招标公告。

2）投标人须知（包括密封、签署、盖章要求等）。

3）投标人应当提交的资质、资格、资信证明、咨询服务认证等文件。

4）投标报价要求、投标文件编制要求和投标保证金缴纳方式。

5）招标项目的技术规格、要求和数量，包括附件、图纸等。

6）咨询服务合同主要条款及合同签订方式等。

7）评标办法等。

3. 全过程工程咨询服务招标评标办法

全过程工程咨询服务招标评标办法有经评审最低价法、综合评价法等，多采用综合评价法。其评标标准的具体内容和权重一般为：

1）咨询单位的资质资格和业绩占 10%～20%。

2）为完成咨询服务目标拟采用的方法和途径，即全过程咨询服务大纲内容，占 20%～40%。

3）全过程咨询组织机构和参加该项目咨询服务人员占 40%～60%。

4）全过程咨询服务投标报价占 10%～15%。其中投标报价包括：

① 投资决策咨询服务酬金金额或费率（%）。

② 工程勘察酬金金额或费率（%）。

③ 工程设计酬金金额或费率（%）。

④ 招标采购服务酬金金额或费率（%）。

⑤ 工程监理酬金金额或费率（%）。

⑥ 造价咨询服务酬金金额或费率（%）。

⑦ 运营维护咨询服务酬金金额或费率（%）。

⑧ 专项专业咨询服务酬金金额或费率（%）。

⑨ 总协调费金额或费率（%）。

4. 全过程工程咨询服务招标程序

全过程工程咨询服务招标程序如图 1-3 所示。

1）招标公告适用公开招标，应在指定媒介发布。

图 1-3　全过程工程咨询服务招标程序

2）编制招标文件：全过程工程咨询服务招标文件中核心内容为工作大纲，是投资人（业主）要求咨询单位完成咨询任务的详细说明文件，至少要包括以下内容：

① 概述：简述项目情况、项目的由来及其他有关背景资料。

② 目标：说明该建设项目计划达到的目标。

③ 工作范围：详细说明咨询单位应当完成的咨询任务和具体要求。

④ 进度与报告：关于咨询单位工作进度计划和工作进展情况报告的要求。

⑤ 投资人（业主）的义务：说明投资人（业主）可向咨询工作人员提供的条件、有关资料、人员配合、设施和相关支持等。

3）估算咨询费用：咨询服务费用的估算是以工作大纲中拟定的工作量和预期成果目标为依据，估算完成咨询任务所需要的人力、物力、时间和费用。

费用估算对于投资人（业主）和咨询单位都是必不可少的。投资人（业主）需要了解为进行此项任务而支出的费用，列入项目投资中支出。咨询单位需要从被聘用的角度，针对具体任务拟定咨询服务的工作方案和人员的配备，通过估算费用，进行合理报价，大多数咨询项目可参照国家和地方政府发布的市场指导价进行报价。一般来讲，投资人（业主）估算出的咨询费用作为建设项目咨询服务招标的最高投标限价。

4）制定评标办法：根据我国招标投标相关法律法规，评标办法主要有两大类，一是经评审最低投标价法，二是综合评价法。咨询服务主要采用综合评价法。

5）投标：按照招标文件要求，参与投标活动的咨询单位在规定时间、地点进行投标。目前大多数项目在网上投标。要求投标人不少于 3 家。

6）开标、评标：在投标截止的同一时间进行开标。开标后组织评标专家进行评标，并向投资人（业主）推荐中标候选人。

7）定标：在评标以后，根据推荐的中标候选人，由投资人（业主）确定中标人。

8）合同谈判与签约：投资人（业主）与中标人根据招标投标活动情况，结合招标项目特点进行合同谈判，谈判意见一致后进行合同签约。

三、全过程工程咨询服务投标

（一）投标准备

咨询单位准备参加一项全过程工程咨询服务项目的投标，就应做好投标前的准备工作。一是组织一个好的投标团队，二是做好单位实力介绍。投标团队应由有经验的专业技术人员、经济管理人员和法律人员组成，必要时也应有商务人员参加。单位实力介绍主要是向投资人（业主）宣传本单位的服务范围、专业特长、科技水平和综合实力，特别是以往取得的咨询服务项目的业绩。

（二）投标文件的编制

投标文件应依据招标文件，结合本单位实际情况编制，做到实质性响应招标文件，并按照招标文件中规定的投标格式要求填写。

1. 全过程工程咨询服务大纲的编写

全过程工程咨询服务大纲的编写，要依据招标文件中的工作大纲，内容要求全面，工作目标明确，工作计划可行；项目组织架构、全过程工程咨询体系及拟投入的资源配置科学、合理、高效，全过程工程咨询服务机构的制度建设规划到位；对项目策划、招标采购、工程勘察设计、工程监理、工程造价控制、项目合同与信息管理等进行控制的方法科学、管理措施全面得当。

2. 全过程工程咨询组织机构

1）项目组织机构架构合理，部门设置符合项目特点和咨询服务要求。

2）拟派人员资质资格和经历、业绩符合招标文件的要求。

3. 投标报价

全过程工程咨询服务投标报价应按国家和项目所在地政府现行有关专业咨询收费标准或计费方法执行。

第二章

全过程工程咨询文件编制

  全过程工程咨询应根据不同服务阶段编制相应的管理文件。在全过程工程咨询服务招标采购阶段应编制全过程工程咨询规划大纲，该文件是作为全过程工程咨询管理工作中具有战略性、全局性和宏观性的指导文件；在全过程工程咨询服务施工阶段，依据全过程工程咨询服务合同和全过程工程咨询规划大纲编制全过程咨询实施计划和全过程工程咨询管理制度；在全过程咨询实施过程中，根据工程进展情况编制相应的全过程专业咨询实施细则。

  编制的全过程工程咨询管理文件是实现项目合同目标的具体措施和手段，也是反映对项目管理的要求。全过程工程咨询文件主要确定项目的管理模式、组织机构和职责分工、任务目标分解、岗位责任及实施要点，并根据项目管理服务的目标制定工作计划、内容、秩序、方法、制度和措施，以及关键点、难点工作的应对措施。

第一节 全过程工程咨询服务策划

一、全过程工程咨询服务策划的重要性

  1）一个建设项目自开发、建设至运营一般要经过：投资决策、勘察设计、发承包、施工、竣工验收、运营维护等六个阶段。全过程工程咨询单位在工程实施前，做好每个阶段的策划工作对整个建设项目的运作和完成至关重要。

  2）一个良好的项目策划为项目的后续实施提供保障，对项目建设的全过程做预先考虑和设想，贯穿整个项目全过程，策划的内容是一个由浅入深、不断深化的过程，不同阶段策划的实质和内涵不同。

  3）项目的策划工作为项目的批准提供了依据，也是项目各项决策的关键，同时为项目实施和管理提供依据。

  4）项目的策划是根据全过程工程咨询合同和咨询单位管理的要求，而明确项目目标和工作范围的，它是分析项目风险和采取应对措施、确定项目各项管理原则、措施和进程的重要工作。项目策划的范围涵盖项目活动的全过程以及所涉及的全要素，因此，它是项目建设顺利进行、实现高质高效目标的重要保证。

二、全过程工程咨询服务策划的管理

1）全过程工程咨询单位在进行建设项目全过程工程咨询服务前，要对工程咨询服务进行策划，要对全过程工程咨询服务的模式、目标、内容、组织、资源、方法、程序和控制措施进行确定。

2）全过程工程咨询服务策划的内容要针对项目的实际情况，具有可操作性、指导性，通过对策划内容的实施，对项目目标的实现具有积极作用。

3）全过程工程咨询单位应建立项目策划专门团队，明确项目成员的责任，并确保策划成果在建设项目咨询过程中得到有效的实施。

4）全过程工程咨询服务策划文件主要包括全过程工程咨询规划大纲、全过程咨询实施计划、专业咨询实施细则和全过程工程咨询管理制度等，所有策划文件要履行审批手续。当实际情况或条件发生重大变化时，策划文件应按要求修改和完善，并重新履行审批手续。

5）全过程工程咨询规划大纲一般在预启动环节，由总咨询师组织编制，并经全过程工程咨询单位审批，报送投资人（委托人）。批准的全过程工程咨询规划大纲应在全过程工程咨询单位内部进行交底并形成交底记录。

6）全过程工程咨询单位应根据全过程工程咨询服务合同、全过程工程咨询规划大纲，结合建设项目特点，编制有针对性的全过程工程咨询管理制度，规范全过程工程咨询单位内部以及全过程工程咨询单位与投资人（委托人）、相关承包人之间的管理接口和工作流程。

7）全过程咨询实施计划由总控管理部编制，专业咨询实施细则由各专业部门编制，并经总咨询师批准实施。这些咨询文件批准实施后，均应对全过程工程咨询单位内部专业咨询工程师进行交底，并形成交底记录。

三、全过程工程咨询服务策划文件的内容与批准

（一）全过程工程咨询服务策划的内容

全过程工程咨询服务策划需参照项目管理规范及全过程工程咨询服务导则的管理要求，构建基本框架，并结合项目范围、特点和实际管理需要，逐步梳理、调整和完善。全过程工程咨询服务策划根据咨询合同要求，可能包含项目投资决策、勘察设计管理、发承包管理、工程实施、项目建设过程控制、运营维护等内容。

全过程工程咨询服务策划的成果文件包括全过程工程咨询规划大纲、全过程咨询实施计划、专业咨询实施细则和全过程工程咨询管理制度等。具体内容详见第一章第四节。

（二）全过程工程咨询服务策划成果的批准

全过程咨询服务策划成果应按规定履行审批手续、批准后方可实施。当实际情况或条件发生重大变化时，全过程工程咨询服务策划成果应按要求修改完善，并重新履行审批手续。

全过程工程咨询规划大纲和全过程工程咨询管理制度由全过程工程咨询单位领导批准，全过程咨询实施计划和专业咨询实施细则由总咨询师批准实施。

第二节　全过程工程咨询规划大纲编制

全过程工程咨询规划大纲是指导全过程工程咨询服务管理工作中的纲领性文件，在建设

项目全过程工程咨询服务工作中，该文件是具有战略性、全局性和宏观性的指导性文件。

全过程工程咨询规划大纲内容要点的策划，需集成全过程工程咨询团队的共同智慧，对全过程工程咨询服务项目的重要事项提出方向性、策略性的工作思路和办法，作为编制全过程工程咨询规划大纲要点。

全过程工程咨询规划大纲框架策划的要求：一是参照全过程工程咨询服务导则和项目管理规范的管理要求；二是结合工程特点和管理任务目标。大纲内容策划需着重强调工作思路，要点明确，不必很具体很详细。

一、全过程工程咨询规划大纲编制依据

全过程工程咨询规划大纲编制依据有：

1）项目适用的法律、法规和标准。

2）全过程工程咨询招标文件及与建设项目有关的信息、资料和文件。

3）咨询人自身关于类似建设项目的全过程咨询经验和能力等方面资料。

4）相关全过程工程咨询策划、投资决策、工程勘察设计、招标代理、工程造价、工程监理等实施调查资料。

二、全过程工程咨询规划大纲编制步骤

编制全过程工程咨询规划大纲应遵循下列步骤：

1）明确全过程工程咨询服务需求和全过程工程咨询服务管理范围。

2）确定全过程工程咨询服务管理目标。

3）分析全过程工程咨询服务实施条件，进行全过程工程咨询服务工作结构分解。

4）确定全过程工程咨询服务管理组织模式、组织架构和职责分工。

5）制定全过程工程咨询服务管理措施。

6）编制全过程工程咨询服务资源计划。

7）按规定报送审批。

三、全过程工程咨询规划大纲编制的具体内容

1. 全过程工程咨询规划大纲编制一般应包括的内容

全过程工程咨询规划大纲的编制，应依据全过程工程咨询服务招标文件中的服务范围、管理要求及管理目标等编写，立足于建设项目的全生命周期，符合项目建设总目标的管理要求，一般宜包括但不限于下列内容，根据需要由编制人员选定：

1）建设项目概况。

2）建设项目范围及其管理。

3）全过程工程咨询服务范围及其管理。

4）建设项目全生命周期总体目标。

5）全过程工程咨询服务目标。

6）全过程工程咨询服务内容管理。

7）全过程工程咨询服务组织架构、部门分工、岗位设置及职责划分。

8）全过程工程咨询服务项目策划管理。

9）全过程工程咨询服务投资决策管理。

10）全过程工程咨询服务工程勘察设计管理。

11）全过程工程咨询服务工程招标采购管理。

12）全过程工程咨询服务工程监理管理。

13）全过程工程咨询服务工程造价管理。

14）全过程工程咨询服务工程竣工验收管理。

15）项目运营维护管理。

16）全过程工程咨询服务进度、质量、安全生产、绿色建造与环境管理，BIM 应用全过程咨询管理。

17）全过程工程咨询服务信息、合同、沟通、资源、技术、风险管理等。

18）报审或备案或核准、报批、报建、报验和数字化应用的管理。

19）全过程工程咨询服务收尾、履约评价等。

2. 全过程工程咨询规划大纲编制还应包括的内容

为使全过程工程咨询规划大纲的进一步落实和实施，在编制时还包括以下内容：

1）全过程工程咨询服务管理总目标及阶段性目标的完成内容及方法，管理人员管理职责的规定和相关的管理制度。

2）全过程工程咨询服务管理程序和管理方法的有关要求。

3）全过程工程咨询服务通过提供有效的资源，如何充分利用现有的人、财、物，以提高工程咨询的经济效益。

四、全过程工程咨询规划大纲的编制要求

1）全过程工程咨询规划大纲编制，要求内容齐全、结构完整、重点突出、符合规范，准确把握全过程工程咨询服务工作的重难点，采取的措施应有针对性和实效性。

2）全过程工程咨询规划大纲在编写时应注意以下方面的内容：

① 总体工作方案。总体方案思路清晰、整体工作安排有序、实操性强，对全过程工程咨询中重难点分析到位；意见和建议切实可行，应对不确定性因素的措施可靠。

② 总体进度计划。具有完整的项目时间安排和准确的进度管理方案。

③ 工程勘察工作方案。方案内容全面，各项措施明确具体、切实可行。

④ 工程设计工作方案。设计方案应在充分理解、满足使用要求的基础上，确保项目投资控制在初步设计概算内。设计工作方案表达清晰、内容完整、合理可行、措施得当、操作性强。

⑤ 工程监理工作方案。方案内容全面、措施明确、切实可行。

⑥ 其他工作方案。对咨询的重难点阐述明确、措施得当。

3）编写全过程工程咨询规划大纲时，应注意以下几点：

① 人员设置，应注重人员岗位设置与职责划分的合理性及科学性。

② 投资管理，应注重投资管控方案、工程造价管理制度的合理性和科学性。

③ 合同、进度、质量、安全、技术、风险管理，应注重其工作方案的合理性和科学性。

④ 综合管理，应注重综合信息管控工作方案的合理性及科学性。

第三节　全过程工程咨询实施计划编制

全过程工程咨询实施计划是全过程工程咨询规划大纲内容的进一步深化与细化，它是指导全过程工程咨询工作的纲领性文件，涉及项目各个建设阶段。

全过程工程咨询实施计划应根据全过程工程咨询规划大纲和全过程工程咨询服务合同的要求，由总控管理部组织编制，经总咨询师审批，并报送投资人，同时应向全过程工程咨询单位内部专业咨询工程师进行交底，并形成交底记录。当实际情况或条件发生重大变化时，全过程工程咨询实施计划应按要求修改完善，并重新履行审批手续。

一、全过程工程咨询实施计划编制依据

全过程工程咨询实施计划编制依据有：
1）项目适用的法律、法规和标准。
2）全过程工程咨询服务合同。
3）全过程工程咨询规划大纲。
4）建设项目相关文件和资料。
5）委托人基本情况及其他相关要求和需求。
6）建设项目实施条件和建设环境分析资料。

二、全过程工程咨询实施计划编制步骤

编制全过程工程咨询实施计划应遵循下列步骤：
1）了解相关的要求。
2）分析项目具体特点和环境条件。
3）熟悉相关的法律法规和文件。
4）组织编写，由总控管理部负责，相关部门配合。
5）履行报批手续。

三、全过程工程咨询实施计划编制的具体内容

全过程工程咨询实施计划编制应包括以下主要内容：
1）建设项目概况。
2）编制的依据。
3）建设项目全过程工程咨询范围管理实施计划。
4）全过程工程咨询服务目标与内容。
5）建设项目开发模式、开发策略和实施方案。
6）全过程工程咨询组织机构、部门分工、岗位设置、职责划分的管理实施计划。
7）建设项目总体的工期、投资、质量、安全生产、绿色建造与环境管理等管理实施计划。
8）建设项目总体的信息、合同、沟通、资源、技术、风险等全过程职能管理实施计划。

9）建设项目的投资决策、工程勘察设计、工程监理、招标采购、工程造价以及运营维护等全过程基本专业咨询的管理实施计划。

10）建设项目的报审或备案或核准，报批报建报验工作的管理实施计划，以及建设项目的政策、法律、产业、融资、特许经营、财务、绿色建筑、工程保险、建筑信息模型（BIM）技术、项目后评价和绩效评价等专项专业咨询的管理实施计划。

11）全过程项目管理收尾计划等。

四、全过程咨询实施计划编制要求

1）全过程咨询实施计划的编制，是较好完成建设项目全过程工程咨询和实现总体目标的重要保证措施，全过程工程咨询单位应做好全过程工程咨询统筹管理工作，建立健全质量保证体系，明确各专业、各阶段的责任人。

2）全过程咨询实施计划的文件内容需达到以下要求，这些要求是评价全过程咨询实施计划的编制质量的重要定性指标：

① 全过程工程咨询规划大纲的内容应得到全面深化和具体化。

② 全过程咨询实施计划的范围应满足项目目标的实际需要。

③ 落实全过程咨询实施计划的风险应处于可以接受的水平。

第四节 专业咨询实施细则编制

专业咨询实施细则是与全过程咨询实施计划相关联的，也是全过程工程咨询服务策划过程的细化。全过程工程咨询服务应将专业咨询实施细则作为全过程咨询实施计划的支撑措施，纳入到全过程工程咨询的整体策划中。

专业咨询实施细则由专业咨询部门在全过程工程咨询服务相关工作开始前编制，并经总咨询师批准实施。专业咨询实施细则在实施前，应对相关专业咨询工程师进行交底，并形成交底记录。

一、专业咨询实施细则编制依据

专业咨询实施细则编制的依据有：

1）项目适用的法律、法规及相关标准。

2）已批准的全过程咨询实施计划。

3）专业咨询合同或任务书。

4）全过程工程咨询服务管理制度。

5）咨询服务实施过程中的需求。

6）已批准的建设项目相关方策划的文件。

二、专业咨询实施细则编制内容

专业咨询实施细则编制应包括以下内容：

1）专业咨询部门组建专业咨询组情况，包括专业咨询各工作岗位设置及职责划分。

2）专业咨询的工期、成本及质量等目标管理实施计划。

3）专业咨询生产组织计划及各项工作的边界和搭接的原则。

4）专业咨询内部评审流程和外部验收计划。

5）专业咨询配合服务方案、奖惩方案、存档方案等。

6）专业咨询变更管理原则和处理方案。

7）专业咨询收尾管理实施计划。

8）其他相关实施细则。

三、专业咨询实施细则编制要求

1）全过程工程咨询组织机构应确保全过程专业咨询实施细则满足全过程工程咨询的需求，并应符合下列规定：

① 组建的专业咨询组架构合理，设置的岗位和职责划分明确。

② 专业咨询生产组织计划合理可行，各项工作边界和搭接清晰明了。

③ 专业咨询内部评审流程合理，具有可操作性。

2）全过程工程咨询组织机构在编制专业咨询实施细则时，应保证基础工作的有效性，并注意以下内容的收集和整理：

① 积累以前全过程工程咨询经验。

② 制定有关人员配置要求。

③ 编制全过程工程咨询服务管理各种设施配置参数。

④ 配置相应的专用软件。

⑤ 建立全过程工程咨询服务信息数据库。

⑥ 注重全过程工程咨询服务团队建设。

⑦ 建立工作流程和相应的协调机制。

3）全过程专业咨询实施细则的编制，要求明确，措施得当，针对性强，操作性强。

第五节　全过程工程咨询管理制度编制

全过程工程咨询单位应依据全过程工程咨询服务合同的要求，并结合建设项目特点，编制有针对性的全过程工程咨询管理制度，规范全过程工程咨询单位内部以及全过程咨询单位与投资人、相关承包人之间的管理接口和工作流程。

全过程工程咨询管理制度，应由全过程咨询单位负责人、总咨询师、项目策划人员和全过程工程咨询组织机构各部门负责人、专业总师和相关人员共同制定。

一、全过程工程咨询管理制度编制依据

全过程工程咨询管理制度编制的依据有：

1）项目适用的法律、法规和相关标准。

2）全过程工程咨询服务合同。

3）全过程工程咨询规划大纲。

4）已批准的全过程咨询实施计划。

5）全过程工程咨询的经营方针和目标。

6）全过程工程咨询服务特点和实施条件与环境。

7）完成其他全过程工程咨询项目的管理经验。

二、全过程工程咨询管理制度编制内容

全过程工程咨询单位应针对全过程工程咨询服务的项目特点，建立相应的全过程工程咨询服务管理制度。建设项目全过程工程咨询组织机构应根据全过程工程咨询服务管理流程，在满足咨询服务合同和组织发展需求条件下，对全过程工程咨询服务管理制度进行总体策划，并根据全过程工程咨询服务管理范围，草拟全过程工程咨询管理制度，按照规定和要求形成咨询管理制度文件。

全过程工程咨询组织机构应实施全过程工程咨询服务管理制度，建立相应的评估与改进机制。必要时，应变更全过程工程咨询服务管理制度，以适应全过程工程咨询服务工作的开展。

全过程工程咨询管理制度较多，其主要管理制度有：

1）工程咨询业务监督检查制度。

2）质量管理制度。

3）安全生产管理制度。

4）技术管理制度。

5）进度管理制度。

6）招标采购管理制度。

7）合同管理制度。

8）信息管理制度。

9）工程造价管理制度。

10）协调管理制度。

11）档案管理制度。

12）其他管理制度（包括但不限于：投资决策、勘察设计、发承包、工程监理、运营维护）。

三、全过程工程咨询管理制度编制要求

1）全过程工程咨询管理责任制度应作为全过程工程咨询服务管理的基本制度。

2）全过程工程咨询组织机构总咨询师负责制定全过程工程咨询服务管理责任制度的核心内容。

3）全过程工程咨询单位和参与方法定代表人应书面授权委托全过程工程咨询组织机构总咨询师及相关专业团队负责人，并实行负责人责任制。

4）全过程工程咨询组织机构总咨询师应根据法定代表人的授权的范围、期限和内容，履行管理职责。

5）建设项目各实施主体和项目建设参与方应建立全过程工程咨询服务管理责任制度，明确全过程工程咨询服务管理组织和人员分工，建立各方相互协调的管理机制。

6）各项管理制度内容完整、表述清楚，具有较强的操作性和实用性，便于实际执行。

第三章

建设项目全过程文件报批与综合管理

第一节　建设项目全过程文件报批

建设项目管理依照建设程序需办理相关行政审批手续，在全过程项目管理中，项目的文件报批贯穿项目决策至运营维护各个阶段，是建设项目全过程工程咨询的一部分。如果项目没有按照法定的程序进行文件报批，项目的建设就是一种非法行为，项目的投资人就要面临重大的法律风险。在工程项目建设过程中，全过程工程咨询单位要协助投资人开展项目文件报批工作。

一个建设项目从项目立项到工程开工，需要申报各种文件，审批下来要一年或更长时间。2018年5月颁布的《国务院办公厅关于开展建设项目审批制度改革试点的通知》（国办发〔2018〕33号）明确要求：将审批时间压减一半以上，由目前平均200多个工作日压减到120个工作日。2019年3月颁布的《国务院办公厅关于全面开展工程建设项目审批制度改革的实施意见》（国办发〔2019〕11号），要求全面开展工程建设项目审批制度改革，统一审批流程，统一信息数据平台，统一审批管理体系，统一监管方式，实现工程建设项目审批"四统一"。各地工程建设项目应"统一审批流程，每个审批确定一家牵头部门，实施一家牵头、并联审批、限时办结"。

一、建设项目各个阶段文件报批情况概览

在不同的项目建设时期，全过程工程咨询单位需要向不同的相关部门进行项目文件报批，其主要内容为"三证一书"，即建设用地规划许可证、建设工程规划许可证、建筑工程施工许可证、建设工程竣工验收证书。各个阶段文件报批情况概览见表3-1。

表3-1　建设项目各个阶段文件报批情况概览

阶段	序号	工作内容或成果	编制	审核	确认	申报者	核准/审批/备案	流程
决策阶段	1	项目建议书	专业咨询工程师	总咨询师	投资人	投资人/咨询人	投资主管部门	
	2	社会投资项目备案	专业咨询工程师	总咨询师	投资人	投资人/咨询人	投资主管部门	

（续）

阶段	序号	工作内容或成果	编制	审核	确认	申报者	核准/审批/备案	流程
决策阶段	3	项目选址意见书	专业咨询工程师	总咨询师	投资人	投资人/咨询人	城市规划行政主管部门	1 完成后开始
	4	节能评估报告	专业咨询工程师	总咨询师	投资人	投资人/咨询人	管理节能工作的部门	1 完成后开始
	5	可行性研究报告	专业咨询工程师	总咨询师	投资人	投资人/咨询人	投资主管部门	4 完成后开始
	6	环境影响评价报告	专业咨询工程师	总咨询师	投资人	投资人/咨询人	环境保护行政主管部门	1 完成后开始
	7	资金申请报告	专业咨询工程师	总咨询师	投资人	投资人/咨询人	投资主管部门	
	8	项目首次前期经费下达	专业咨询工程师	总咨询师	投资人	投资人/咨询人	投资主管部门	
	9	建设用地规划许可证	专业咨询工程师	总咨询师	投资人	投资人/咨询人	土地规划行政主管部门	1、2、3、4、5 完成后开始
设计阶段	10	初步设计	专业咨询工程师	总咨询师	投资人	投资人/咨询人	建设行政主管部门	
	11	工程概算	造价工程师	总咨询师	投资人	投资人/咨询人	投资主管部门/财政部门	10 完成后开始
	12	施工图设计	专业咨询工程师	总咨询师	投资人	投资人/咨询人	建设行政主管部门	10、11 完成后开始
	13	建设工程规划许可证	专业咨询工程师	总咨询师	投资人	投资人/咨询人	城市规划行政主管部门	12 完成后开始
发承包阶段	14	政府投资项目施工招标公告	招标师	总咨询师	投资人	投资人/咨询人	建设行政主管部门	
	15	政府投资项目招标方案	招标师	总咨询师	投资人	投资人/咨询人	投资主管部门	14 完成后开始
施工阶段	16	建筑工程施工许可证	专业咨询工程师	总咨询师	投资人	投资人/咨询人	建设行政主管部门	6、15 完成后开始
	17	建设工程施工合同	专业咨询工程师	总咨询师	投资人	投资人/咨询人	建设行政主管部门	16 完成后开始
	18	建设工程质量监督文件	专业咨询工程师	总咨询师	投资人	投资人/咨询人	建设行政主管部门	16 完成后开始
	19	建设工程安全监督文件	专业咨询工程师	总咨询师	投资人	投资人/咨询人	建设行政主管部门	16 完成后开始
竣工阶段	20	建设工程竣工验收报告	专业咨询工程师	总咨询师	投资人	投资人/咨询人	建设行政主管部门	

（续）

阶段	序号	工作内容或成果	编制	审核	确认	申报者	核准/审批/备案	流程
运营阶段	21	项目后评价报告	专业咨询工程师	总咨询师	投资人	投资人/咨询人	投资主管部门	
	22	项目绩效评价报告	专业咨询工程师	总咨询师	投资人	投资人/咨询人	财政部门	

注：1. 投资主管部门：国务院投资主管部门是指国家发展改革委，具有核准权限的国务院有关行业主管部门；省级政府投资主管部门；地方政府投资主管部门是指地方政府发展改革委和地方政府规定具有投资管理职能的经贸委。

2. 城市规划行政主管部门：国务院和省级政府城市规划行政主管部门为自然资源部门；地方政府城市规划行政主管部门是指地方政府规定具有城市规划管理职能的有关部门。

3. 建设行政主管部门：国务院和地方政府建设行政主管部门是指住房城乡建设、交通、水利等有关部门，按照国务院和地方政府规定的职责分工，在各自的职责范围内实施监督管理。

4. 环境保护行政主管部门：国务院和地方政府环境保护行政主管部门分别为环境保护部、厅（局）等。

5. 管理节能工作的部门：国务院管理节能工作的部门主管全国的节能监督管理工作。国务院有关部门在各自的职责范围内负责节能监督管理工作，并接受国务院管理节能工作的部门的指导。县级以上地方各级人民政府管理节能工作的部门负责本行政区域内的节能监督管理工作。县级以上地方各级人民政府有关部门在各自的职责范围内负责节能监督管理工作，并接受同级管理节能工作部门的指导。

6. 财政部门：国务院和地方政府财政部门分别为财政部、厅（局）等。

7. 建设项目的全过程文件报批流程在全国各地大体相同，但细节上可能有所区别，详细流程可以参考各地政府网站。

二、决策阶段文件报批

（一）建设用地规划许可证核发

审批部门为当地政府规划和国土行政主管部门及相关管理局，办理时限为20个工作日，审批结果为建设项目用地规划许可证。

1. 政府投资建设项目

（1）办理条件

1）房建类工程。

① 以划拨和协议方式提供土地使用权的：

a. 取得发展改革部门的项目首次前期经费下达文件或资金申请报告批复。

b. 取得建设项目选址意见书和用地预审意见或土地使用权出让合同。

② 以招标、拍卖、挂牌方式提供土地使用权的：已签订土地使用权出让合同。

2）市政类线性工程。

a. 已取得有关部门的批准、备案文件。

b. 已完成建设工程方案设计。

c. 取得建设项目选址意见书和用地预审意见或土地使用权出让合同。

注意：建设项目涉及地质灾害、文物保护、环境保护、机场、气象、危险品、轨道交通等事项的，由用地规划行政主管部门征求意见；若上述事项涉及国家或省级主管部门，由市级主管部门向其对口上级主管部门征求意见并反馈用地规划行政主管部门。

（2）申请材料

1）××市规划和国土管理部门行政审批事项业务申请表。

2）选址意见书或用地预审意见或土地使用权出让合同（系统共享）。

3）项目首次前期经费下达文件（系统共享）。

4）规划设计方案或总平面示意图。

5）有相应资质的设计单位出具的方案设计文件（市政类线性工程需提供）。

6）设计单位工程设计资质证书、资格证明（市政类线性工程需提供）。

2. 社会投资建设项目

（1）办理条件

1）以划拨和协议方式提供土地使用权的房建类工程，取得当地社会投资项目备案证、建设项目选址意见书、用地预审意见或土地使用权出让合同。

2）属于市政类线性工程的。

① 已取得当地社会投资项目备案证。

② 已完成建设工程方案设计。

③ 已取得建设用地批准文件。

（2）申请材料

1）当地规划和国土管理部门行政审批事项业务申请表。

2）建设项目选址意见书或土地使用权出让合同（系统共享）。

3）当地社会投资项目备案证（系统共享）。

4）建设项目涉及地质灾害、文物保护、环境保护、机场、气象、危险品、轨道交通等事项的，按照法律法规应取得相关主管部门的书面审查意见或提供相关报告。

5）规划设计方案或总平面示意图。

6）有相应资质的设计单位出具的方案设计文件（市政类线性工程需提供）。

7）设计单位工程设计资质证书、资格证明（市政类线性工程需提供）。

（二）决策阶段相关文件报批

1. 可行性研究报告审批

政府投资项目可行性研究报告需投资主管部门审批，办理时限一般为 20 个工作日（审批办理 7 个工作日，技术审查为 13 个工作日），审批结果为关于××项目可行性研究报告的批复。

（1）办理条件

1）某地行政区域范围内的本级政府投资项目。

2）项目全部或部分利用本地本级财政性资金。

3）对于总投资 5000 万元以上项目，有项目生成启动凭证依据文件。

4）对于总投资 5000 万元以下或经本地党委政府确定的应急、抢险、救灾工程项目，投资主管部门免于可行性研究报告审批，直接审批项目总概算。

（2）申请材料

1）申请表。

2）申请报告。

3）可行性研究报告。

4）项目生成启动凭证文件。

2. 固定资产投资项目节能审查

固定资产投资项目节能审查，政府投资建设项目和社会投资建设项目均由××市发展和改革委员会组织开展，申请材料为节能评估报告书，办理时限为 20 个工作日（审批办理 7 个工作日，技术审查 13 个工作日），办理结果为××项目节能审查意见的复函。

办理条件：

（1）政府投资建设项目

1）××市行政区域范围内的市本级政府投资项目。

2）项目全部或部分利用市本级财政性资金。

3）凡符合下列条件的政府投资建设项目，只在项目可行性研究报告或项目申请报告中加入对项目能源利用情况、节能措施情况和能效水平分析等相关内容，发展改革部门不再单独进行节能审查：一是抽水蓄能电站、水利、铁路、城市道路等行业项目；二是年综合能源消费量不满 1000t 标准煤，且年电力消费量不满 500 万 kWh 的项目。

4）除上述项目以外的其他项目，进行单独的固定资产投资项目节能审查。

（2）社会投资建设项目

1）××市行政区域范围内建设的固定资产投资项目。

2）凡符合下列条件的建设项目，发展改革部门不再单独进行节能审查：一是国家发展改革委《不单独进行节能审查的行业目录》中的项目；二是年综合能源消费量不满 1000t 标准煤，且年电力消费量不满 500 万 kWh 的项目。

3）除上述项目以外的其他项目，进行单独的固定资产投资项目节能审查。

申请材料：政府投资和社会投资建设项目均为节能评估报告书。

3. 生产建设项目水土保持方案审批

生产建设项目水土保持方案需本地水务主管部门审批，办理时限一般为 20 个工作日（审批办理 10 个工作日，技术审查 10 个工作日），审批结果为授予准予行政许可决定书或业务受理回执。

（1）办理条件

1）适用审批的情形。经省、市、区投资主管部门审批通过，不涉及跨××市行政区划，在已开发区域外可能造成水土流失的生产建设项目水土保持方案，依法免办水土保持方案审批的项目除外。

2）适用备案的情形。经省、市、区投资主管部门审批通过，不涉及跨××市行政区划的，在已开发区域内可能造成水土流失的生产建设项目水土保持方案，依法免办水土保持方案审批的项目除外。

（2）申请材料

1）水土保持方案审批（备案）申请表。

2）水土保持方案报告书（表）。

3）承诺书（备案类项目需提交）。

4）授权委托书（系统共享）。

5）经办人身份证复印件（系统共享）。

6）组织机构信用代码证或事业单位法人证书或企业营业执照（系统共享）。

7）法人代表证明书（系统共享）。

8）法人身份证复印件（系统共享）。

9）项目首次前期经费下达文件或资金申请报告的批复（政府投资建设项目需提供）（系统共享）。

10）××市社会投资项目备案证（社会投资建设项目需提供）（系统共享）。

4. 建设项目环境影响评价文件审批

建设项目环境影响评价文件需经当地生态环境保护主管部门审批。环境影响报告书审批时限为 20 个工作日，环境影响报告表审批时限为 10 个工作日。审批结果为主管部门的审查批复。

（1）办理条件

1）建设项目环境影响报告书（表）的评价结论为可行。

2）应编制环境影响报告书（表）的范围依据《建设项目环境影响评价分类管理名录》（环境保护部令第 44 号）及《关于修改〈建设项目环境影响评价分类管理名录〉部分内容的决定》（生态环境部令第 1 号）确定。

3）符合《建设项目环境影响评价文件分级审批规定》（环境保护部令第 5 号）、《××省人民政府关于印发××省建设项目环境保护厅审批环境影响报告书（表）的建设项目名录（2017 年）的通知》等规定。

（2）申请材料

一是对于应当编制环境影响报告书的项目的申请材料如下：

1）环境影响评价文件审批申请表（系统共享）。

2）建设项目环境影响报告书。

3）公众参与意见汇编（进行公众参与的项目需提供）。

4）建设单位对有关单位、专家和公众意见采纳或者不采纳的说明材料（进行公众参与的项目需提供）。

5）建设项目环境影响报告书技术审查意见（系统共享）。

6）组织机构代码证（系统共享）。

7）经办人身份证信息（系统共享）。

对于社会投资建设项目，需提供场地使用证明，自有场地内建设的项目提供建设用地规划许可证或土地使用权出让合同或房地产证（系统共享），租赁场地建设的项目提供房屋租赁合同（在已有场地内建设的项目需要提供，涉及土地开发的新建场地项目不需要提供此类材料）。

二是对于应当编制环境影响报告表的项目的申请材料如下：

1）××市建设项目环境影响评价文件审批申请表。

2）建设项目环境影响报告表。

3）组织机构代码证（系统共享）。

4）经办人身份证信息（系统共享）。

对于社会投资建设项目，需提供场地使用证明，要求同前。

5. 土地使用权出让合同签订

土地使用权出让合同需通过当地政府规划和国土主管部门及有关管理部门签订，办理时限为 5 个工作日，办理结果为项目所在地土地使用权出让合同。

（1）政府投资建设项目

1）办理条件：

一是符合城市规划和土地利用总体规划、纳入城市建设与土地利用年度实施计划，用地规模符合《××市城市规划标准与准则》，不涉及土地整备及农转用问题的政府投资建设项目，土地利用年度计划经当地市政府批准后，规划国土主管部门即核发划拨土地决定书或签订土地使用权出让合同。

二是其余建设项目，经当地市政府规划部门批准后核发划拨土地决定书或签订土地使用权出让合同。

2）申请材料：

① 土地使用权出让合同签订申请表。

② 项目选址意见书或用地预审意见或规划设计要点或用地规划许可证（系统共享）。

③ 组织机构代码证。

④ 法定代表人证明书。

⑤ 法定授权委托证明书。

⑥ 法人代表身份证。

⑦ 被授权人身份证。

（2）社会投资建设项目

1）办理条件：

一是符合供地政策并经当地市、区政府审批通过。

二是符合土地利用总体规划和城镇规划。

三是通过招标、拍卖、挂牌方式竞得建设用地使用权。

2）申请材料：

① 土地使用权出让合同签订申请表。

② 招标、拍卖、挂牌用地成交确认书。

③ 监管协议。

④ 资金来源核查情况说明（住宅类项目提供）。

⑤ 法定代表人证明书。

⑥ 法定授权委托证明书。

⑦ 法人代表身份证。

⑧ 被委托人身份证。

⑨ 法人营业执照。

三、设计阶段文件报批

（一）建设工程规划许可证核发（房建类）

建设工程规划许可证由当地政府规划和国土主管部门核发，现为自然资源行政主管部门，办理时限为 15 个工作日，办理结果为建设工程规划许可证、××项目建设工程规划审查意见的函、工程规划审查意见。

1. 政府投资建设项目

（1）办理条件

1）取得土地使用合同、建设用地规划许可证、建设工程方案设计核查意见书。

2）完成施工图设计，取得施工图审查合格证。

3）位于国家安全区域内的，通过国家安全部门审批；位于地铁保护范围内的，取得地铁运营单位意见；位于文物保护范围内的，通过文物保护部门审批；涉及保障性住房、创新性产业用房等政策性用房和公共配套设施建设的，需提交接收业主单位意见。

（2）申请材料

1）申请表（××市规划和国土资源主管部门行政审批事项业务申请表、建筑工程包括设计方案、建设工程规划许可、施工图修改备案的申请附表）。

2）建设工程方案设计文件。

3）选址意见书或用地预审意见或规划设计要点或建设用地规划许可证（系统共享）。

4）位于国家安全区域内的，需提交国家安全部门批复；位于地铁保护范围内的，需提交地铁运营单位意见；位于文物保护范围内的，需提交文物保护部门批复；配套公共设施的，需提交接收业主单位意见。

5）项目涉及油气及其他危险品的，应提供安全监督部门的审查意见（系统共享）。

6）既有建筑申请改建、扩建的，还需提交专有部分占建筑物总面积三分之二以上的业主且占总人数三分之二以上的业主同意的文件。

7）申请补办建设工程规划许可证的，还应提供规划确认文件、质检消防安全部门意见以及规划监察部门处理的意见。

2. 社会投资建设项目

（1）办理条件

1）取得土地使用合同、建设用地规划许可证、建设工程方案设计核查意见书（宗地内规定建筑面积不大于 $5000m^2$、规划功能和建筑类型单一的建设项目；列入市重大项目计划的普通工业、仓储项目；临时建筑等免于方案设计核查的项目不需要此项）。

2）完成施工图设计，取得施工图审查合格证。

3）位于国家安全区域内的，通过国家安全部门审批；位于地铁保护范围内的，取得地铁运营单位意见；位于文物保护范围内的，通过文物保护部门审批；配套公共服务设施的，取得公共服务接收单位意见。

（2）申请材料

1）申请表（××市规划和国土资源主管部门行政审批事项业务申请表、建筑工程包括设计方案、建设工程规划许可、施工图修改备案的申请附表）。

2）建设工程设计文件（含总平面图和建筑专业施工图设计文件及电子数据）。

3）提交施工图审查合格证。

4）位于国家安全区域内的，需提交国家安全部门批复；位于地铁保护范围内的，需提交地铁运营单位意见；位于文物保护范围内的，需提交文物保护部门批复；配套公共设施的，需提交接收业主单位意见。

5）项目涉及油气及其他危险品的，应提供安全监督部门的审查意见（系统共享）。

6）既有建筑申请改建、扩建的，还需提交专有部分占建筑物总面积三分之二以上的业主且占总人数三分之二以上的业主同意的文件。

7）申请补办建设工程规划许可证的，还应提供规划确认文件、质检消防安全部门意见以及规划监察部门的处理意见。

（二）设计阶段相关文件报批

1. 建设工程方案设计核查（建筑类）

建设工程方案设计由当地政府规划和国土资源主管部门及有关管理部门组织核查，核查办理时限为 15 个工作日，并出具××市建设工程方案设计核查意见书。

针对社会投资建设项目，办理条件和申请材料如下：

（1）办理条件

1）取得××市建设用地规划许可证或土地使用权出让合同。

2）完成建设工程方案设计文件。

（2）申请材料

1）申请表（××市规划和国土资源主管部门行政审批事项业务申请表，建筑工程包括设计方案、建设工程规划许可、施工图修改备案的申请附表）。

2）建设工程方案设计文件及电子数据。

3）重点地区、重要节点的项目需要进行招标的，需提供中标通知书和专家评审意见。

2. 大中型建设工程初步设计审查

大中型建设工程初步设计，要针对不同项目不同专业由相应的行业主管部门组织审查，如交通行业则由当地政府交通运输行业主管部门组织审查，一般办理时限为 5 个工作日，办理结果出具××市交通运输主管部门关于××项目初步设计的审查意见。

（1）办理条件　总投资 5000 万元以上的项目，工程建设可行性研究报告已经批复，总投资 5000 万元以下的项目，应取得投资主管部门如发展改革部门的立项文件。

（2）申请材料

1）大中型建设工程初步设计审查（市政道路及附属工程）申请表。

2）工程可行性研究报告批复（总投资 5000 万元以上项目提供，系统共享）。

3）初步设计全套文件和图纸。

4）初步勘察报告。

5）项目首次前期经费下达文件（总投资 5000 万元以下项目提供，系统共享）。

3. 项目概算备案或审批

项目概算备案或审批，一般针对政府投资建设项目，由投资主管部门（当地政府发展改革部门）负责。备案时限为 5 个工作日，审批时限为 20 个工作日（审批办理 7 个工作日，技术审查 13 个工作日）。备案的项目，办理结果为××市发展改革部门关于同意××项目总概算备案的批复；审批的项目，办理结果为××市发展改革部门关于××项目总概算的批复。

（1）办理条件

1）××市行政区域范围内的市本级政府投资项目。

2）项目全部或部分利用市本级财政性资金。

3）对于总投资 5000 万元以上项目，需有项目可行性研究报告批复文件；对于总投资 5000 万元以下项目，需有项目生成启动凭证依据文件。

4）对于当地政府确定的应急、抢险、救灾工程项目，发展改革部门免于可行性研究报告审批，直接审批项目总概算。

5）项目申报概算的总投资在可行性研究批复范围内，建设内容及规模与可行性研究批复一致的，实行告知性备案管理。

6）项目概算超过批复可行性研究估算 20% 以内的，由建设单位报发展改革部门审批；超过 20% 以上的，由建设单位开展可行性研究报告修编，经市政府同意调整功能定位、建设内容及规模、标准等的项目，则免于可行性研究报告修编，直接审批项目概算。

（2）申请材料

1）申请表。

2）申请报告。

3）初步设计图纸。

4）项目总概算材料。

5）项目生成启动凭证文件。

4. 超限高层建筑工程抗震设防审批

超限高层建筑工程抗震设防审批，由项目所在地住房建设主管部门负责，办理时限为 20 个工作日，办理结果为 ×× 超限高层建筑工程抗震设防专项审查的批复。

（1）办理条件　符合《超限高层建筑工程抗震设防专项审查技术要点》（住房和城乡建设部建质〔2015〕67 号）规定的超限高层建筑工程。

（2）申请材料

1）超限高层建筑工程初步设计抗震设防专项审查申报表。

2）高层建筑工程超限设计的可行性报告。

3）建设项目的岩土工程勘察报告。

4）结构初步设计计算书（主要结果）。

5）初步设计深度的图纸（建筑和结构部分）和设计说明。

6）××市建设工程方案设计核查意见书（系统共享）。

对于社会投资建设项目，申请材料中当参考使用国外有关抗震设计标准、工程和震害资料及计算机程序时，应提供相应的说明。

5. 消防设计审核或备案抽查

消防设计审核或备案抽查，由项目所在地住房建设主管部门负责。办理时限为：审核 10 个工作日，备案 10 个工作日。办理结果：审核为建设工程消防设计审核意见书；备案为受理回执、建设工程消防设计备案抽查违法通知书、建设工程消防设计备案抽查复查意见书。

（1）办理条件

下列建设工程应申报消防设计审核，其他建设工程申报备案抽查。

1）符合下列情形的大型人员密集场所新建、扩建、改建（含建筑内外装修、用途变更、建筑保温）工程：

① 建筑总面积大于 20000m^2 的体育场馆、会堂，公共展览馆、博物馆的展示厅。

② 建筑总面积大于 15000m^2 的民用机场航站楼、客运车站候车室、客运码头候船厅。

③ 建筑总面积大于 10000m^2 的宾馆、饭店、商场、市场。

④ 建筑总面积大于 2500m^2 的影剧院，公共图书馆的阅览室，营业性室内健身、体育场馆，医院的门诊楼，大学的教学楼、图书馆、食堂，劳动密集型企业的生产加工车间，寺庙、教堂。

⑤ 建筑总面积大于 $1000m^2$ 的托儿所、幼儿园的儿童用房，儿童游乐厅等室内儿童活动场所，养老院、福利院、医院、疗养院的病房楼，中小学校的教学楼、图书馆、食堂、学校的集体宿舍、劳动密集型企业的员工集体宿舍。

⑥ 建筑总面积大于 $500m^2$ 的歌舞厅、录像厅、放映厅、卡拉 OK 厅、夜总会、游艺厅、桑拿浴室、网吧、酒吧，具有娱乐功能的餐馆、茶馆、咖啡厅。

2）符合下列情形的新建、扩建、改建（含建筑内外装修、用途变更、建筑保温）工程：

① 设有上述第一条所列的人员密集场所的建设工程。

② 国家机关办公楼、电力调度楼、电信楼、邮政楼、防灾指挥调度楼、广播电视楼、档案楼。

③ 本条第一项、第二项规定以外的单体建筑面积大于 $40000m^2$ 或者建筑高度超过 50m 的公共建筑。

④ 国家标准规定的一类高层住宅建筑。

⑤ 城市轨道交通、隧道工程，大型发电、变配电工程。

⑥ 生产、储存、装卸易燃易爆危险物品的工厂、仓库和专用车站、码头，易燃易爆气体和液体的充装站、供应站、调压站。

（2）申请材料

1）建设工程消防设计审核申报表。

2）设计单位资质证明文件。

3）消防设计文件。

4）合法身份证明文件（含单位法人、经办人身份证明文件及授权委托书，系统共享）。

对于改、扩建工程申请材料中还应提供建筑主体取得的消防审批文件。

6. 人防工程方案报建审查

人防工程方案报建，由当地政府住房建设主管部门审查，办理时限为 6 个工作日，办理结果为××市人防工程建设意见征询单。

（1）办理条件

1）申请自建或免建防空地下室的项目。

2）申请易地修建防空地下室的项目。

（2）申请材料

1）××市人防工程报建登记表。

2）规划设计要点或建设用地规划许可证（系统共享）。

3）××市土地使用权出证合同书或选址意见书（系统共享）。

4）人防工程方案设计文件。

5）免建或易地修建防空地下室的申请（申请免建或易地修建需提供）。

7. 占用、挖掘道路审批

占用、挖掘道路审批，政府投资建设项目和社会投资建设项目均由当地交通运输主管部门、交通警察部门负责。办理时限为交通运输部门 12 个工作日、交通警察部门 10 个工作日（两个部门并联审批）。办理结果为：××市占用挖掘道路许可证。由市交通运输部门统一打证（盖市交通运输部门和交通警察部门两个章）或系统自动生成。对象道路不属于市交通运输部门管理范围的，市交通运输部门在收件后 2 个工作日内提出意见，由市交通警察部门单独审批后打证（盖一个章）或系统自动生成。

（1）办理条件

1）因工程建设确需占用、挖掘道路及道路用地或开设路口，或者跨越、穿越道路架设、增设或埋设管线设施，以及在道路建筑控制区内埋设管道、电缆等设施的。

2）申请许可事项主体、程序、内容符合法律、法规、规章和规范性文件有关路政管理的规定。

3）城市重大基础设施建设项目（如修建铁路、机场、电站、通信设施、水利工程等）占用挖掘期限不得超过工程工期；其他建设项目封闭期限根据具体工期确定，但最长不得超过 1 年，确需延长占用挖掘期限的，应在有效期届满 30 日前提出申请。

4）设计、施工方案应当符合相关的公路或城市道路工程技术标准、规范、指引的要求。

5）无需提交交通疏解方案的情形：占用挖掘非高速公路，未造成车道减少（含压缩车道宽度保持车道数）的占道施工，或主干道以下、仅占用路段（不含路口范围）单向 1 车道或双向 2 车道，未造成交通组织变动，未禁止、限制转向交通的占道施工；占用人行道、非机动车道未造成人行、非机动车交通中断，且占道期限在 7 个自然日内（含本数）的占道施工；以及占用路肩且占道期限在 7 个自然日内（含本数）的占道施工。

6）不得影响道路及其附属设施的规划建设、结构安全和养护维护，不得与在建、拟建或规划的交通工程或现状已设置、已布设的管线等其他设施相冲突。

7）申请人与道路主管部门签订保护协议，挖掘道路应依法缴纳城市道路挖掘修复费或者损坏公路路产赔偿费。经批准挖掘新建、扩建、改建后交付使用未满 5 年或者大修竣工后未满 3 年道路的，应按照规定缴纳 1~5 倍挖掘修复费。

8）在轨道交通、燃气、电力、电信、水务等设施控制保护范围内从事敷设管线、挖掘、打桩、顶进、钻探及其他大面积增加或减少荷载影响设施安全的活动，应制定保护方案，采取相应的安全保护措施，并保护挖掘道路范围内的地下管线。

9）管线因故障需要紧急抢修的，可以先行破路抢修，但必须同时通知道路主管部门，并在 24 小时内按规定补办批准手续。

10）涉及利害关系人重大利益关系以及涉及占用、损坏公路路产的，已经征求相关意见或者签订了相关民事或行政协议。

11）占用、挖掘高速公路在市级主管部门办理，除此之外在区级主管部门办理。

（2）申请材料

1）占用、挖掘非高速公路审批申请材料：

① 向××市交通运输部门提交的申请材料。

a. ××市路政许可申请表。

b. 建设工程项目批准文件（含可系统共享的项目首次前期经费下达文件或资金申请报告批复或建设用地规划许可证，上级单位建设任务下达文件等）。

c. 规划国土部门出具的开设永久路口批文（系统共享，仅需开设永久路口的提供）。

d. 建设工程涉路部分设计文件和图纸。

e. 施工组织方案。

f. 地下管线安全保护承诺书（不涉及地下管线的无需提供）。

g. 日常养护作业方案（仅道路及附属设施养护作业、交通及治安监控维护、绿化带修剪等工程提交）。

h. 涉及在桥梁上架设各种市政管线、电力线、电信线等，应当提交原桥梁设计单位提出的技术安全意见或有资质的第三方单位出具的安全评估报告。

i. 涉及增加桥梁荷载和改变原桥梁、隧道结构的，应当提交原桥梁、隧道设计单位的技术安全意见和相应的风载、荷载试验报告或有资质的第三方单位出具的安全评估报告。

j. 涉及在轨道交通、燃气、电力、电信、水务等设施控制保护范围内从事敷设管线、挖掘、打桩、顶进、钻探及其他大面积增加或减少荷载影响设施安全活动的，提供保护方案。

k. 书面延期申请报告（工程延期需提供）。

l. ××市占用挖掘道路许可证（工程延期需提供）。

② 向××市交通警察部门提交的申请材料。

a. ××市路政许可申请表（系统共享）。

b. 建设工程项目批准文件（含可系统共享的项目首次前期经费下达文件或资金申请报告批复或建设用地规划许可证，上级单位建设任务下达文件等）。

c. 施工组织方案。

d. 交通疏解方案（根据实际情况提供，工程延期需重新提交）。

e. 临时占用道路交通疏解方案征求意见表（需制作交通疏解方案的提供）。

f. 书面延期申请报告（工程延期需提供）。

g. ××市占用挖掘道路许可证（工程延期需提供）。

2）占用、挖掘高速公路审批申请材料：

① 向××市交通运输部门提交的申请材料。

a. 高速公路路政许可申请书。

b. 建设工程项目批准文件（含可系统共享的项目首次前期经费下达文件或资金申请报告批复或建设用地规划许可证，上级单位建设任务下达文件等）。

c. 建设工程涉路部分设计文件和图纸（铁路与高速公路交叉或近距离并行的，提交省交通运输主管部门对涉路施工图设计的审查意见；高速公路、城市道路、轨道交通与高速公路交叉的，提交市交通运输主管部门对涉路施工方案的技术审查意见；占用、挖掘高速公路使高速公路改线的，应提交有权限的交通运输主管部门或者公路管理机构批复意见）。

d. 施工组织方案。

e. 处置施工险情和意外事故的应急方案。

f. 安全技术评价报告以及评价单位资质。

g. 签订相关协议（涉及公路路产的，申请人与公路管养单位或者公路经管企业的公路赔偿或补偿协议，以及管理协议；涉及公路路产以外的，申请人与权属人的土地征补协议或者同意函件）。

② 向××市交通警察部门提交的申请材料。

a. 高速公路路政许可申请书（系统共享）。

b. 建设工程项目批准文件（含可系统共享的项目首次前期经费下达文件或资金申请报

告批复或建设用地规划许可证，上级单位建设任务下达文件等）。

  c. 施工组织方案。

  d. 交通疏解方案。

四、发承包阶段文件报批

（一）建设工程公开招标改邀请招标、竞争性谈判或直接发包审批

建设工程公开招标改邀请招标、竞争性谈判或直接发包审批，由当地政府授权的管理部门，原主管部门大多数为当地政府住房建设部门，由于目前招标投标制度改革，各地成立独立的招标投标监管部门或公共资源交易监管部门，结合当地政府规定予以报批。政府投资建设项目报批办理时限为 3 个工作日，办理结果为行政许可决定书。

（1）办理条件　符合《招标投标法》《招标投标法实施条例》（国务院令第 709 号）、《工程建设项目货物招标投标办法》（国家发展改革委、建设部、铁道部、交通部、信息产业部、水利部、民航总局等七部委联合发布的 2005 年第 27 号令）、《工程建设项目施工招标投标办法》（国家计委、建设部、铁道部、交通部、信息产业部、水利部、民航总局等七部委联合发布的 2003 年第 30 号令），以及地方法规等规定的建设工程。

（2）申请材料

1）××市建设工程施工公开招标改邀请招标、竞争性谈判或直接发包申请表。

2）项目首次前期经费下达文件或资金申报报告的批复（系统共享）。

3）申请公开招标改邀请招标、竞争性谈判或直接发包条件的证明材料。

（二）建设工程方案设计招标备案

建设工程方案设计招标备案的审批事项实施机构为××市规划和国土资源主管部门，办理时限为 10 个工作日，办理结果为建设工程方案设计招标备案复函。

1. 政府投资建设项目

（1）办理条件

1）取得选址意见书或用地预审意见或规划设计要点或用地规划许可证。

2）已编制完成项目招标文件。

（2）申请材料

1）建设工程方案设计招标备案申请表。

2）招标文件（含设计任务书）。

3）属于邀请招标的，提供被邀请单位的资质证明及主创建筑师的简历。

2. 社会投资建设项目

（1）办理条件

1）取得××市建设用地规划许可证或土地使用权出让合同。

2）已编制完成项目招标文件。

（2）申请材料　同政府投资建设项目建设工程方案设计招标备案的申请材料。

五、施工阶段文件报批

（一）建筑工程施工许可证核发

建筑工程施工许可证核发部门为当地政府住房建设主管部门，办理时限为 3 个工作日，

办理结果为建筑工程施工许可证。

1. 办理条件

1）工程已取得建设工程用地批准手续。

2）除专项开工外的其他工程已取得建设工程规划许可证。

3）施工场地已经基本具备施工条件，需要拆迁的，其拆迁进度符合施工要求。

4）已经确定建筑施工企业，按照规定应该招标的工程没有招标，应该公开招标的工程没有公开招标，或者肢解发包工程，以及将工程发包给不具备相应资质的企业，所确定的施工企业无效。

5）按照规定应该委托监理的工程已按程序委托给具备相应资质的监理单位。

6）有满足施工需要的施工图纸及技术资料。对于社会投资建设项目还应具有施工图设计文件审查合格证。

7）有保证工程质量和安全的具体措施，施工企业编制的施工组织设计中有根据建筑工程特点制定的相应质量、安全技术措施，专业性较强的工程项目编制的专项质量、安全施工组织设计。

8）建设资金已经落实。

2. 申请材料

1）土石方、基坑支护工程施工许可证申请材料：

① ××市建设工程施工许可申请表。

② 政府投资建设项目提供选址意见书或用地预审意见或规划设计要点或建设用地规划许可证（系统共享），社会投资建设项目提供建设用地规划许可证（系统共享）。

③ 政府投资建设项目提供项目首次前期经费下达文件或资金申请报告的批复（系统共享），社会投资建设项目提供××市社会投资项目备案证（系统共享）。

④ 地下燃气管道现状查询及燃气管道保护协议。

⑤ 土石方、基坑支护施工图设计文件审查意见（系统共享）。

⑥ 施工合同及监理合同关键页。

⑦ 施工企业安全生产许可证、项目经理（安全员）安全生产考核合格证。

⑧ 承诺书。

2）桩基础工程施工许可证申请材料：

① ××市建设工程施工许可申请表。

② 政府投资建设项目提供选址意见书或用地预审意见或规划设计要点或建设用地规划许可证（系统共享），社会投资建设项目提供建设用地规划许可证（系统共享）。

③ 政府投资建设项目提供项目首次前期经费下达文件或资金申请报告的批复（系统共享），社会投资建设项目提供××市社会投资项目备案证（系统共享）。

④ 地下燃气管道现状查询及燃气管道保护协议。

⑤ 施工合同及监理合同关键页。

⑥ 施工企业安全生产许可证、项目经理（安全员）安全生产考核合格证。

⑦ 承诺书。

⑧ 桩基础施工图设计文件审查意见。

⑨ ××市建设工程桩基础报建证明书（系统共享）（社会投资建设项目需提供）。

3）主体工程施工许可证申请材料：

① ××市建设工程施工许可申请表。

② 政府投资建设项目提供项目首次前期经费下达文件或资金申请报告的批复（系统共享），社会投资建设项目提供××市社会投资建设项目备案证（系统共享）。

③ 地下燃气管道现状查询及燃气管道保护协议。

④ 施工合同及监理合同关键页。

⑤ 承诺书。

⑥ 施工图设计审查意见。

⑦ 施工企业安全生产许可证、项目经理（安全员）安全生产考核合格证。

⑧ 建设用地规划许可证（系统共享）。

⑨ 建设工程规划许可证（系统共享）。

⑩ 消防设计审核意见（消防设计备案的项目无需提交，系统共享）。

（二）建筑工程（市政道路及附属工程）施工许可证核发

市政道路及附属工程施工许可证核发部门为当地政府住房建设主管部门，办理时限为3个工作日，办理结果为市政道路及附属工程施工许可证。

1. 政府投资建设项目

（1）办理条件

1）施工图设计文件已经完成并上传在线平台。

2）取得建设工程规划许可证，建设资金已经落实。

3）用地手续已办理，需要拆迁的，其拆迁进度符合施工要求。

4）施工、监理单位已确定，并签订合同。

5）已建立健全项目建设、勘察、设计、施工、监理、试验检测等单位现场管理机构、人员、质量保证体系。

6）有相关主管部门批准的专项工程方案（包括临时设施搭建含临时施工便道），交通疏解、管线和绿化迁改。

符合以上1）~5）条件的，可核发施工许可；符合4）~6）条件的，交通主管部门可核发同意专项施工许可的函（同步办理监督管理手续）。

（2）申请材料

1）建筑工程（市政道路及附属工程）项目施工申请书。

2）建设工程规划许可证。

3）建设项目各合同段的施工合同和监理合同。

4）交通建设项目从业单位及人员信息一览表。

5）主管部门批准的专项工程方案（专项工程包括临时设施搭建含临时施工便道、交通疏解、管线和绿化迁改）（专项开工，需提供该材料）。

2. 社会投资建设项目

1）办理条件同政府投资建设项目。

2）申请材料基本同政府投资建设项目，增加提供施工图设计文件审查意见书或承诺书。

（三）施工阶段相关文件报批

1. 建设工程桩基础报建证明书核发

建设工程桩基础报建证明书由当地政府规划和国土主管部门及有关管理部门开具，办理时限为 10 个工作日，办理结果为建设工程桩基础报建证明书。

（1）办理条件

1）取得土地使用合同、建设用地规划许可证、建设工程方案设计核查意见书（免于方案设计核查的项目不需要此项）。

2）项目属于大中型项目。

3）完成基础部分施工图。

4）位于国家安全区域的，通过国家安全部门审批；位于地铁保护范围的，取得地铁运营单位意见；位于文物保护范围内的，通过文物保护部门审批。

（2）申请材料

1）申请表［××市规划和国土资源主管部门行政审批事项业务申请表、建筑工程（设计方案、建设工程规划许可、施工图修改备案）申请附表］。

2）设计文件（含总平面图和基础施工图设计文件及电子数据）。

3）位于国家安全区域的，需提交国家安全部门批复；位于地铁保护范围内的，需提交地铁运营单位意见；位于文物保护范围内的，需提交文物保护部门的批复。

4）施工图审查合格证。

2. 建筑工程开工验线（建筑类）

建筑工程开工验线（建筑类）由当地政府规划和国土资源主管部门及有关管理部门负责。办理时限为 5 个工作日，办理结果为建设工程规划许可证或建设工程桩基础报建证明书。

一般对社会投资建设项目提出要求。

（1）办理条件

1）取得建设工程规划许可证或建设工程桩基础报建证明书。

2）已办理开工手续。

3）已现场放线。

4）已取得建设工程开工验线测量报告。

（2）申请材料

1）××市规划和国土资源管理部门行政审批事项业务申请表。

2）建设工程规划许可证或建设工程桩基础报建证明书及附图（原件）。

3）建设工程开工验线测量报告。

3. 城市排水许可

城市排水许可由当地政府水务主管部门做出，办理时限为 12 个工作日（审批 7 个工作日，实地核查 5 个工作日），办理结果为城市排水许可证。

政府投资建设项目或社会投资建设项目，均需以下办理条件和申请材料。

（1）办理条件 准许工业企业以外的其他生产、经营、施工等排水单位和个人直接或者间接向市政排水设施排放污水或雨水。

（2）申请材料

1）排水总平面图。

2）预处理设施材料。

3）施工期限证明。

4）水质检测报告。

5）××市水务主管部门排水行政许可业务申请表。

6）基坑及桩基础阶段施工许可或项目主体施工许可（系统共享）。

7）组织机构信用代码证或事业单位法人证书（系统共享）。

8）法人代表证明书（系统共享）。

9）法人代表身份证复印件（系统共享）。

10）法定授权委托证明书（系统共享）。

11）经办人身份证复印件（系统共享）。

4. 特种设备施工告知

特种设备施工由当地政府市场和质量监督管理部门做出告知。办理时限为即来即办，办理结果为××市特种设备施工告知（申报）受理回执。

（1）办理条件

1）施工单位应当取得相应许可。

2）拟施工的特种设备应当由取得许可的制造单位制造。

（2）申请材料

1）××市特种设备安装改造大修告知书。

2）特种设备施工单位资质证书。

3）使用单位证明材料（系统共享）。

六、竣工阶段文件报批

（一）建设工程竣工验收备案

建设工程竣工验收由当地政府住房建设主管部门做出。办理时限为2个工作日，办理结果为××市房屋建筑工程项目竣工验收备案收文回执。

政府投资或社会投资建设项目备案办理条件和申请材料有以下要求。

1. 办理条件

（1）房屋建筑工程

1）建设单位已按规定组织竣工验收并验收合格（含配套的燃气工程）。

2）工程已按规定通过消防专项验收或备案。

3）工程包含电梯的，已按规定通过电梯专项验收。

4）已办理建筑工程施工许可证的居住建筑以及公共建筑，已按规定通过建筑节能验收。

5）含油库、气库、弹药库、化学品仓库、民用爆炸物品、烟花爆竹、石化等易燃易爆附属设施的，其易燃易爆附属设施防雷装置已按规定通过专项验收。

6）工程已办理建筑工程施工许可证的公共建筑通过规划专项验收。

（2）市政工程

1）建设单位已按规定组织竣工验收并验收合格（含配套的燃气工程）。

2）工程已按规定通过规划专项验收。

3）工程涉及消防专项验收或备案的，已按规定通过消防专项验收或备案。

4）工程已通过建筑节能专项验收。

5）含油库、气库、弹药库、化学品仓库、民用爆炸物品、烟花爆竹、石化等易燃易爆附属设施的，其易燃易爆附属设施防雷装置已按规定通过专项验收。

（3）二次装饰装修工程

1）建设单位已按规定组织竣工验收并验收合格。

2）工程已按规定通过消防专项验收或备案。

3）工程包含电梯的，已按规定通过电梯专项验收。

4）已办理建筑工程施工许可证的居住建筑以及办理建筑工程施工许可证的公共建筑，已按规定通过建筑节能验收。

（4）地质灾害治理工程　建设单位已按规定组织竣工验收并验收合格。

2. 申请材料

（1）房屋建筑工程和市政公用工程

1）××市房屋建筑工程或市政公用工程竣工验收备案表。

2）竣工验收报告（原件）或核验证书。

3）配套的燃气工程竣工验收报告（原件）或验收证书。

4）电梯（自动扶梯）安装监督检验结果通知单（系统共享）。

5）公安消防部门出具的消防专项验收合格文件（系统共享）。

6）防雷装置验收意见书（系统共享）。

7）建设工程规划验收合格证（系统共享）。

8）建设单位法定代表人证明书和委托书及办理人身份证复印件（系统共享）。

（2）二次装饰装修工程

1）二次装饰装修工程竣工验收备案表。

2）竣工验收报告（原件）或核验证书。

3）公安消防部门出具的消防专项验收合格文件（系统共享）。

4）电梯（自动扶梯）安装监督检验结果通知单（系统共享）。

5）建设单位法定代表人证明书和委托书及办理人身份证复印件（系统共享）。

（3）地质灾害治理工程

1）地质灾害治理工程竣工验收备案表。

2）竣工验收报告（原件）或核验证书。

3）建设单位的法定代表人证明书和委托书及办理人身份证复印件（系统共享）。

（二）竣工阶段相关文件报批

1. 建设工程规划验收（建筑类）

建设工程规划验收由当地政府规划和国土资源主管部门负责，办理时限为10个工作日，办理结果为建设工程规划验收合格证。

政府投资或社会投资建筑项目办理条件和申请材料如下：

（1）办理条件

1）建筑主体及附属工程竣工。

2）室外及配套工程完工。

3）开工前已办理建设工程验线手续。

4）已完成建设工程竣工测量和竣工查丈。

5）用地范围内的临时设施已拆除。

6）规定配套公共设施应移交给政府的，需完成移交协议的签订。

（2）申请材料

1）建设工程规划验收申请表。

3）设计文件（含总平面图和建筑专业施工图设计文件）。

3）建设工程竣工测量和竣工查丈报告。

4）按照相关约定需移交公共配套设施的，需提交移交协议书。

2. 建设工程消防验收或备案抽查

建设工程消防验收或备案抽查，由当地政府住房建设主管部门负责，办理时限：验收10个工作日，备案10个工作日。办理结果为建设工程消防竣工验收意见书或建设工程竣工验收消防备案复查意见书。

政府投资或社会投资建设项目开展建设工程消防验收或备案抽查的办理条件和申请材料如下：

（1）办理条件

下列建设工程申报消防验收，其他建设工程申报备案抽查。

1）符合下列情形的大型人员密集场所新建、扩建、改建（含建筑内外装修、用途变更、建筑保温）工程：

① 建筑总面积大于 2 万 m^2 的体育场馆、会堂，公共展览馆、博物馆的展示厅。

② 建筑总面积大于 1.5 万 m^2 的民用机场航站楼、客运车站候车室、客运码头候船厅。

③ 建筑总面积大于 1 万 m^2 的宾馆、饭店、商场、市场。

④ 建筑总面积大于 $2500m^2$ 的影剧院，公共图书馆的阅览室，营业性室内健身、休闲场馆，医院的门诊楼，大学的教学楼、图书馆、食堂，劳动密集型企业的生产加工车间，寺庙、教堂。

⑤ 建筑总面积大于 $1000m^2$ 的托儿所、幼儿园的儿童用房，儿童游乐厅等室内儿童活动场所，养老院、福利院、医院、疗养院的病房楼，中小学校的教学楼、图书馆、食堂，学校的集体宿舍，劳动密集型企业的员工集体宿舍。

⑥ 建筑总面积大于 $500m^2$ 的歌舞厅、录像厅、放映厅、卡拉 OK 厅、夜总会、游艺厅、桑拿浴室、网吧、酒吧，具有娱乐功能的餐馆、茶馆、咖啡厅。

2）符合下列情形的新建、扩建、改建（含建筑内外装修、用途变更、建筑保温）工程：

① 设有上述第 1）条所列的人员密集场所的建设工程。

② 国家机关办公楼、电力调度楼、电信楼、邮电楼、防火指挥调度楼、广播电视楼、档案楼。

③ 本条第①项、第②项规定以外的单体建筑面积大于 4 万 m^2 或者建筑高度超过 50m 的公共建筑。

④ 城市轨道交通、隧道工程、大型发电、变配电工程。

⑤ 生产、储存、装卸易燃易爆危险物品的工厂、仓库和专用车站、码头，易燃易爆气体和液体的充装站、供应站、调压站。

（2）申请材料

1）消防验收申请材料：

① 建设单位的营业执照等合法身份证明文件（含单位法人、经办人身份证明文件及授权委托书，系统共享）。

② 工程竣工验收报告和有关消防设施的工程竣工图纸。

③ 消防产品的质量合格证明文件。

④ 防火性能要求的建筑构件、建筑材料、室内装修装饰材料符合国家标准或者行业标准的证明文件、出厂合格证。

⑤ 建设工程消防验收申报表。

⑥ 建设工程消防设计审核意见书（系统共享）。

⑦ 施工、工程监理单位的合法身份证明和资质证书等证明文件。

2）消防备案抽查申请材料：

① 建设工程竣工验收消防备案表。

② 建设单位的营业执照等合法身份证明文件（含单位法人、经办人身份证明文件及授权委托书，系统共享）。

③ 施工、工程监理、检测单位的合法身份证明和资质证书等证明文件。

④ 工程竣工验收报告（系统共享）。

⑤ 消防产品质量合格证明文件。

⑥ 有防火性能要求的建筑构件、建筑材料、室内装饰装修材料符合国家标准或者行业标准的证明文件、出厂合格证。

⑦ 消防设计审核备案材料。

3. 民用建筑节能专项验收

民用建筑节能专项验收由当地政府住房建设主管部门负责实施。办理时限为 8 个工作日，办理结果为××市民用建筑节能专项验收意见书。

政府投资或社会投资建设项目的办理条件和申请材料如下：

（1）办理条件

1）完成工程设计和合同约定的各项内容。

2）施工单位在工程完工后对节能分部（绿色建筑）工程质量进行了检查，确认工程质量符合有关法律法规和工程建设强制性标准，符合设计文件及合同要求，提交工程质量自评报告。

3）对于委托监理的工程项目，监理单位对节能分部（绿色建筑）工程进行了质量评估，具有完整的监理资料，并提出工程质量评估报告。

4）设计单位对涉及节能分部（绿色建筑）工程设计文件及施工过程中由设计单位签署的设计变更通知书进行了检查，并提出质量检查报告。

5）有完整的节能分部（绿色建筑）工程技术档案和施工管理资料。

6）有节能分部（绿色建筑）工程使用的主要建筑材料、建筑构配件和设备的进场试验报告，以及工程质量检测和功能性试验资料。

（2）申请材料

1）××市建设工程规划许可证（系统共享）。

2）××市建设工程施工许可证（系统共享）。

3）××市民用建筑节能专项验收申请表。

4）项目户型开启比例竣工自查表。

5）户型图（表）。

6）××市居住建筑节能技术指标表、××市公共建筑节能技术指标表。

7）节能设计文件（包括节能设计合同、节能设计专篇、节能设计图纸、节能计算书、节能设计审查报审表和节能设计审查备案登记表等）。

8）建筑节能设计专项审查报告。

9）绿色建筑设计文件（包括经审查合格的绿色建筑设计说明专篇、绿色建筑自评报告等）。

10）绿色建筑施工图审查合格意见书。

11）建筑节能工程质量检查报告和评估报告。

12）建筑节能工程施工质量验收表（分部工程，分项工程）。

13）施工小结。

14）建筑节能工程进场材料和设备的复验报告、工程现场检测报告及绿色建筑工程（如室内环境质量检测、构件隔声检测、室内背景噪声检测等）相关检验检测报告。

4. 特种设备（电梯）监督检验

特种设备（电梯）监管检验由当地政府市场和质量监督主管部门实施审批，办理时限为 18 个工作日，办理结果为特种设备监督检验报告。

政府投资和社会投资建设项目办理条件和申请材料如下：

（1）办理条件　申报检验前应取得××市特种设备施工告知（申报）受理回执。

（2）申请材料

1）××市特种设备施工告知（申报）受理回执（系统共享）。

2）××市电梯或起重机械检验申请单。

3）××市社会投资建设项目备案证（系统共享）。

4）电梯出厂有关资料。

5. 排水设施验收备案

排水设施验收备案由当地政府水务主管部门审批实施。办理时限为 8 个工作日，办理结果为行政服务告知书。

政府投资或社会投资建设项目排水设施验收备案办理条件和申请材料如下：

（1）办理条件

1）城镇排水与污水处理设施建设工程竣工验收符合建设工程质量管理规定。

2）法律法规、规章规定的其他条件。

（2）申请材料

1）城镇排水与污水处理设施建设工程竣工验收备案表。

2）技术档案和施工管理资料，主要包括施工图、竣工图（含电子图）、设计变更、设备产品资料、设备单机调试合格记录、联动试车运行记录、整体试运行方案、调试运行记录、管道闭水试验记录和结果、构筑物盛水试验方案及结果、各项质量保证书、存在问题解决的方案或结果、工程验收总结报告等。

3）城镇排水与污水处理设施竣工验收报告。

4）工程质量监督机构出具的工程质量监督报告。

5）规划、环保等部门出具的认可文件或者准许使用文件。

6）公安消防、技术质监等部门出具的认可文件或者准许使用文件。

7）排水管渠电视、声呐检测评估技术报告和资料。

8）排水管渠竣工测绘报告。

9）施工单位签署的工程质量保修书。

10）建设单位的营业执照或者组织机构代码证和授权书（系统共享）。

11）业务办理人员的身份证及联系电话（系统共享）。

12）上述1）~9）项的电子文档（光盘1张）。

注：城镇污水处理设施无需提供上述第7）、8）项材料，排水管渠无需提供上述第6）项材料。

6. 防雷装置竣工验收审批

防雷装置竣工验收由当地政府气象部门审批实施，办理时间为10个工作日，办理结果为防雷装置验收意见书。

政府投资或社会投资建设项目办理条件和申请材料如下：

（1）办理条件

1）防雷装置设计已通过地方气象主管机构审核，取得防雷装置设计核准意见书。

2）施工单位和人员具备国家规定的相应资质、资格，未超出资质等级范围。

3）按照经审核批准的施工图施工，施工记录完整，各分项工程质量验收符合《建筑物防雷工程施工与质量验收规范》（GB 50601—2010）和国家其他现行技术规范标准。

4）新建、改建、扩建工程的防雷装置必须与主体工程同时施工。

5）安装的防雷产品与设计报审阶段一致，符合国务院气象主管机构规定的使用要求。

6）防雷装置经当地气象主管机构委托具有资质的防雷检测机构检测，符合设计要求。

7）通过当地气象主管机构组织的现场验收。

（2）申请材料

1）防雷装置竣工验收申请书。

2）防雷装置竣工图等技术资料。

3）法人资格证明、法人授权委托证明书、被授权人身份证明（系统共享）。

4）施工单位资质证书，施工单位人员资格证书。

7. 城建档案接收

城建档案由当地政府档案管理机构负责接收，办理时间为5个工作日，办理结果为当地政府档案管理机构给予的城市建设档案接收凭据。

政府投资或社会投资建设项目城建档案接收的办理条件和申请材料如下：

（1）办理条件

1）建设单位按照档案专项验收报告要求，完成了档案的汇总、整理，确保档案的真实准确和齐全完整，各份文件签字盖章完备有效，整理质量符合档案管理规范要求，提出××市城市建设档案移交申请。

2）建设工程竣工档案原则上应将整个项目档案一次性移交，分期建设的工程，可以按照建设周期移交档案，但建设单位应事先提交工程分期建设的详细说明及档案分期移交计划，征得城建档案管理机构同意。

3）涉及市政地下管线工程的，应在移交竣工档案前向城建档案馆办理地下管线信息数据录入。

4）移交城建档案管理机构的建设工程档案，已按照《××市城市建设档案管理规定》的需求，编制一式三套。

（2）申请材料

1）××市城市建设档案移交申请。

2）案卷目录，卷内目录。

3）案卷及卷盒填写情况样例照片。

4）竣工档案电子数据。

5）竣工图纸折叠和归档章填写情况样例照片。

6）关于补充移交项目档案的说明。

7）法人授权委托书（系统共享）。

第二节 建设项目综合管理

建设项目全过程工程管理覆盖各个阶段，大部分管理与所处阶段的业务相关，如投资决策管理、勘察设计管理、招标投标管理、施工管理、竣工验收管理、运营维护管理，已在各相关章节专门介绍了管理内容与方法，本节重点介绍建设项目合同管理、项目动工前综合管理、项目综合协调管理和信息化管理等综合管理的内容。

一、建设项目合同管理

（一）建设项目合同管理概述

1. 合同管理的作用与特点

1）建设项目的实施，涉及多个建设任务，需要很多单位共同参与，不同的建设任务往往由不同的单位承担，这些参与单位与业主之间应该通过合同明确其承担的任务和责任，以及所拥有的权利，合同起到界定责权利的作用。

2）不同类型的合同所具有的特点不同。由于建设项目规模和特点的差异，不同项目的合同数量可能会有很大的差别，大型建设项目可能会有成百上千个合同，但不论合同数量的多少，根据合同中的任务内容可划分为勘察合同、设计合同、施工承包合同、物资采购合同、工程监理合同、咨询合同、代理合同等。根据合同法，勘察合同、设计合同、施工承包合同属于建设工程合同，工程监理合同、咨询合同等属于委托合同。

2. 合同管理的要求

1）全过程工程咨询单位应协助投资人采用适当的管理方式，建立健全合同管理体系，以实施全面合同管理，确保建设项目有序进行。一要建立标准合同管理程序；二要明确合同相关各方的工作职责，权限和工作流程；三要明确合同工期、造价、质量、安全等事项的管理流程与时限等。

2）全过程工程咨询单位既要注重建设项目合同签订前管理，又要重视合同签订后的管理。

3）建设项目合同签订前的合同管理，包括招标策划、招标文件的拟定与审核、评标标准的制定、招标答疑、合同条款的拟定与审核、完善合同补充条款以及合同组卷与签订。

4）建设项目合同签订后的合同管理，包括合同交底、合同台账管理、合同履约的过程动态管理、合同变更和终止管理。

3. 合同管理的主要内容

1）建设工程勘察：是指根据建设工程的要求，查明、分析、评价建设场地的地质、地理环境特征和岩土工程条件，编制建设工程勘察文件的活动。建设工程勘察合同即发包人与勘察人就完成商定的勘察任务明确双方权利义务关系的协议。

2）建设工程设计：是指根据建设工程的要求，对建设工程所需的技术、经济、资源、环境等条件进行综合分析、论证，编制建设工程设计文件的活动。建设工程设计合同即发包人与设计人就完成商定的工程设计任务明确双方权利义务关系的协议。

3）建设工程施工：是指根据建设工程设计文件的要求，对建设工程进行新建、扩建、改建的施工活动。建设工程施工承包合同即发包人与承包人为完成商定的建设工程项目的施工任务明确双方权利义务关系的协议。

4）工程建设过程中的物资采购包括建筑材料和设备的采购等。建筑材料和设备的供应一般需要经过订货、生产（加工）、运输、储存、使用（安装）等各个环节，经历一个非常复杂的过程。物资采购合同分为建筑材料采购合同和设备采购合同，是指采购方（发包人或者承包人）与供货方（物资供应公司或者生产单位）就建设物资的供应明确双方权利义务关系的协议。

5）建设工程监理合同是建设单位（委托人）与监理人签订，委托监理人承担工程监理任务，而明确双方权利义务关系的协议。

6）咨询服务根据其服务的内容和服务的对象不同又可以分为多种形式。咨询服务合同是由委托人与咨询服务的提供者之间就咨询服务的内容、咨询服务方式等签订的明确双方权利义务关系的协议。

7）工程建设过程中的代理有工程代建、招标代理等，委托人应该就代理的内容、代理的权限、责任、义务以及权利等与代理人签订协议。

（二）工程勘察合同管理

全过程工程咨询单位协助投资人与工程勘察单位签订工程勘察合同时，应参考标准范本《建设工程勘察合同（示范文本）》（GF—2016—0203）。

1. 发包人的合同义务

1）发包人应以书面形式向勘察人明确勘察任务及技术要求。

2）发包人应提供开展工程勘察工作所需要的图纸及技术资料，包括总平面图、地形图、已有水准点和坐标控制点等。若上述资料由勘察人负责收集时，发包人应承担有关费用。

3）发包人应提供工程勘察作业所需的批准及许可证，包括立项批复、占用和挖掘道路许可等。

4）发包人应为勘察人提供具备条件的作业场地及进场通道（包括土地征用、障碍物清除、场地平整、提供水电接口和青苗赔偿），并承担相关费用。

5）发包人应为勘察人提供作业场地内地下埋藏物（包括地下管线、地下构筑物等）的资料、图纸，没有资料、图纸的地区，发包人应委托专业机构查清地下埋藏物。

6）发包人应按照法律法规规定为勘察人安全生产提供条件并支付安全生产防护费用，发包人不得要求勘察人违反安全生产管理规定进行作业。

7）发包人应对勘察人满足质量标准的已完工作，按照合同约定及时支付相应的工程勘察合同价款及费用。

2. 勘察人的合同义务

1）勘察人应按勘察任务和技术要求，并依据有关技术标准进行工程勘察工作。

2）勘察人应建立质量保证体系，按合同约定的时间提交质量合格的成果资料，在提交成果资料后，还应为发包人继续提供后期服务。

3）勘察人开展工程勘察活动时应遵循有关职业健康及安全生产方面的各项法律法规的规定，采取安全防护措施，确保人员、设备和设施的安全。

4）勘察人在工程勘察期间遇到地下文物时，应及时向发包人和文物主管部门报告，并妥善保护。勘察人在燃气管道、热力管道、动力设备、输水管道、输电线路、临街交通要道及地下通道附近等风险性较大的地点，以及在易燃易爆地段及放射、有毒环境中进行工程勘察作业时，应编制安全防护方案并制定应急预案。

5）勘察人应在勘察方案中列明环境保护的具体措施，并在合同履行期间采取合理措施保护作业现场环境。

3. 勘察成果的验收

1）勘察成果质量应符合相关技术标准和深度规定，且满足合同约定的质量要求。

2）勘察人向发包人提交成果资料后，如需对勘察成果组织验收的，发包人应及时组织验收。除专用合同条款对期限另有约定外，发包人14天内无正当理由不予组织验收，视为验收通过。

3）双方对工程勘察成果质量有争议的，可由双方同意的第三方机构鉴定，所需费用及因此造成的损失，由责任方承担；双方均有责任的，由双方根据其责任分别承担。

（三）工程设计合同管理

全过程工程咨询单位协助投资人与工程设计单位签订工程设计合同，应参考标准范本《建设工程设计合同示范文本（房屋建筑工程）》（GF—2015—0209）、《建设工程设计合同示范文本（专业建设工程）》（GF—2015—0210）。

1. 设计准备阶段的合同管理

1）分析和论证项目实施的特点及环境，编制项目合同管理的初步规划。

2）分析项目实施的风险，编制项目风险管理的初步方案。

3）从合同管理的角度为设计文件的编制提出建议，协助投资人起草设计合同，参与设计合同的编制和签订工作。

4）从目标控制的角度分别设计合同的风险，指定设计合同管理方案。

5）分析和编制索赔管理初步方案，以防范索赔事件的发生。

2. 设计阶段的合同管理

1）协助投资人确定设计合同结构，选择标准合同文本，起草设计合同及特殊条款。

2）从投资控制、进度控制和质量控制的角度分析设计合同条款，分析合同执行过程中可能出现的风险及如何进行风险转移。

3）参与设计合同的谈判，进行设计合同执行期间的跟踪管理，包括设计合同执行情况检查，以及合同的修改、签订补充协议等事宜。

4）分析可能发生索赔的原因，制定索赔防范性对策，减少投资人索赔事件的发生，协助投资人处理有关设计合同的索赔事宜，并处理合同纠纷事宜。

3. 发包人的合同义务

1）发包人应按法律法规的规定，办理其许可、核准或备案，包括但不限于建设用地规划许可证、建设工程规划许可证、建设工程方案设计标准、施工图设计审查等许可、核准或备案。

2）发包人负责项目各阶段设计文件向规划设计管理部门的送审报批工作，并负责将报批结果书面通知设计人。如因发包人原因未能及时办理完毕前许可、核准或备案手续，导致设计工作量增加和（或）设计周期延长时，由发包人承担由此增加的设计费用和（或）延长的设计周期。

3）发包人应当负责协调与工程设计有关的所有外部关系，为设计人履行合同创造必要的外部条件。

4. 设计人的合同义务

1）设计人应按法律法规和有关标准的强制性规定，完成合同约定范围内的房屋建筑工程方案设计、初步设计、施工图设计，提供符合技术标准及合同要求的工程设计文件，提供施工配合服务。

2）设计人应当按照专用合同条款的约定，配合发包人办理有关许可、核准或备案手续。如因设计人原因造成手续延迟办理或未办理，导致设计工作量增加和（或）设计周期延长的，由设计人自行承担因此增加的设计费用和（或）设计周期延长的责任。

3）设计人应当完成合同约定的工程设计其他任务。

5. 对设计人的设计要求

1）设计人应当按法律法规和技术标准的强制性规定及发包人要求进行工程设计。有关工程设计的特殊标准或要求由合同当事人在专用合同条款中约定。设计人发现发包人提供的工程设计资料有问题的，设计人应当及时通知发包人并经发包人确认。

2）除合同另有约定外，设计人完成设计工作所应遵守的法律法规以及技术标准，均应视为在基准日期适用的版本。基准日期之后，前述版本发生重大变化，或者有新的法律法规以及技术标准实施的，设计人应就推荐性标准向发包人提出遵守新标准的建议，对强制性的规定或标准应当遵照执行。因发包人采纳设计人的建议或遵守基准日期后新的强制性的规定或标准，导致增加设计费用和（或）设计周期延长的，由发包人承担。

3）设计人应当严格执行其双方书面确认的主要技术指标控制值。由于设计人的原因导致工程设计文件超出在专用合同条款中约定的主要技术指标控制值比例的，设计人应当承担相应的违约责任。

4）设计人应当根据建筑工程的使用功能和专业技术协调要求，合理确定基础类型、结构体系、结构布置、使用荷载和综合布线等。

5）设计人在工程设计中选用的材料、设备，应当注明其规格、型号、性能等技术指标及适应性，满足质量、安全、节能、环保等要求。

（四）项目工程总承包合同管理

项目工程总承包合同管理应依据住房和城乡建设部、国家工商行政管理总局联合制定的《建设项目工程总承包合同》（GF—2020—0216）等执行。

1. 对投资人和行业主管部门的要求

1）建设项目采取工程总承包模式的，投资人和工程总承包单位应当加强设计、施工等环节管理，确保建设地点、建设规模、建设内容等符合项目审批、核准、备案要求。

2）政府投资建设项目的投资原则上不得超过经核定的投资概算。

3）施工图设计文件审查，工程总承包项目按照法律法规的规定应当进行施工图设计文件审查的，可以根据项目实际情况，按规定分阶段审查施工图文件。

4）县级以上地方人民政府住房和城乡建设主管部门不得违反法律法规的规定，增设办理工程总承包项目施工许可证的条件。

5）县级以上地方人民政府住房和城乡建设主管部门应当加强工程总承包项目的信用管理工作，及时收集本地区工程总承包项目、各参建单位、项目管理人员的信用信息，按照相关规定记录并通过省级建筑市场监管一体化平台报送至全国建筑市场监管公共服务平台。

2. 对工程总承包单位的要求

1）工程总承包单位自行实施工程总承包项目施工的，应当依法取得安全生产许可证；将工程总承包项目中的施工业务依法分包给具有相应资质的施工单位的，施工单位应当依法取得安全生产许可证。

2）工程总承包单位应当设立安全生产管理机构，配备专职安全生产管理人员。工程总承包单位仅具有设计资质的，其主要负责人、项目负责人和专职安全生产管理人员应当依照《建筑施工企业主要负责人、项目负责人和专职安全生产管理人员安全生产管理规定》及其实施意见，向省级人民政府住房和城乡建设主管部门申请安全生产考核，并取得相应的安全生产考核合格证书。

3）工程总承包项目申请领取施工许可证时，可以提交以下文件确认相应的办理条件：

① 工程总承包单位具有相应的施工资质且自行实施施工的，以工程总承包合同作为已确定施工单位的文件；工程总承包单位不具有相应施工资质或者将施工分包的，以工程总承包合同、施工分包合同作为已确定施工单位的文件。

② 按规定分阶段经审查合格的施工图设计文件，可作为申请领取施工许可证所需的施工图纸。

③ 以工程总承包单位组织编制的施工组织设计文件，认定保证工程质量和安全的具体措施。

4）工程总承包项目的工程质量安全监督手续、施工许可证、竣工验收备案登记表、建筑物永久性标牌、质量终身责任信息表等相关许可备案表格，以及所需要工程总承包单位的签署意见的相关工程管理技术文件，应当增加"工程总承包单位"和"工程总承包项目经理"等栏目。

5）工程总承包单位和工程总承包项目经理在设计、施工活动中有违法违规行为的，按照法律法规对设计、施工单位及其项目负责人相同违法违规行为的规定追究其责任。

（五）工程施工合同管理

全过程工程咨询单位应参考住房和城乡建设部、国家工商行政管理总局联合制定的

《建设工程施工合同（示范文本）》（GF—2017—0201）进行合同管理。

1. 全过程工程咨询施工阶段合同管理的内容

1）协助投资人起草甲供材料和设备的合同，参与各类合同谈判。

2）进行各类合同的跟踪管理，并定期提供合同管理的各种报告。

3）协助投资人处理有关索赔事宜，并处理合同纠纷。

2. 建设工程施工合同管理的基本原则

1）施工合同管理应以法律为依据。进行施工合同管理必须以合法为前提，才能保障投资人的根本利益，促进工程项目建设顺利进行。与建设工程施工合同管理密切相关的法律主要有两大类，一是包括民法典、合同法在内的民事商事法律；二是包括建筑法、招标投标法、担保法、保险法在内的经济法。合同管理人员应熟知这两类法律，并能熟练应用。法律赋予投资人的权利和利益是投资人最根本的利益，如合同条款因违法而无效，则投资人的根本利益就没有任何的保障。

2）施工合同管理应以工程实际情况为出发点和突破点。建设工程的竣工并投入使用必须在实现质量、进度、投资三大目标的前提下完成。工程施工应结合工程实际情况，制定科学合理的合同管理方案，确定具有操作性强的合同条款，只有这样合同管理才会在建设工程项目管理中发挥较大的推进作用。

3）施工合同管理应以预防为主，减少甚至避免纠纷和索赔的发生。预防是进行风险控制的有效方法之一，全过程工程咨询单位应综合考虑项目管理过程中的各种风险，尽可能制定出相应的风险控制方法并体现在具体合同条款中。

4）施工合同管理的范围应尽可能扩大。尽可能将建设项目各参建方的权利、义务及责任纳入到施工合同管理中，使参与项目建设的任何一方都能以合同为依据，享有权利、履行义务，以保证建设工程能顺利竣工并投入使用。

5）施工合同管理应以最大限度保护投资人的合法权益为出发点。在各类合同中，投资人与其他工程参建方的利益不是完全对抗关系，但也不是完全一致关系，他们之间的利益通过各个合同条款表现出相互制约和相互促进的特点。全过程工程咨询单位在进行施工合同管理时应把握投资人的合法利益与非法利益的界限，把握保护投资人利益的恰当限度，应以推进项目顺利建设为中心商谈合同有关条款。

（六）全过程工程咨询合同管理

全过程工程咨询单位应参考《建设项目全过程工程咨询标准》（T/CECS 1030—2022）的规定进行全过程工程咨询合同管理。

1. 全过程工程咨询合同管理主要工作内容

1）策划项目合同总体结构。

2）协助拟订合同文件。

3）协助投资人开展合同谈判和合同签订。

4）监督检查各参建方合同履约情况。

5）处理合同纠纷与索赔事宜。

6）合同终止后开展合同评价，编写合同总结报告，移交合同文件。

2. 全过程工程咨询合同管理内容

全过程工程咨询合同管理应包括合同订立、履约、变更、索赔、终止、争议、解决以及控制和综合评价等内容。

合同管理须遵守《合同法》《建筑法》以及相关的行政法规、部门规章、行业规范等强制性规定，维护建筑市场秩序和合同当事人的合法权益，保证合同履行。

3. 全过程工程咨询合同管理的要求

全过程工程咨询应配备符合要求的合同管理人员，实施合同的策划和编制活动，规范项目合同管理的实施程序和控制要求，确保合同订立和履行过程的合规性。

建设项目合同管理应遵循下列程序：合同评审；合同订立；合同实施计划；合同实施控制；合同管理总结。

（七）工程合同风险管理

1. 工程合同风险的主要来源

工程合同风险主要有以下几个来源：

1）当事人缺乏法律知识，合同不符合法律规定。

2）工程合同私自签订。

3）合同签订后有来自外界经济和政治的风险。

4）工程合同管理人员的疏忽。

2. 工程合同风险的主要表现

1）工程合同是否确定有效并是否受到法律保护。

2）工程合同存在的不公平性。

3）履行工程合同过程中出现的合同变更风险。

4）建筑工程款的拖欠风险。

5）先定价后交易的价格风险。

3. 工程合同风险管理的预防措施

1）工程合同定价、拨款风险的防范措施：一是加强对合同当事人信誉度调查，加深了解。二是实施信用担保手段。

2）制定一个合适的工程合同风险防范策略：

① 风险回避：当建筑企业认为工程项目还有许多应注意的地方，或是存在一定的风险隐患时，要当即回绝，避免风险。虽然这样做法较保守、消极，但却保障了企业的经济利益。

② 风险降低：对于不想采取风险回避的企业来说，是一个值得考虑的措施。风险降低是通过对自身管理的加强，包括对工程合同签订的注意事项、工程合同风险的构成因素、工程合同风险发生的应对措施等多方面内容的掌握，从而有效降低风险。

③ 风险转移：在工程合同签订后，企业遇到风险，但又没有切实可行的措施来应对风险，这时可将风险转移给其他有能力应付风险的企业。

二、项目动工前综合管理

（一）动工前的前期手续办理

1）办理用地手续和收集用地资料，包括用地的土地征用、拆迁或移除地面地下的障碍物，收集周边、地下的建筑物、构筑物、管线图纸和所有人、使用人的使用状态资料，施工期间如出现损坏、纠纷，投资人要出面协调和赔偿，同时收集工程建设地区的水文气象资料。

2）做好地质勘探、施工图设计的组织工作，包括准备施工用图纸和地勘资料，地灾评估、环境评估、文物勘探等资料。

3）办理审图手续，包括施工图审核，规划审图，消防审核，给水排水审图，变配电、燃气、供暖、人防、防雷、节能等的图纸报审工作。

4）办理报建手续，包括建设用地规划、建设工程规划、建筑施工许可证、人防、消防、环保、城管交通等申报。质量监督、安全监督委托签订监理合同，以及材料检验、检测、工程款支付担保等手续。

5）办理临时用水、用电、道路使用、施工噪声（灰尘）排放的申报手续，并确定接驳口、出入口，配备必要的设施、设备、管线等。

6）准备一份施工单位进场须知，包括甲方现场负责人的权限、监理权限、相应的监理管理要求，签证手续、索赔手续、工程款申报手续，工地管理安全条例，各种处罚条款等。

7）红线、坐标和水准控制点的确认，与政府有关部门确认红线、坐标控制点，要拿到正规的政府文件和由政府确认的桩点，当施工单位进场时做好移交手续。

（二）工程施工场地移交管理

1. 工程施工场地移交

施工单位进场前，投资人应完成场地通电、通水、通路、通网、通信、土地平整等施工进场条件。

投资人会同施工单位对施工场地进行踏勘，对可能损坏的周围建筑物、构筑物、市政设施和管线制定相应的保护措施，进行施工现场移交，并提供以下资料：

1）施工现场及毗邻区域地上、地下管线资料。

2）相邻建筑物、构筑物、地下工程有关资料。

3）规划主管部门签发的建筑红线验线通知书。

4）水准点、坐标点等原始资料等。

2. 施工现场管理

1）施工单位进场后，投资人或发包单位应当指定施工现场总代表人，施工单位应当指定项目经理，并分别将总代表人和项目经理的姓名及授权事项书面通知对方。

2）建设工程实行总包和分包的，由总包单位负责施工现场的统一管理，分包单位应当服从总包单位的统一管理。

（三）围挡及临时建筑物搭建

施工围挡高度及工地入口门楼式样，应按当地政府住房建设主管部门有关建设工程文明施工标准化的统一要求搭建。

1. 现场工程标牌设置

施工现场按规定应设置工程标牌（五牌一图），即工程概况牌、文明施工管理牌、组织网络牌、安全纪律牌、防火须知牌、施工总平面布置图。

工程概况牌设置在工地围挡的醒目位置上，载明项目名称、规模、开竣工日期、施工许可证号、建设单位（投资人）、设计单位、质量、安全监督单位、施工单位、监理单位、全过程工程咨询单位和联系电话等。

2. 临时建筑物的搭建

临时建筑物包括办公用房、宿舍、食堂、仓库、卫生间、淋浴室等。临时建筑物搭建要求稳固、安全、整洁，并满足消防要求，应具备良好的防潮、通风、采光等性能。办公用房与宿舍用房分区搭建，并应与施工作业区隔离。

（四）施工场地平面布置

1）继续做好"五通一平"。严格按照图纸所示，清理工地范围内妨碍施工的各种构筑物、障碍物，为临时工程、基础工程、主体工程施工创造条件。

2）建造临时设施。依照施工平面图，建造临时设施，为正式动工准备办公、生活、生产和储存等临时用房。

3）安装、调试施工机具。按照施工机具需要用量计划，组织施工机具进场，并将施工机具安置在规定的地点。对于有些需要固定的机具，还要进行就位、搭棚、接电源、保养和调试等工作。对所有的施工机具在动工之前需进行检查和试运行。

4）合理堆放建筑构（配）件、制品和材料，按照建筑构（配）件、制品和建筑材料需用量计划，组织其进场，并按照施工总平面图布置位置进行堆放。

5）及时提供建筑材料试验申请计划，按照施工工序流程，结合建筑材料的需用量计划，及时提出建筑材料试验申请计划。

6）设置消防、保安设施。按照施工组织设计要求，结合施工总平面图的布置，建立消防、保安等组织机构和有关的规章制度，布置消防、保安等设施。

（五）做好工程动工前所有准备工作

1. 办理施工许可证手续

建设工程动工前，投资人（建设单位）应当向工程所在地政府主管部门办理施工许可证手续。申请领取施工许可证应当具备的条件和申请材料见本章第一节。

2. 工程具备施工动工的条件

（1）发包人动工前应完成的工作

1）提供施工场地：一是施工现场，发包人应及时完成施工场地的征用、移民、拆迁工作，按照专用合同条款约定的时间和范围向承包人提供施工场地。施工场地包括永久工程用地和施工的临时占地。施工场地的移交可以一次或分次移交，以不影响工程动工为原则。二是发包人提供地下管线和地下设施的相关资料。三是现场外的道路通行权，发包人应根据合同要求，负责办理取得出入施工场地的专用和临时道路的通行权，取得为工程建设所需修建场外设施的权利并承担有关费用。

2）组织图纸会审及设计交底。

3）确定动工时间。

（2）承包人动工前应完成的工作

1）现场查勘。

2）编制施工实施计划。

3）施工现场内的运输道路和临时工程的施工。

4）施工测量控制网控制点的施测。

5）提出动工申请。

（3）全过程工程咨询单位动工前应完成的工作

1）审查承包人的实施方案：包括实施的内容、进度计划、合同进度计划。

2）动工通知：发出动工通知的条件和正式的动工通知。

三、项目综合协调管理

（一）项目全面管控能力

1. 项目全面管控能力的核心要素

项目综合管理要达到全面管控能力的要求，须具备以下几个方面的核心要素：

1）要有明确的项目管理目标。项目的每个人要知道去完成哪些任务，完成的目标是什么。

2）使用专业人才做专业的事，专业部门的负责人要由优秀的、努力做事的专业人才来担任，专业的事情由专业的人才来完成。

3）制定管理制度和工作流程，项目要有完善的做事流程和管理制度，使管理工作标准化。

4）激励下属迎接挑战，项目应为员工提供一个可发展的平台或空间，要"人尽其才，物尽其用"，要给下属一种较高的价值期望，使员工处于最理想的状态去做好一项工作。

2. 加强事前管控

在项目实施前，全过程工程咨询单位在项目总咨询师主持下组织有关人员编制完成全过程工程咨询实施计划，该计划应具有指导性、实用性，经企业负责人批准后实施。

3. 加强事中管控

项目正式动工后，全面实施全过程工程咨询实施计划，专业部门进一步结合工程情况，制定全过程专业咨询实施细则，同时签订项目目标管理责任书。全过程工程咨询组织机构以文件为依据，对项目管理人员和专业咨询人员的工作进行指导、监管和过程管控。充分发挥项目团队的积极性、创造性，尽一切合理手段，实现企业确定的各项责任目标。

4. 加强事后管控

事后管控主要通过检查、考核、评价。全过程工程咨询组织机构按照企业确定的目标、授予的权限、配备的资源完成项目各个目标，并通过完成目标进行定期、不定期的检查、考核、评价，从而不断提高项目的综合管控能力。

（二）实现目标的执行力

1. 目标的分解

项目管理目标明确后，必须对其进行分解，分解目标的完成计划落实到岗位，并限定完成的时间。

2. 目标完成情况的检查

目标任务已明确何时开始、何时结束，任务完成的步骤和顺序，还需要明确什么人、什么时间对完成目标任务进行检查验收。

3. 目标完成困难的解决

目标在实现过程中遇到困难，应共同寻求解决的途径和方法，分析现实与目标的差距，随时纠偏或修正目标，把有效的目标传达给所有执行人员，从而寻求共同点，共同承担目标，同时可采用一些激励方法等，更快更有效地解决困难。

（三）项目管理沟通方法

1）全过程工程咨询组织机构可采用信函、邮件、文件、会议、口头交流、工作交底以及其他媒介沟通方式与项目建设各参建方进行沟通。

2）运用信息交流沟通。全过程工程咨询组织机构与项目建设各参建方，通过计算机信息管理技术进行项目信息收集、归纳、处理、传输与应用等，建立有效的信息交流和共享平台，实现全方位沟通。

3）全过程工程咨询组织机构应制定沟通程序，明确沟通责任、方法和具体要求，实现机构内部、施工现场、各参建方以及政府管理部门等之间的有效沟通；在收集项目信息的基础上，编制发布项目进展情况报告、项目实施情况说明、存在的问题及风险、拟采取的措施、预期效果或前景；建立项目相关方沟通管理机制，健全项目协调制度，确保机构内部与外部各个层面的交流与合作。

4）全过程工程咨询组织机构在项目运行过程中，应分阶段、分层次、有针对性地进行组织机构人员之间的交流互动，增进了解，避免分歧，进行各自管理部门和人员的协调工作。通过沟通需形成人与人、事与事、人与事的和谐统一。针对消除冲突和障碍可采取下列方法：选择适宜的沟通与协调途径，进行工作交底，明确项目目标和实施措施。

四、工程项目信息化管理

建设项目信息包括项目在投资决策、勘察设计、发承包、施工、竣工验收和运行维护过程中产生的信息，以及其他与项目建设有关的信息，包括项目的组织类信息、管理类信息、经济类信息、技术类信息和法规类信息。项目信息管理是通过对各个系统、各项工作和各种数据的管理，使项目的信息能方便和有效地获取、存储、存档、处理和交流，从而实现为项目建设的增值服务。

由于项目信息流量大，采用传统的管理模式难度较大，且运作效率低。若运用信息技术，基于互联网并结合项目信息管理平台、建筑信息模型（BIM）、云计算、大数据及物联网等，可有效提高管理效率，易于完成项目管理目标。全过程工程咨询服务更适用于采用工程信息技术进行信息化管理，尤其是对大型、群体工程项目的管理有较好的效果。

（一）项目信息管理平台

项目信息门户（PIP）是基于互联网建立的一个开放性的工作平台，为项目各参建方提供项目信息沟通、协调与协作的高效率协同工作环境。将项目管理方面的信息汇集在这个公共平台，参建各方共享平台上的信息进行协同工作。全过程工程咨询单位提供全过程工程咨询服务，开发建设了全过程工程咨询服务平台，实现数据一体化，同样采取信息化技术为之服务。这些平台均要做到互联互通，从而极大提高工作效率，也提高各个项目管理水平。

1. 项目信息门户系统的主要特征及优点

（1）特征　项目信息共享与交流；项目各方的协同工作。

（2）优点　PIP 信息传递方式，信息以点对面方式传递，快捷方便。

2. 项目信息门户系统应用的主要功能

（1）通知与桌面管理　变更提醒，公告发布，团队目录，书签管理。

（2）文档管理　文档查询、版本控制，文档的上传下载，在线审阅。

（3）文档在线修改　项目参与各方可以在其权限范围内通过 Web 界面对中央数据库中

的各种格式的文档（包括 CAD）直接进行修改。

（4）工作流管理　业务流程的全部或部分自动化，即根据业务规则在参与各方之间自动传递文档、信息或者任务。

（5）项目协同工作　项目邮件、实时在线讨论、BBS 视频会议（网络会议）。

（6）项目管理　任务管理、项目日历、进度控制、投资控制、质量控制。

（7）在线录像　在施工现场的某些关键部位安装摄像头，使得项目参与各方能够通过 PSWS（项目特定网站）的 Web 界面实时查看施工现场，从而为施工问题提供解决方案，解释设计意图，或者只是简单地监控现场施工。

（二）建筑信息模型（BIM）应用

建筑信息模型（BIM）是以三维数字技术为基础，集成项目各种相关信息的工程数据模型，模型对工程项目相关信息可做详尽描述。BIM 技术是将工程图纸的平、立、剖面，以及水、电、暖通等各专业图纸进行立体化整合，整合过程中及时发现问题并进行修改，是工程图纸的二次设计，最后将整合完成后的立体模型数据信息与工程参建各方进行共享。

1. BIM 系列软件的应用

（1）Autodesk Revit 系列软件　Autodesk Revit 是一款 Autodesk 公司研发的专为建筑信息模型（BIM）构建的三维建筑信息模型建模软件，软件由 Revit architecture（建筑）、Revit structure（结构）、Revit MEP（设备）三款组件组合，形成以三维软件操作平台搭建三维建筑信息模型的工具。

（2）Navis works 系列软件　Navis works 是 Autodesk 公司在 BIM 领域中，在完成 BIM 模型和信息创建后，用于设计协调、施工过程管理及信息集成应用的重要一环，是发挥 BIM 模型和数据管理价值的重要体现。Navis works 的各项功能对项目进行虚拟建造、模拟、查看及碰撞检测，是减少项目浪费、提升效率，同时显著减少设计变更、有效控制工程成本的关键应用。

Navis works 软件施工模拟功能将模型与 Project 进度进行关联，施工进度模拟演示形成 4D 进度计划，这样可以更直观地检查出时间设置是否合理，以便全方位协调和管理。

2. BIM 软件的主要特点

1）通过三维建模，解决项目存在的参与方众多、分支系统复杂、信息量大、有效传递困难、成本控制难度大等问题。

2）设计与施工各工种面对模型的集成策划，跨专业的数据共享，传递建筑信息，进行管道碰撞检查。

3）可以在任何时刻、对任何构件做任意修改，软件会在平、立、剖、三维等所有地方自动修正设计。

4）帮助项目建设的最高决策者对项目进行合理的协调、规划和控制。

3. 建筑信息模型（BIM）的应用展望

第一个革命为个人计算机和互联网普及的信息革命；第二个革命为建筑景观对于 CAD 的引用——二维；第三个革命为 3Dmax 等建筑三维软件的引用——三维；第四个革命为 BIM 系统的引进——建筑信息全模型（覆盖了二维、三维的各种建筑信息，包括内部的、外部景观的、地理信息的等）。

（三）现场视频监控管理

现场视频监控管理是指现场定点布置网络高清摄像头，通过移动端、PC 端对项目工地各出入口、作业面等重点区域进行 24 小时实时监控。管理者可随时掌握项目施工现场和项目施工进度情况，跟踪生产进度，实时查看工人工作状态，为项目形象进度信息的获取及安全管理提供支撑。

1. 视频监控系统的设置

1）对工地出入口、现场车辆通行、人流进出等情况进行监控。

2）对现场施工的细节部分进行缩放检视，检查现场质量、安全及文明施工情况。

3）录制现场监视信息并存储，可随时检索回放。

2. 视频监控系统的优点

1）降低管理成本。

2）落实岗位职责，便于调查和明确责任。

3）管理辅助工具，获取长远效益。

3. 摄像机安装的位置

1）工地车辆出入口。

2）会议室或公共活动室。

3）房屋建筑工程施工区域内的较高位置。

4）危大工程的施工作业区。

5）其他施工作业区域。

4. 视频监控系统的使用

1）建设单位（投资人）、施工单位、全过程工程咨询单位可通过视频监控系统对施工现场的施工作业活动进行监控管理。

2）地方政府建设主管部门、施工安全监督机构等单位可通过视频监控系统进行视频监控，实现对施工现场远程动态监督。

3）未来将接入地方政府开发的相关智慧系统，供其他职能部门共享。

（四）智慧工地管理系统

智慧工地主要是指充分利用最新的互联网、物联网、云计算及大数据等技术来改变施工项目现场参建各方的交互方式、工作方式和管理模式，持续改进工程质量、进度、成本，以合理的资源投入，实现项目效益最大化，满足客户需求，实现价值最大化。

1. 智慧工地的优点

1）智慧工地是一种新的工程现场一体化管理模式，是互联网+与传统建筑行业的深度融合。它彻底改变传统建筑施工现场的管理模式，为投资人（建设单位）、施工企业、全过程工程咨询单位、政府监督部门等提供了工地现场管理信息化解决方案。

2）智慧工地将聚焦工程施工现场，紧紧围绕"人、机、料、法、环"等关键要素，综合运用物联网、互联网、云计算、大数据、智能设备等软硬件技术，与施工生产过程相融合，对工程质量、安全等生产过程以及商务、技术等管理过程加以改造，提高工地现场的生产效率、管理效率和决策能力等，实现工地的数字化、精细化、智慧化生产和管理。

2. 智慧工地管理应做的工作

大力推进智能化管理，加快建设工程智能监管平台和视频监控系统的推广应用，满足智慧工地的管理要求，做好智慧工地管理，主要完成以下工作：

（1）质量安全信息化管理　各参建方的项目管理人员均应开通 APP 账号，应用 APP 开展施工现场的施工质量管理、施工安全管理，每日上传质量安全管理信息。

（2）做好视频监控　实现施工现场全景监控。在主要作业场区（包括施工作业面、物料堆放区、吊装区、钢筋加工区、基坑）、现场出入口（包括人行出入口、车辆出入口）等处安装、运行视频监控设备，做好抓拍，并将资料存档。

（3）做好重大危险源监控　项目建设场地内每台塔式起重机是否安装并运行监控黑匣子，全部电气线路分箱是否全部安装并运行电气线路监测仪。深基坑、高边坡的变形破坏监测数据和远程实时全自动监测预警系统应接入监管平台。高大模板与支架的变形破坏监测数据和远程实时全自动监测预警系统应接入监管平台。

（4）安装实名闸机设备　通过人脸或瞳孔识别进入，绑定身份信息。实名闸机数量应满足最大进场作业人员数量需求。现场实时登录查询考勤结果。

（5）做好大型起重设备监控　项目建设现场部署平臂塔式起重机两台以上交叉作业，应安装塔式起重机防碰撞系统；施工升降机应安装人脸识别系统，杜绝非专业人员和其他情况的操作而导致的安全事故发生。

（6）做好扬尘与噪声监测　项目建设工地出入口应按规定安装 TSP 在线自动监测设施系统。将各种环境监测传感器（PM2.5、PM10、噪声、风速、风向、空气温度湿度等）的数据进行实时采集传输，依据客户需求将数据实时展示在现场 LED 屏、平台 PC 端及移动端上，便于管理者远程实时监管现场环境数据并能及时做出决策。

第四章

决策阶段工程咨询

第一节 决策依据及工作流程

一、决策阶段概述

（一）什么是决策

所谓决策是指组织或个人为了实现某种目标而对未来一定时期内有关活动的方向、内容及方式的选择和调整的过程。决策是人们根据对客观规律的认识，为一定的行为确定目标，制定并选择行动方案的过程。决策是一个复杂的思维操作过程，是信息收集、加工，最后做出判断、得出结论的过程。决策涉及多个因素的考虑，包括时间、资源、风险等。

（二）建设项目决策

1. 建设项目决策的概念

建设项目决策是指在建设项目的地点、规模、建设标准、建设项目的性质、使用功能以及系统构成等方面进行策划、分析和论证，以明确工程项目建设意图和需求，从而实现建设项目的总目标。建设项目决策是选择和决定投资行动方案的过程，是对拟建项目的必要性和可行性进行技术经济论证，对不同建设方案进行技术经济比较选择及做出判断和决定的过程。正确的项目投资行动来源于正确的项目投资决策。

建设项目投资决策可分为宏观决策和微观决策。宏观决策是指国家从国民经济和社会发展的全局性战略要求出发对一定时期的投资规模、方向、结构、布局进行规划，做出总的判断和决定。微观决策是指企业在生产经营活动中，根据市场需求和自身条件，对某一具体项目的投资进行分析和决策。在没有特殊说明的情况下，本章所指的决策是指微观决策。

2. 建设项目决策内容

1）项目建设必要性：从项目建设的理由、项目目前市场营销分析、项目财务净现值、项目财务内部收益率、项目风险投资估算等方面进行决策。

2）项目技术可行性：从项目产品生产的技术原理、工艺流程、实验研究、关键技术、主要技术指标、设备选型、技术装备条件等方面进行决策。

3）项目经济合理性：从项目总投资、投资方向调节税（暂时停征）、投资效果分析、经营成本、现金流量、利润等情况进行决策。

4）项目建设方案：从项目规模方案比选、项目工艺流程方案比选、项目设备选型方案比选、项目总图布置方案比选、项目占地面积比选、项目定员及劳动定员和劳动生产率水平等方面进行决策。

5）建设项目的客观环境：包括从法规、政策、环保、交通、地质、资源等环境因素进行决策。

6）项目的经济效果：从微观和宏观经济效益两方面进行决策。

在建设项目决策的过程中，需要综合考虑各种因素，包括必要性、可行性、经济合理性等方面的因素，以及建设项目的客观环境，最终做出正确的决策。

二、建设项目决策依据

（一）国家相关规定

1）国家相关的法律、法规和政策。

2）国民经济的发展、国家和地方中长期规划。

3）产业政策、生产力布局、国内外市场、项目所在地的内外部条件。

4）有关机构发布的工程建设方面的标准、规范、定额。

（二）拟建项目依据

1）项目初步设想方案，如总投资、产品及介绍、产量、预计销售价格、直接成本及清单。

2）投资人的组织机构、经营范围、财务能力等。

3）项目资金来源落实材料。

4）联合建设的项目需提交联合建设合同或协议。

5）根据不同行业项目的特殊要求需要的其他相关资料。

6）与项目相关的其他资料。

三、建设项目决策工作流程

（一）决策主体

建设项目的决策主体是多元化的，包括政府部门、投资人、金融机构、建设单位、咨询机构以及其他利益相关方，他们在建设项目决策中发挥着不同的作用，共同推动建设项目的顺利实施。

1. 政府投资决策

政府投资决策是指政府有关投资管理部门，根据经济和社会发展的需要，以实现经济调节、满足社会公共需求、促进社会可持续发展为目标，对政府投资的项目从社会公平、社会效益等方面进行分析，评价其是否符合政府投资的范围，能否实现政府投资的目标，从而做出政府是否投资建设项目的决定。

2. 金融机构融资决策

一般的固定资产投资项目在建设过程中都会涉及项目融资，金融机构是建设项目资金的主要来源之一。金融机构按照"独立审贷、自主决策、自担风险"的原则，对企业申请的项目融资进行审查，分析企业的信用水平、经营管理能力、项目的盈利性和企业的还贷能力，从而决定是否贷款或其他形式的融资。

3. 投资人

投资人是建设项目的主要出资人，对建设项目的投资额、投资回报、风险等方面进行评估和决策。

一般来讲，投资人主要是企业或其他组织，但也可能是个体。企业投资人根据总体发展战略，按照资源整合的需要，以获得经济、社会效益和提升持续发展能力为目标，做出是否投资建设项目的决定。

4. 全过程咨询单位

咨询单位是建设项目决策的重要参谋，为建设项目提供专业化的咨询服务，包括市场调研、技术评估、经济分析等内容。

5. 其他利益相关方

其他利益相关方包括项目所涉及的社区居民、环保组织、行业协会等，对建设项目的社会影响、环保影响等方面进行评估和决策。

（二）决策工作流程

建设项目决策需要根据相关法规及地方、行业的规定，按照审批权限，遵循特定的流程。决策阶段各项工作流程如图 4-1 所示。

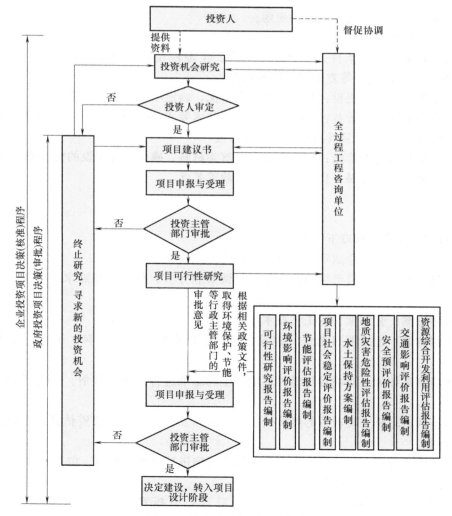

图 4-1　决策阶段各项工作流程

第二节　项目建议书

项目建议书是依据国民经济和社会发展规划以及地区经济发展规划的总要求，在经批准的产业发展规划的基础上提出开发目标和任务，对项目的建设条件进行调查和必要的勘测工作，并在对资金筹措进行分析后，择优选定建设项目和项目的建设规模、地点和建设时间，论证项目建设的必要性，初步分析项目建设的可行性和合理性。

需要说明的是，项目建议书主要是向有关部门提出项目建设的必要性，项目建议书报经投资主管部门批准后，可以进行可行性研究工作，不是项目的最终决策。

项目建议书必须符合国家或地方建设发展规划，根据国家或地方建设发展规划，结合本项目实际情况，提出项目建设建议。

一、编制依据

1）国家或地方中长期建设发展规划。

2）国家和地方相关规定。

3）投资环境和建设条件：包括建设地点、土地使用权、交通运输、水资源、能源供应、环境保护、人力资源等方面的条件和情况。

4）市场需求和项目规模：根据市场需求情况，确定项目建设的必要性。

5）技术方案和经济效益：根据项目特点和技术要求，选择合理的工艺技术方案，并进行经济效益分析，确保项目具有良好的投资回报。

6）投资估算和资金筹措：根据资金来源落实材料，确保项目建设的资金来源可靠。

7）环保和可持续发展：当地环保方面的政策要求。

二、编制内容

项目建议书通常包括以下内容：

1）项目概述：简要介绍项目的背景、目的、范围和目标。

2）市场分析：对项目所在地的市场进行调研和分析，包括市场需求、竞争状况、行业趋势等。

3）技术方案：介绍项目的工艺技术、设备选型、工艺流程等。

4）工程方案：包括项目选址、建设方案、基础设施、工程材料、工程进度等方面的内容。

5）环境影响评价：对项目可能对环境产生的影响进行预测和评估，提出环境保护措施和方案。

6）经济效益分析：对项目的经济效益进行分析和评估，包括投资估算、收益预测、财务分析等内容。

7）社会效益分析：对项目可能产生的社会影响进行分析和评估，包括就业机会、地区发展、文化传承等方面的内容。

8）风险分析：对项目中可能出现的风险进行分析和评估，提出风险控制措施和方案。

9）结论和建议：综合上述内容，对项目进行总结和评价，提出建议和决策。需要注意的是，不同的项目类型和行业特点，其项目建议书的内容和重点可能会有所不同。

三、编制工作程序

项目建议书的编制工作程序如图4-2所示。

四、编制注意事项

编制项目建议书需要注意以下事项：

1）符合法律法规和政策要求，确保项目的合法性和合规性。

2）充分调研和分析市场，为项目的可行性和经济效益提供支持。

3）考虑环境影响和可持续发展，确保项目的环保性和可持续性。

4）合理评估经济效益和社会效益，为项目的决策提供支持。

5）明确风险和应对措施，为项目的风险控制和决策提供支持。

6）合理制定投资估算和收益预测，为项目的决策提供支持。

7）遵守保密要求，确保项目信息的安全性。

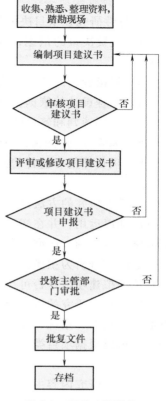

图 4-2　项目建议书的
编制工作程序

第三节　项目可行性研究

建设项目可行性研究是指根据国民经济长期发展规划、地区发展规划和行业发展规划的要求，对拟建工程项目在技术、经济上是否合理，进行全面分析、系统论证、多方案比较和综合评价，以确定某一项目是否需要建设、是否可能建设、是否值得建设，并为编制和审批设计任务书提供可靠依据的工作。主要任务包括投资方案规划、工程技术论证、社会与经济效果预测和组织机构分析，经过多方面的计算、分析、论证评价，为项目决策提供可靠的依据和建议。

一、项目可行性研究概述

（一）可行性研究的目的、作用

1. 可行性研究的目的

可行性研究是项目决策阶段的重要工作，其目的是通过对项目的市场、技术、经济、环境等方面进行全面、系统、深入的分析和研究，提出项目的可行性评价和决策建议，为项目决策提供科学依据。

2. 可行性研究的作用

可行性研究在项目决策阶段具有重要的作用，具体包括以下几个方面：

1）投资决策的依据，提出项目的可行性评价和决策建议，为投资者提供科学决策的依据。

2）筹措资金的依据，确定筹措资金的方案和规模。

3）工程设计的依据，以确保工程设计的合理性和可行性。

4）合同谈判和签订的依据，为合同谈判和签订提供依据。

5）风险控制的依据，降低项目的风险和不确定性。

6）项目评估和监督的依据，为项目评估和监督提供依据。

（二）可行性研究的方法

可行性研究的方法是融合工程、技术、经济、管理、营销、财务和法律等专业知识和分析方法加以运用，并在实践中不断总结和创新而形成的方法体系。可行性研究的方法主要包括战略分析、调查研究、预测技术、系统分析、模型方法等。可行性研究的方法要求以全面、系统的分析为主要方法，经济效益为核心，围绕影响项目的各种因素，运用大量的数据资料论证拟建项目是否可行。

在可行性研究的过程中，需要综合运用上述方法，对项目的市场、技术、经济、环境等方面进行全面、系统、深入的分析和研究，确保项目的可行性和可持续性。同时，在实际应用中，可以根据项目类型和特点选择合适的方法和工具，以提高可行性研究的精度和效率。

（三）可行性研究的内容

可行性研究内容主要包括以下几个方面：

1）市场需求和竞争状况分析，以了解项目的市场前景和可行性。

2）技术方案评估，以保证项目能够顺利实施并达到预期的技术效果。

3）经济效益预测和分析，以确定项目的经济效益和可行性，为投资者提供决策依据。

4）环境影响评价和分析，确保项目的环境可行性和可持续性，以避免对环境造成不良影响。

5）风险评估和分析，降低项目的风险和不确定性，为项目决策提供支持。

6）综合评价和分析，提出项目决策建议和方案，以确定项目是否可行并推荐投资。

二、可行性研究报告

（一）可行性研究报告概述

可行性研究报告通常由专业研究机构或咨询公司编写，旨在为决策者提供有关项目是否可行的详细信息，通常被用作投资决策的依据，对于企业和政府等决策者具有重要的参考价值。

国家发展和改革委员会研究制定了《政府投资项目可行性研究报告编写通用大纲》（2023 年版）、《企业投资项目可行性研究报告编写参考大纲》（2023 年版）和《关于投资项目可行性研究报告编写大纲的说明》（2023 年版）。其中，政府投资项目可行性研究报告原则上应按照通用大纲进行编写，以保障政府投资项目前期工作质量，提升投资决策的科学化和规范化水平。参考大纲在落实企业投资自主权基础上，主要是引导企业重视项目可行性研究，加强投资项目内部决策管理，促进依法合规生产经营，实现健康可持续发展。

（二）可行性研究报告的编制依据

可行性研究报告的编制依据通常包括以下几个方面：

1）国家相关法律、法规和政策。

2）国家和地方的经济和社会发展规划、行业部门的发展规划。

3）国家、地方和行业部门发布的工程建设方面的标准、规范、定额。

4）《建设项目经济评价方法与参数》（第3版）。

5）《政府投资项目可行性研究报告编写通用大纲》（2023年版）。

6）《企业投资项目可行性研究报告编写参考大纲》（2023年版）。

7）《关于投资项目可行性研究报告编写大纲的说明》（2023年版）。

8）拟建项目的项目建议书及其批复文件，城市规划、环境保护等行政主管部门出具的项目规划意见、用地意见、环评意见，土地合同及土地规划许可。

9）拟建场址的自然、经济、社会概况等基础资料。

10）拟建项目的投资人、组织机构、经营范围、财务能力，以及有关的各种市场信息资料或社会公众要求等。

11）其他相关资料。

（三）政府投资项目可行性研究报告的内容

根据《政府投资项目可行性研究报告编写通用大纲》（2023年版）的规定，政府投资项目的可行性研究报告应包括以下内容。

1. 概述

（1）项目概况　项目全称及简称。概述项目建设目标和任务、建设地点、建设内容和规模（含主要产出）、建设工期、投资规模和资金来源、建设模式、主要技术经济指标、绩效目标等。

（2）项目单位概况　简述项目单位基本情况。拟新组建项目法人的，简述项目法人组建方案。对于政府资本金注入项目，简述项目法人基本信息、投资人（或者股东）构成及政府出资人代表等情况。

（3）编制依据　概述项目建议书（或项目建设规划）及其批复文件、国家和地方有关支持性规划、产业政策和行业准入条件、主要标准规范、专题研究成果，以及其他依据。

（4）主要结论和建议　简述项目可行性研究的主要结论和建议。

2. 项目建设背景和必要性

（1）项目建设背景　简述项目立项背景，项目用地预审和规划选址等行政审批手续办理和其他前期工作进展。

（2）规划政策符合性　阐述项目与经济社会发展规划、区域规划、专项规划、国土空间规划等重大规划的衔接性，与扩大内需、共同富裕、乡村振兴、科技创新、节能减排、碳达峰碳中和、国家安全和应急管理等重大政策目标的符合性。

（3）项目建设必要性　从重大战略和规划、产业政策、经济社会发展、项目单位履职尽责等层面，综合论证项目建设的必要性和建设时机的适当性。

3. 项目需求分析与产出方案

（1）需求分析　在调查项目所涉产品或服务需求现状的基础上，分析产品或服务的可接受性或市场需求潜力，研究提出拟建项目功能定位、近期和远期目标、产品或服务的需求总量及结构。

（2）建设内容和规模　结合项目建设目标和功能定位等，论证拟建项目的总体布局、主要建设内容及规模，确定建设标准。

（3）项目产出方案　研究提出拟建项目正常运营年份应达到的生产或服务能力及其质量标准要求，并评价项目建设内容、规模以及产出的合理性。

4. 项目选址与要素保障

（1）项目选址或选线　通过多方案比较，选择项目最佳或合理的场址或线路方案，明确拟建项目场址或线路的土地权属、供地方式、土地利用状况、矿产压覆、占用耕地和永久基本农田、涉及生态保护红线、地质灾害危险性评估等情况。

（2）项目建设条件　分析拟建项目所在区域的自然环境、交通运输、公用工程等建设条件。其中，自然环境条件包括地形地貌、气象、水文、泥沙、地质、地震、防洪等；交通运输条件包括铁路、公路、港口、机场、管道等；公用工程条件包括周边市政道路、水、电、气、热、消防和通信等。

（3）要素保障分析

1）土地要素保障：分析拟建项目相关的国土空间规划、土地利用年度计划、建设用地控制指标等土地要素保障条件，开展节约集约用地论证分析，评价用地规模和功能分区的合理性、节地水平的先进性。

2）资源环境要素保障：分析拟建项目水资源、能源、大气环境、生态等承载能力及其保障条件，以及取水总量、能耗、碳排放强度和污染减排指标控制要求等，说明是否存在环境敏感区和环境制约因素。

5. 项目建设方案

（1）技术方案　通过技术比较提出项目预期达到的技术目标、技术来源及其实现路径，确定核心技术方案和核心技术指标。

（2）设备方案　通过设备比选提出所需主要设备（含软件）的规格、数量、性能参数、来源和价格，论述设备（含软件）与技术的匹配性和可靠性、设备（含软件）推荐方案及自主知识产权情况。

（3）工程方案　通过方案比选提出工程建设标准、工程总体布置、主要建（构）筑物和系统设计方案、外部运输方案、公用工程方案及其他配套设施方案。

（4）用地用海征收补偿（安置）方案　涉及土地征收或用海海域征收的项目，应根据有关法律法规政策规定，提出征收补偿（安置）方案。

（5）数字化方案　对于具备条件的项目，研究提出拟建项目数字化应用方案，包括技术、设备、工程、建设管理和运维、网络与数据安全保障等方面，提出以数字化交付为目的，实现设计-施工-运维全过程数字化应用方案。

（6）建设管理方案　提出项目建设组织模式和机构设置，制定质量、安全管理方案和验收标准，明确建设质量和安全管理目标及要求，提出拟采用新材料、新设备、新技术、新工艺等推动高质量建设的技术措施。

6. 项目运营方案

（1）运营模式选择　研究提出项目运营模式，确定自主运营管理还是委托第三方运营管理，并说明主要理由。委托第三方运营管理的，应提出对第三方的运营管理能力要求。

（2）运营组织方案　研究项目组织机构设置方案、人力资源配置方案、员工培训需求及计划，提出项目在合规管理、治理体系优化和信息披露等方面的措施。

（3）安全保障方案　分析项目运营管理中存在的危险因素及其危害程度，明确安全生产责任制，建立安全管理体系，提出劳动安全与卫生防范措施，以及项目可能涉及的数据安全、网络安全、供应链安全的责任制度或措施方案，并制定项目安全应急管理预案。

（4）绩效管理方案　研究制定项目全生命周期关键绩效指标和绩效管理机制，提出项目主要投入产出效率、直接效果、外部影响和可持续性等管理方案。

7. 项目投融资与财务方案

（1）投资估算　对项目建设和生产运营所需投入的全部资金即项目总投资进行估算，包括建设投资、建设期融资费用和流动资金，说明投资估算编制依据和编制范围，明确建设期内分年度投资计划。

（2）盈利能力分析　根据项目性质，确定适合的评价方法。结合项目运营期内的负荷要求，估算项目营业收入、补贴性收入及各种成本费用，并按相关行业要求提供量价协议、框架协议等支撑材料。通过项目自身的盈利能力分析，评价项目可融资性。对于政府直接投资的非经营性项目，开展项目全生命周期资金平衡分析，提出开源节流措施。对于政府资本金注入项目，计算财务内部收益率、财务净现值、投资回收期等指标，评价项目盈利能力；营业收入不足以覆盖项目成本费用的，提出政府支持方案。对于综合性开发项目，分析项目服务能力和潜在综合收益，评价项目采用市场化机制的可行性和利益相关方的可接受性。

（3）融资方案　研究提出项目拟采用的融资方案，包括权益性融资和债务性融资，分析融资结构和资金成本。说明项目申请财政资金投入的必要性和方式，明确资金来源，提出形成资金闭环的管理方案。对于政府资本金注入项目，说明项目资本金来源和结构、与金融机构对接情况，研究采用权益型金融工具、专项债、公司信用类债券等融资方式的可行性，主要包括融资金额、融资期限、融资成本等关键要素。对于具备资产盘活条件的基础设施项目，研究项目建成后采取基础设施领域不动产投资信托基金等方式盘活存量资产、实现项目投资回收的可能路径。

（4）债务清偿能力分析　对于使用债务融资的项目，明确债务清偿测算依据和还本付息资金来源，分析利息备付率、偿债备付率等指标，评价项目债务清偿能力，以及是否增加当地政府财政支出负担、引发地方政府隐性债务风险等情况。

（5）财务可持续性分析　对于政府资本金注入项目，编制财务计划现金流量表，计算各年净现金流量和累计盈余资金，判断拟建项目是否有足够的净现金流量维持正常运营。对于在项目经营期出现经营净现金流量不足的项目，研究提出现金流接续方案，分析政府财政补贴所需资金，评价项目财务可持续性。

8. 项目影响效果分析

（1）经济影响分析　对于具有明显经济外部效应的政府投资项目，计算项目对经济资源的耗费和实际贡献，分析项目费用效益或效果，以及重大投资项目对宏观经济、产业经济、区域经济等所产生的影响，评价拟建项目的经济合理性。

（2）社会影响分析　通过社会调查和公众参与，识别项目主要社会影响因素和主要利益相关者，分析不同目标群体的诉求及其对项目的支持程度，评价项目采取以工代赈等方式在带动当地就业、促进技能提升等方面的预期成效，以及促进员工发展、社区发展和社会发展等方面的社会责任，提出减缓负面社会影响的措施或方案。

（3）生态环境影响分析　分析拟建项目所在地的环境和生态现状，评价项目在污染物排放、地质灾害防治、防洪减灾、水土流失、土地复垦、生态保护、生物多样性和环境敏感区等方面的影响，提出生态环境影响减缓、生态修复和补偿等措施，以及污染物减排措施，评价拟建项目能否满足有关生态环境保护政策要求。

（4）资源和能源利用效果分析　研究拟建项目的矿产资源、森林资源、水资源（含非常规水源）、能源、再生资源、废物和污水资源化利用，以及设备回收利用情况，通过单位生产能力主要资源消耗量等指标分析，提出资源节约、关键资源保障，以及供应链安全、节能等方面措施，计算采取资源节约和资源化利用措施后的资源消耗总量及强度。计算采取节能措施后的全口径能源消耗总量、原料用能消耗量、可再生能源消耗量等指标，评价项目能效水平以及对项目所在地区能耗调控的影响。

（5）碳达峰碳中和分析　对于高耗能、高排放项目，在项目能源资源利用分析的基础上，预测并核算项目年度碳排放总量、主要产品碳排放强度，提出项目碳排放控制方案，明确拟采取减少碳排放的路径与方式，分析项目对所在地区碳达峰碳中和目标实现的影响。

9. 项目风险管控方案

（1）风险识别与评价　识别项目全生命周期的主要风险因素，包括需求、建设、运营、融资、财务、经济、社会、环境、网络与数据安全等方面，分析各风险发生的可能性、损失程度，以及风险承担主体的韧性或脆弱性，判断各风险后果的严重程度，研究确定项目面临的主要风险。

（2）风险管控方案　结合项目特点和风险评价，有针对性地提出项目主要风险的防范和化解措施。重大项目应当对社会稳定风险进行调查分析，查找并列出风险点、风险发生的可能性及影响程度，提出防范和化解风险的方案措施，提出采取相关措施后的社会稳定风险等级建议。

（3）风险应急预案　对于拟建项目可能发生的风险，研究制定重大风险应急预案，明确应急处置及应急演练要求等。

10. 研究结论及建议

（1）主要研究结论　从建设必要性、要素保障性、工程可行性、运营有效性、财务合理性、影响可持续性、风险可控性等维度分别简述项目可行性研究结论，评价项目在经济、社会、环境等各方面效果和风险，提出项目是否可行的研究结论。

（2）问题与建议　针对项目需要重点关注和进一步研究解决的问题，提出相关建议。

11. 附表、附图和附件

根据项目实际情况和相关规范要求，研究确定并附具可行性研究报告必要的附表、附图和附件等。

（四）企业投资项目可行性研究报告的内容

1. 概述

（1）项目概况　项目全称及简称。概述项目建设目标和任务、建设地点、建设内容和规模（含主要产出）、建设工期、投资规模和资金来源、建设模式、主要技术经济指标等。

（2）企业概况　简述企业基本信息、发展现状、财务状况、类似项目情况、企业信用和总体能力，有关政府批复和金融机构支持等情况。

（3）编制依据 概述国家和地方有关支持性规划、产业政策和行业准入条件、企业战略、标准规范、专题研究成果，以及其他依据。

（4）主要结论和建议 简述项目可行性研究的主要结论和建议。

2. 项目建设背景、需求分析及产出方案

（1）规划政策符合性 简述项目建设背景和前期工作进展情况，论述拟建项目与经济社会发展规划、产业政策、行业和市场准入标准的符合性。

（2）企业发展战略需求分析 对于关系企业长远发展的重大项目，论述企业发展战略对拟建项目的需求程度和拟建项目对促进企业发展战略实现的重要性和紧迫性。

（3）项目市场需求分析 结合企业自身情况和行业发展前景，分析拟建项目所在行业的业态、目标市场环境和容量、产业链供应链、产品或服务价格，评价市场饱和程度、项目产品或服务的竞争力，预测产品或服务的市场拥有量，提出市场营销策略等建议。

（4）项目建设内容、规模和产出方案 阐述拟建项目总体目标及分阶段目标，提出拟建项目建设内容和规模，明确项目产品方案或服务方案及其质量要求，并评价项目建设内容、规模以及产品方案的合理性。

（5）项目商业模式 根据项目主要商业计划，分析拟建项目收入来源和结构，判断项目是否具有充分的商业可行性和金融机构等相关方的可接受性。结合项目所在地政府或相关单位可以提供的条件，提出商业模式及其创新需求，研究项目综合开发等模式创新路径及可行性。

3. 项目选址与要素保障

（1）项目选址或选线 通过多方案比较，选择项目最佳或合理的场址或线路方案，明确拟建项目场址或线路的土地权属、供地方式、土地利用状况、矿产压覆、占用耕地和永久基本农田、涉及生态保护红线、地质灾害危险性评估等情况。备选场址方案或线路方案比选要综合考虑规划、技术、经济、社会等条件。

（2）项目建设条件 分析拟建项目所在区域的自然环境、交通运输、公用工程等建设条件。其中，自然环境条件包括地形地貌、气象、水文、泥沙、地质、地震、防洪等；交通运输条件包括铁路、公路、港口、机场、管道等；公用工程条件包括周边市政道路、水、电、气、热、消防和通信等。阐述施工条件、生活配套设施和公共服务依托条件等。改扩建工程要分析现有设施条件的容量和能力，提出设施改扩建和利用方案。

（3）要素保障分析

1）土地要素保障：分析拟建项目相关的国土空间规划、土地利用年度计划、建设用地控制指标等土地要素保障条件，开展节约集约用地论证分析，评价用地规模和功能分区的合理性、节地水平的先进性。

2）资源环境要素保障：分析拟建项目水资源、能源、大气环境、生态等承载能力及其保障条件，以及取水总量、能耗、碳排放强度和污染减排指标控制要求等，说明是否存在环境敏感区和环境制约因素。

4. 项目建设方案

（1）技术方案 通过技术比较提出项目生产方法、生产工艺技术和流程、配套工程（辅助生产和公用工程等）、技术来源及其实现路径，论证项目技术的适用性、成熟性、可靠性和先进性。对于专利或关键核心技术，需要分析其获取方式、知识产权保护、技术标准和自主可控性等。简述推荐技术路线的理由，提出相应的技术指标。

（2）设备方案　通过设备比选提出拟建项目主要设备（含软件）的规格、数量和性能参数等内容，论述设备（含软件）与技术的匹配性和可靠性、设备和软件对工程方案的设计技术需求，提出关键设备和软件推荐方案及自主知识产权情况。必要时，对关键设备进行单台技术经济论证。利用和改造原有设备的，提出改造方案及其效果。涉及超限设备的，研究提出相应的运输方案，特殊设备提出安装要求。

（3）工程方案　通过方案比选提出工程建设标准、工程总体布置、主要建（构）筑物和系统设计方案、外部运输方案、公用工程方案及其他配套设施方案，明确工程安全质量和安全保障措施，对重大问题制定应对方案。涉及分期建设的项目，需要阐述分期建设方案；涉及重大技术问题的，还应阐述需要开展的专题论证工作。

（4）资源开发方案　对于资源开发类项目，应依据资源开发规划、资源储量、资源品质、赋存条件、开发价值等，研究制定资源开发和综合利用方案，评价资源利用效率。

（5）用地用海征收补偿（安置）方案　涉及土地征收或用海海域征收的项目，应根据有关法律法规政策规定，确定征收补偿（安置）方案，包括征收范围、土地现状、征收目的、补偿方式和标准、安置对象、安置方式、社会保障等内容。

（6）数字化方案　对于具备条件的项目，研究提出拟建项目数字化应用方案，包括技术、设备、工程、建设管理和运维、网络与数据安全保障等方面，提出以数字化交付为目的，实现设计-施工-运维全过程数字化应用方案。

（7）建设管理方案　提出项目建设组织模式、控制性工期和分期实施方案，确定项目建设是否满足投资管理合规性和施工安全管理要求。如果涉及招标，明确招标范围、招标组织形式和招标方式等。

5. 项目运营方案

（1）生产经营方案　对于产品生产类企业投资项目，提出拟建项目的产品质量安全保障方案、原材料供应保障方案、燃料动力供应保障方案以及维护维修方案，评价生产经营的有效性和可持续性。对于运营服务类企业投资项目，明确拟建项目运营服务内容、标准、流程、计量、运营维护与修理，以及运营服务效率要求等，研究提出运营服务方案。

（2）安全保障方案　分析项目运营管理中存在的危险因素及其危害程度，明确安全生产责任制，设置安全管理机构，建立安全管理体系，提出安全防范措施，制定项目安全应急管理预案。

（3）运营管理方案　简述拟建项目的运营机构设置方案，明确项目运营模式和治理结构要求，简述项目绩效考核方案、奖惩机制等。

6. 项目投融资与财务方案

（1）投资估算　说明投资估算编制范围、编制依据，估算项目建设投资、流动资金、建设期融资费用，明确建设期内分年度资金使用计划。

（2）盈利能力分析　根据项目性质，选择适合的评价方法，估算项目营业收入和补贴性收入及各种成本费用，并按相关行业要求提供量价协议、框架协议等支撑材料，分析项目的现金流入和流出情况，构建项目利润表和现金流量表，计算财务内部收益率、财务净现值等指标，评价项目的财务盈利能力，并开展盈亏平衡分析和敏感性分析，根据需要分析拟建项目对企业整体财务状况的影响。

（3）融资方案　结合企业自身及其股东出资能力，分析项目资本金和债务资金来源及结构、融资成本以及资金到位情况，评价项目的可融资性。结合企业和项目经济、社会、环境等评价结果，研究项目获得绿色金融、绿色债券支持的可能性。对于具备条件的基础设施项目，研究提出项目建成后通过基础设施领域不动产投资信托基金（REITs）等模式盘活存量资产、实现投资回收的可能性。企业拟申请政府投资补助或贴息的，应根据相关要求研究提出拟申报投资补助或贴息的资金额度及可行性。

（4）债务清偿能力分析　按照负债融资的期限、金额、还本付息方式等条件，分析计算偿债备付率、利息备付率等债务清偿能力评价指标，判断项目偿还债务本金及支付利息的能力。必要时，开展项目资产负债分析，计算资产负债率等指标，评价项目资金结构的合理性。

（5）财务可持续性分析　根据投资项目财务计划现金流量表，统筹考虑企业整体财务状况、总体信用及综合融资能力等因素，分析投资项目对企业的整体财务状况影响，包括对企业的现金流、利润、营业收入、资产、负债等主要指标的影响，判断拟建项目是否有足够的净现金流量，确保维持正常运营及保障资金链安全。

7. 项目影响效果分析

（1）经济影响分析　对于具有明显经济外部效应的企业投资项目，论证项目费用效益或效果，以及重大项目可能对宏观经济、产业经济、区域经济等产生的影响，评价拟建项目的经济合理性。

（2）社会影响分析　通过社会调查和公众参与，识别项目主要社会影响因素和关键利益相关者，分析不同目标群体的诉求及其对项目的支持程度，评价项目在带动当地就业、促进企业员工发展、社区发展和社会发展等方面的社会责任，提出减缓负面社会影响的措施或方案。

（3）生态环境影响分析　分析拟建项目所在地的生态环境现状，评价项目在污染物排放、地质灾害防治、防洪减灾、水土流失、土地复垦、生态保护、生物多样性和环境敏感区等方面的影响，提出生态环境影响减缓、生态修复和补偿等措施，以及污染物减排措施，评价拟建项目能否满足有关生态环境保护政策要求。

（4）资源和能源利用效果分析　对于占用重要资源的项目，分析项目所需消耗的资源品种、数量、来源情况，以及非常规水源和污水资源化利用情况，提出资源综合利用方案和资源节约措施，计算采取资源节约和资源化利用措施后的资源消耗总量及强度。计算采取节能措施后的全口径能源消耗总量、原料用能消耗量、可再生能源消耗量等指标，评价项目能效水平以及对项目所在地区能耗调控的影响。

（5）碳达峰碳中和分析　对于高耗能、高排放项目，在项目能源资源利用分析基础上，预测并核算项目年度碳排放总量、主要产品碳排放强度，提出项目碳排放控制方案，明确拟采取减少碳排放的路径与方式，分析项目对所在地区碳达峰碳中和目标实现的影响。

8. 项目风险管控方案

同政府投资项目可行性研究报告。

9. 研究结论及建议

（1）主要研究结论　从建设必要性、要素保障性、工程可行性、运营有效性、财务合理性、影响可持续性、风险可控性等维度分别简述项目可行性研究结论，重点归纳总结拟推荐方案的项目市场需求、建设内容和规模、运营方案、投融资和财务效益，并评价项目各方面的效果和风险，提出项目是否可行的研究结论。

（2）问题与建议　针对项目需要重点关注和进一步研究解决的问题，提出相关建议。

10. 附表、附图和附件

根据项目实际情况和相关规范要求，研究确定并附具可行性研究报告必要的附表、附图和附件等。

（五）可行性研究报告的编制程序

可行性研究报告的编制程序如图4-3所示。

（六）可行性研究报告编制注意事项

1）应能充分反映项目可行性研究工作的成果，内容齐全、结论明确、数据准确、论据充分，满足决策者确定方案与项目的要求。

2）选用主要设备的规格、参数应满足订货的要求，引进的技术设备资料应能满足合同谈判的要求。

3）确定的主要工程技术数据，应能满足项目初步设计的要求。

4）报告中的重大技术、经济方案应有两个以上的方案，可供比选。

5）应反映可行性研究过程中出现的某些方案的重大分歧及未被采纳的理由，以供决策者权衡利弊进行决策。

6）应附有评估、决策（审批）所必需的合同、协议、意向书、政府主管部门的一些批件等。

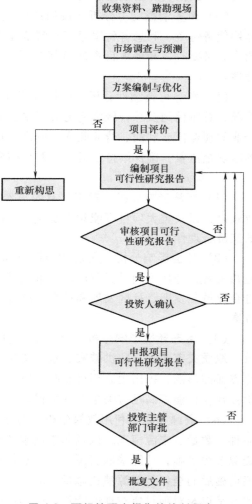

图4-3　可行性研究报告的编制程序

三、环境影响评价报告

（一）环境影响评价报告的编制依据

1. 法律及法规方面

1）《环境保护法》（主席令第9号）。

2）《环境影响评价法》（主席令第48号）（2016年修订）。

3）《大气污染防治法》（主席令第31号）。

4）《水污染防治法》（主席令第70号）。

5）《清洁生产促进法》。

6）《建设项目环境保护管理条例》（国务院令第682号）。

7）《国务院关于进一步加强环境保护工作的决定》。

8）《建设项目环境保护分类管理名录》（环发〔2001〕17号）。

9）《关于进一步加强环境影响评价管理防范环境风险的通知》（环发〔2012〕77号）。

10）《建设项目环境影响评价分类管理名录》（环境保护部令第44号）。

11）具有区域环境保护性质的地方性法规。

2. 技术标准与规程方面

1）《环境影响评价技术导则大气环境》。

2）《环境影响评价技术导则地表水环境》。

3）《环境影响评价技术规范大气环境》。

4）《环境影响评价技术规范地表水环境》。

5）《建设项目环境影响评价技术规范（生态环境部分）》。

6）《建设项目环境影响报告书（表）编制技术指南》。

7）《建设项目环境影响评价技术导则总纲》（HJ 2.1—2016）。

3. 拟建项目依据

1）相关规划（城市总体规划，土地利用规划）。

2）其他相关法律、法规、规划、产业政策等。

3）其他有关工程技术资料。

4）投资人的组织机构、经营范围、财务能力等。

（二）环境影响评价报告的内容

1. 环境影响评价报告书的内容

1）建设项目概况。

2）建设项目周围环境现状。

3）建设项目对环境可能造成影响的分析、预测和评估。

4）建设项目环境保护措施及其技术、经济论证。

5）建设项目对环境影响的经济损益分析。

6）对建设项目实施环境监测的建议。

7）环境影响评价的结论。

2. 环境影响报告表（登记表）的内容

1）建设项目基本情况。

2）建设项目所在地自然环境、社会环境简况。

3）环境质量现状。

4）评价适用标准。

5）建设项目工程分析。

6）项目主要污染物产生及预计排放情况。

7）环境影响分析。

8）建设项目拟采取的防治措施及预期治理效果。

9）结论与建议。

（三）环境影响评价报告的编制程序

《环境影响评价法》规定环境影响评价报告书或者环境影响评价报告表，应当由具有相应环境影响评价资质的机构编制，任何单位和个人不得为建设单位指定对其建设项目进行环境影响评价的机构。

除国家规定需要保密的情形外，对环境可能造成重大影响、应当编制环境影响报告书的建设项目，建设单位应当在报批建设项目环境影响报告书前，举行论证会、听证会，或者采取其他形式，征求有关单位、专家和公众的意见。

建设项目环境影响评价报告的编制程序如图4-4所示。

（四）环境影响评价报告编制注意事项

1. 内容完整

环境影响报告书编制包括前言、总则、建设项目概况与工程分析、环境现状调查与评价、环境影响预测与评价、社会环境影响评价、环境风险评价、环境保护措施及其经济、技术论证、清洁生产分析和循环经济、污染物排放总量控制、环境影响经济损益分析、环境管理与环境监测、公众意见调查、环境影响评价结论等内容。

2. 客观真实

委托单位和环评机构对环境影响报告书简本内容的真实性负责。报告书简本不应涉及国家秘密、商业秘密和个人隐私等内容。

3. 具有可读性

报告书简本应简明扼要、通俗易懂，规范使用专业术语，尽量减少技术推导过程的描述。

4. 注意信息安全

公众参与篇章中涉及个人隐私的信息在公告时应做必要的技术处理。

四、节能评价报告

节能评价是指根据国家节能法规、标准，对投资项目的能源利用是否科学合理进行的分析评价。

（一）节能评价报告的编制依据

1)《节约能源法》。

2)《中共中央国务院关于完整准确全面贯彻新发展理念做好碳达峰碳中和工作的意见》。

3)《国务院关于印发"十四五"节能减排综合工作方案的通知》（国发〔2021〕33号）。

4)《固定资产投资项目节能审查办法》（国家发展改革委令第2号）。

5)《国家发展改革委市场监管总局关于进一步加强节能标准更新升级和应用实施的通知》（发改环资规〔2023〕269号）。

6)国家明令淘汰的用能产品、设备、生产工艺等目录。

7)《能源管理体系 要求及使用指南》（GB/T 23331—2020）。

8)《工业企业能源管理导则》（GB/T 15587—2008）。

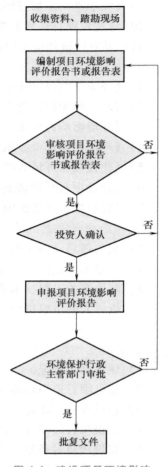

图4-4 建设项目环境影响评价报告的编制程序

9）其他相应的技术规范。

10）拟建项目的审批文件、项目基本情况、用能情况。

11）项目所在地的社会经济状况、主要气候特征。

12）其他相关资料。

（二）节能评价报告的内容

项目节能评价报告应包括下列内容：

1）项目概况。

2）评价依据。

3）项目建设及运营方案节能分析和比选，包括总平面布置、生产工艺、用能工艺、用能设备和能源计量器具等方面。

4）节能措施及其技术、经济论证。

5）项目能效水平、能源消费情况，包括单位产品能耗、单位产品化石能源消耗、单位增加值（产值）能耗、单位增加值（产值）化石能源消耗、能源消费量、能源消费结构、化石能源消费量、可再生能源消费量和供给保障情况、原料用能消费量；有关数据与国家、地方、行业标准及国际、国内行业水平的全面比较。

6）项目实施对所在地完成节能目标任务的影响分析。

具备碳排放统计核算条件的项目，应在节能报告中核算碳排放量、碳排放强度指标，提出降碳措施，分析项目碳排放情况对所在地完成降碳目标任务的影响。

（三）节能评价报告的编制程序

节能评价报告的编制程序如图4-5所示。

（四）节能评价报告编制注意事项

1）项目节能审查条件：

① 节能评估依据的法律法规、标准规范、政策等准确适用。

② 项目用能分析客观准确，方法科学，结论准确。

③ 节能措施合理可行。

④ 项目的能源消费量和能效水平能够满足本地区能源消耗总量和强度"双控"管理要求等。

2）建设单位应对节能报告的真实性、合法性和完整性负责。

3）固定资产投资项目节能审查由地方节能审查机关负责。

① 国家发展改革委核报国务院审批以及国家发展改革委审批的政府投资项目，建设单位在报送项目可行性研究报告前，需取得省级节能审查机关出具的节能审查意见。国家发展改革委核报国务院核准以及国家发展改革委核准的企业投资项目，建设单位需在开工建设前取得省级节能审查机关出具的节能审查意见。

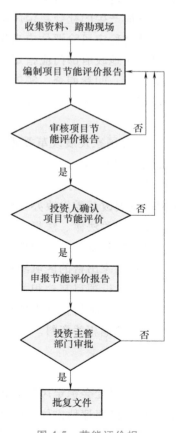

图4-5　节能评价报告的编制程序

② 建设单位需在开工建设前取得节能审查机关出具的节能审查意见。未按规定进行节能审查，或节能审查未通过的项目，建设单位不得开工建设，已经建成的不得投入生产、使用。

③ 年综合能源消费量5000t标准煤以上（改扩建项目按照建成投产后年综合能源消费增量计算，电力折算系数按当量值，下同）的固定资产投资项目，其节能审查由省级节能审查机关负责。其他固定资产投资项目，其节能审查管理权限由省级节能审查机关依据实际情况自行决定。

④ 年综合能源消费量不满1000t标准煤，且年电力消费量不满500万kWh的固定资产投资项目，以及用能工艺简单、节能潜力小的行业（具体行业目录由国家发展改革委制定并公布）的固定资产投资项目应按照相关节能标准、规范建设，不再单独进行节能审查。

五、项目社会稳定风险评估

按照中国基本建立的社会稳定风险评估制度，与人民群众利益密切相关的重大决策、重大改革措施、重大工程建设项目，与社会公共秩序相关的重大活动等重大事项在制定出台或审批审核、组织实施前，对可能影响社会稳定的因素开展系统的调查、科学的预测、分析和评估，制定风险应对策略和预案，确保有效预防、规避、控制重大事项在实施过程中或在实施后可能产生的社会稳定风险，为重大事项的顺利实施保驾护航。

社会稳定风险评估应当作为项目可行性研究项目申请报告的重要内容，并设独立篇章。项目所在地政府部门应指定评估主体，对项目单位做出社会稳定风险评估，开展评估论证，采取公示、问卷调查、实体走访和召开座谈会、听证会等多种形式听取各方意见，分析判断并确定风险等级，提出社会稳定风险评估报告。

（一）社会稳定风险评估的依据

1）《国家发展改革委重大固定资产投资项目社会稳定风险评估暂行办法》（发改投资〔2012〕2492号）。

2）《重大固定资产投资项目社会稳定风险分析篇章和评估报告编制大纲（试行）》（国家发展改革委发改办投资〔2013〕428号）。

3）相关法律、法规、规章、规范性文件以及其他政策性文件。

4）项目单位提供的拟建项目基本情况和风险分析所需的必要资料。

5）国家出台的区域经济社会发展规划、国务院及有关部门批准的相关规划。

6）建设项目其他相关政策文件与资料。

7）拟建项目投资人的组织机构、经营范围、财务能力等。

8）其他相关资料。

（二）社会稳定风险评估的内容

1. 风险调查评估及各方意见采纳情况

阐述对社会稳定风险分析篇章中风险调查的广泛性、代表性、真实性等进行评估的过程和结果。说明评估主体根据实际需要直接开展或者要求项目单位开展补充风险调查的情况。对收集的拟建项目各方面意见进行梳理和比较分析，形成能够反映实际情况的信息资料，并阐述其采纳情况。

2. 风险识别和估计的评估

一是风险识别评估。对风险分析篇章中风险识别的完整性和确定性提出评估意见；根据风险调查评估结果，对拟建项目可能引发的主要社会稳定风险因素进行补充完善，并汇总。二是风险估计评估。对风险分析篇章中风险估计的客观性、分析内容的完备性、分析方法的适用性提出评估意见；预测估计主要风险因素发生概率、影响程度和风险程度。

3. 风险防范和化解措施的评估

对社会稳定风险分析篇章中提出的风险防范、化解措施进行评估，并补充完善。针对拟建项目可能引发的社会稳定风险，进一步补充完善和明确落实各项防范、化解措施的责任主体和协助单位、具体负责内容、风险控制节点、实施时间和要求。

4. 落实措施后的风险等级确定

对风险分析篇章中风险等级判断方法、评判标准的选择运用是否恰当、风险等级判断结果是否客观合理，提出评估意见；结合补充的重要风险因素，综合以上评估结果，确定项目落实防范、化解风险措施后的项目风险等级。

（三）社会稳定风险评估的工作程序

1. 制定评估工作方案

评估主体首先要制定评估工作方案。评估工作方案应明确风险评估的组织机构、职责分工、工作进度、工作方法与要求、拟征询意见对象及方法、风险评估报告大纲等事项。

2. 收集和审阅相关资料

评估主体应全面收集并认真审阅社会稳定风险评估相关资料，主要包括但不限于以下文件：项目可行性研究报告、项目申请报告及其社会稳定风险分析篇章；国家和地方相关法律、法规和政策；拟建项目前期审批相关文件，包括城乡规划、国土资源、环境保护等部门出具的规划选址、用地预审、环境影响评价文件等；相关规划与标准规范；同类或类似项目决策风险评估资料等。

3. 充分听取意见

根据对拟建项目社会稳定风险分析篇章的审阅结果，结合项目所在地的实际情况，根据需要补充开展民意调查，向受拟建项目影响的相关群众了解情况，对受拟建项目影响较大的群众要重点走访，当面听取意见。听取意见要注意对象的广泛性和代表性，注意方式方法，确保收集意见的真实性和全面性；讲清项目相关的法律和政策依据、项目方案、项目建设和运行全过程可能产生的影响，以便群众了解真实情况、表达真实意见。

4. 全面评估论证

分门别类梳理各方意见，参考相同或类似项目引发社会稳定风险的情况，重点围绕拟建项目建设实施的合法性、合理性、可行性、可控性进行客观、全面地评估论证；对拟建项目所涉及的风险调查、风险识别、风险估计、风险防范和化解措施、风险等级评判等内容逐项进行评估论证，特别是对风险因素、风险发生概率、可能引发矛盾纠纷的激烈程度和持续时间、涉及人员数量、可能产生的各种负面影响以及相关风险的可控程度进行评估论证。

5. 确定风险等级

根据项目所在地人民政府确定的社会稳定风险评估指标或评判标准，在综合考虑各方意见和全面分析论证的基础上，按照《国家发展改革委重大固定资产投资项目社会稳定风险评估暂行办法》的风险等级划分标准，对拟建项目的社会稳定风险等级做出客观、公正的判断，确定项目社会稳定风险的高、中、低等级。

6. 编制评估报告

拟建项目社会稳定风险评估报告应包括基本情况、评估内容、评估结论。

社会稳定风险评估工作程序如图4-6所示。

（四）项目社会稳定风险评估注意事项

1）风险调查结果的真实性和可信性。

2）风险防范、化解措施的合法性、系统性、完整性、全面性、合理性、有效性。

3）主要风险因素的完整性。

4）风险等级评判方法、评判标准选择的合适性。

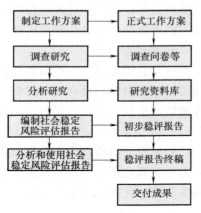

图4-6　社会稳定风险评估工作程序

六、水土保持方案

水土保持方案的编制对于保护和改善生态环境、减少水土流失、保障工程建设和经济社会可持续发展具有重要意义。它可以指导水土保持工程的设计、施工和管理，提高水土保持工程的效益和质量，保障工程建设的安全和稳定。同时，它还可以为政府部门制定水土保持政策和法规提供科学依据，促进水土保持事业的健康发展。

（一）水土保持方案的编制依据

1）《水土保持法》（主席令第39号）（2010年修订）。

2）《水土保持法实施条例》（国务院令第120号）（2011年修订）。

3）《开发建设项目水土保持方案管理办法》（水保〔1994〕513号）。

4）《开发建设项目水土保持方案技术规范》（GB 50433—2008）。

5）《开发建设项目水土流失防治标准》（GB 50434—2008）。

6）建设项目的其他相关政策文件与建设资料。

7）拟建项目投资人的组织机构、经营范围、财务能力等。

8）根据不同行业项目的特殊要求需要的其他相关资料。

（二）水土保持方案的内容

1. 项目建议书阶段的水土保持方案

1）简要说明项目区水土流失现状与环境状况，预防监督与治理状况。

2）明确水土流失防治责任。

3）初步分析项目建设过程中可能对水土流失的影响。

4）提出水土流失防治总体要求，初拟水土流失防治措施体系及总体布局，提出下一阶段要解决的主要问题。

5）确定水土保持投资估算的原则和依据，匡算水土保持投资。

2. 可行性研究阶段的水土保持方案

1）开展相应深度的勘测与调查以及必要的试验研究。

2）从水土保持角度论证主体工程设计方案的合理性及制约因素。

3）对主体工程的选址（线）、总体布置、施工组织、施工工艺等比选方案进行水土保持分析评价，对主体工程提出优化设计要求和推荐意见。

4）估算弃土（石、渣）量及其流向，分析土石方平衡，初步提出分类堆放及综合利用的途径。

5）基本确定水土流失防治责任范围、水土流失防治分区及水土流失防治目标等。

6）分析工程建设过程中可能引起水土流失的环节、因素，定量预测水力侵蚀、风力侵蚀量及分布、定性分析引发重力侵蚀、泥石流等灾害的可能性。定性分析开发建设所造成的水土流失危害类型及程度。

7）确定水土流失防治措施总体布局，按防治工程分类进行典型设计并明确工程设计标准，估算工程量。对主要防治工程的类型、布置进行比选，基本确定防治方案。初步拟定水土保持工程施工组织设计。

8）基本确定水土保持监测内容、项目、方法、时段、频次，初步选定地面监测的点位。估算所需的人工和物耗。

9）编制水土保持工程投资估算，估算防治措施的分项投资及总投资，分析水土保持效益，定量分析水土流失防治效果。

10）拟定水土流失防治工作的保障措施。

（三）水土保持方案的编制程序

1）应根据建设工程的类型和特点，对评估区地质、地貌、气象、水文、土壤、植被等内容进行调查。

2）描述项目区的基本概况。

3）主体工程水土保持分析与评价。

4）水土流失防治责任范围及防治分区。

5）水土流失防治措施布局。

6）水土流失防治措施实施保障。

7）水土保持方案编制。

水土保持方案的编制程序如图4-7所示。

（四）水土保持方案的编制注意事项

1）水土流失防治责任范围应明确。

2）水土流失防治措施合理、有效，与周边环境相协调，并达到主体工程设计深度。

3）水土保持投资估算编制依据可靠、方法合理、结果正确。

4）水土保持监测的内容和方法得当。

七、地质灾害危险性评估

地质灾害危险性评估是指对某一地区或某一工程建设项目可能遭受的地质灾害的危险性进行定量评价和预测的过程。其目的是为了预防和减轻地质灾害对人类生命财产和环境的危害，保障社会稳定和经济发展。在地质灾害易发区内进行工程建设应当在可行性研究阶段进行地质灾害危险性评估，并将评估结果作为可行性研究报告的组成部

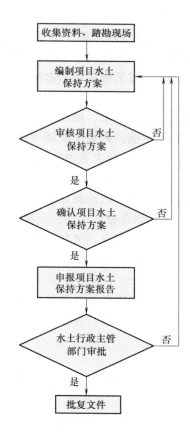

图 4-7　水土保持方案的编制程序

分；可行性研究报告未包含地质灾害危险性评估结果的，不得批准其可行性研究报告。

地质灾害危险性评估成果应按照国土资源（或自然资源）主管部门的有关规定组织专家审查、备案后，方可提交立项、用地审批使用。

（一）地质灾害危险性评估的编制依据

1)《地质灾害防治条例》（国务院令第 394 号）。

2)《国务院办公厅转发国土资源部、建设部关于加强地质灾害防治工作意见的通知》（国办发〔2001〕35 号）。

3)《国土资源部关于加强地质灾害危险性评估工作的通知》（国土资发〔2004〕69 号）。

4)《地质灾害危险性评估规范》（DZ/T 0286—2015）。

5)《建设用地地质灾害危险性评估技术要求》（试行）。

6) 建设项目的其他相关政策文件与建设资料。

7) 拟建项目投资人的组织机构、经营范围、财务能力等。

8) 根据不同行业项目的特殊要求需要的其他相关资料。

（二）地质灾害危险性评估的内容

地质灾害危险性评估主要工作内容有以下几个方面：

1) 确定评估范围与等级：在收集气象水文、地形地貌、水文地质、工程地质、环境地质、地震资料及工程初步设计等资料后，确定评估范围与等级。

2) 地质环境条件调查与分析：包括区域地质背景、气象水文、地形地貌、地层岩石、地质构造、水文地质条件、工程地质条件、人类工程活动等八个地质环境条件的特征与变化规律及其对工程建设的影响程度。

3) 进行地质灾害现状评估：通过踏勘和地质环境与地质灾害调查，了解评估区的气象水文、地形地貌、地层岩石、地质构造、水文地质、岩石性质和地质灾害发育现状及对拟建项目的影响，判定地质环境的复杂程度，做出地质灾害现状评估。

4) 对地质灾害做出预测评估：综合分析研究工程项目特征和评估区地质环境条件，研究工程建设与地质环境的相互影响，对工程建设可能引发或加剧与工程建设本身可能遭受的地质灾害而做出预测评估。

5) 综合分区评估，并提出防治措施和建议：依据现状评估和预测评估结果，分区段划分出危险性等级，进行地质灾害危险性综合分区评估。对建设场地使用适宜性，提出地质灾害防治措施和建议。

（三）地质灾害危险性评估报告的内容

地质灾害危险性评估报告的内容主要包括前言、评估工作概述、地质环境条件调查、地质灾害危险性现状评估、地质灾害危险性预测评估、地质灾害危险性综合分区评估及防治措施等。

1. 前言

说明评估任务由来，评估工作的依据，主要任务和要求。

2. 评估工作概述

1) 工程和规划概况与征地范围。

2) 以往工作程度。

3）工作方法及完成工作量。

4）评估范围与级别的确定：应根据建设工程用地及规划区范围、地质环境条件、地质灾害类型及其影响范围确定。

5）评估的地质灾害类型：调查评估区地质灾害类型，形成条件、分布特征、规模、结构、发育程度、危害程度和诱发因素。

3. 地质环境条件调查

1）区域地质背景：描述区域地质构造条件复杂程度，建设场地是否有全新的活动断裂。

2）气象水文：一是收集评估区气候类型和气象要素，包括降水、气温、蒸发、湿度、冻土深度等。二是收集评估区地表水水文要素，包括流域特征、流量、水位、含沙量、历史洪水及洪涝灾情等。

3）地形地貌：描述地形复杂程度，相对高差，地面坡度，地貌类型等。

4）地层岩性：岩性岩相复杂度，岩土体结构复杂程度，工程地质性质状况。

5）地质构造：描述地质构造复杂程度，断裂是否发育，岩体破碎程度。

6）水文地质条件：描述含水层的层数，水位年际变化情况，水文地质条件情况。

7）工程地质条件：通过收集、调查或采样测试，阐明各岩土体工程地质特征与物理力学性质，结合工程建设的特点进行工程地质评价。

8）人类工程活动对地质环境的影响：调查评估区人类工程活动的位置、类型、强度、规模及对地质环境条件的影响，调查评估区人类工程活动引发地质灾害的可能性。

4. 地质灾害危险性现状评估

1）地质灾害类型特征：调查评估区地质灾害类型、形成条件、分布特征、规模、结构、发育程度、危害程度和诱发因素。

2）地质灾害危险性现状：根据地质灾害体的发育程度、危害程度和诱发因素，结合地质环境条件，进行地质灾害危险性现状评估。

3）现状评估结论。

5. 地质灾害危险性预测评估

1）工程建设引发地质灾害危险性预测评估：应在现状评估的基础上，结合工程建设类型和工程建设特点进行地质灾害危险性预测评估。

2）建设工程遭受地质灾害危险性预测评估：应对提出的工程建设中地质灾害防治措施建议可行性进行分析评估。分析建设工程竣工后在运营期间对地质环境条件改变可能引发的地质灾害，结合建设工程建设类型和建设工程运营特点进行地质灾害危险性预测评估。

3）预测评估结论。

6. 地质灾害危险性综合分区评估及防治措施

1）地质灾害危险性综合评估原则与量化指标的确定：根据地质灾害危险性现状评估和预测评估结果，充分考虑评估区地质环境条件的差异和潜在地质灾害隐患点的分布、发育程度、危害程度和诱发因素，确定判别区段危险性的量化指标。

2）地质灾害危险性综合分区评估：根据"区内相似，区际相异"的原则，采用定性、定量分析法，进行评估区地质灾害危险性等级分区（段）。根据地质灾害危险性、防治难度和防治效益，对评估区建设场地的适宜性做出评估，提出防治地质灾害的措施建议。

3）建设用地适宜性分区评估：建设用地适宜性由地质环境条件复杂程度、工程建设引发和建设工程遭受地质灾害的危险性、地质灾害防治难度三方面确定。

4）防治措施建议。

（四）地质灾害危险性评估的程序

地质灾害危险性评估工作主要包括编制评估工作大纲、地质灾害综合调查、资料整理、评估报告编制与评审等几个方面。

1）编制评估工作大纲，确定评估范围及级别等。

2）进行地质灾害综合调查，确定地质灾害的类型及评价要素，对地质灾害进行综合评估，确定建设用地防治区划分析，并提出科学合理的预防治理措施。

3）进行资料整理及报告编制。

4）编审地质灾害危险性评估报告。

地质灾害危险性评估程序如图 4-8 所示。

（五）地质灾害危险性评估的注意事项

1. 评估范围

地质灾害危险性评估范围不应局限于建设用地和规划用地范围内，应根据拟建项目的特点、地质环境条件和地质灾害的影响范围予以确定。评估范围应包括拟建工程用地和地质灾害影响区域，并考虑外围地质灾害对其的影响。若危险性仅限于用地范围内，可按用地范围进行评估。

2. 评估等级

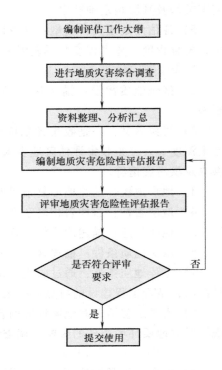

图 4-8　地质灾害危险性评估程序

根据《地质灾害危险性评估规范》（DZ/T 0286—2015）的有关规定，地质灾害危险性评估分级按照地质环境条件复杂程度与建设项目重要性划分为三级，见表 4-1。

表 4-1　地质灾害危险性评估分级表

评估分级　　复杂程度 项目重要性	复杂	中等	简单
重要建设项目	一级	一级	一级
较重要建设项目	一级	二级	三级
一般建设项目	二级	三级	三级

注：建设项目重要性分类和地质环境条件复杂程度分类见《地质灾害危险性评估规范》（DZ/T 0286—2015）。

3. 危险性评估报告书的提交

地质灾害危险性一、二级评估提交危险性评估报告书，三级评估提交危险性评估说明书。

4. 地质灾害危险性评估报告评审

目前各地方对地质灾害危险性评估报告评审普遍实行质量等级评定制度。评估报告的质量分为：优秀（90 分 ≤ 综合评分 ≤ 100 分）、良好（75 分 ≤ 综合评分 < 90 分）、合格

（60 分≤综合评分<75 分）、不合格（综合评分<60 分）四个等级。评分方式一般由每个评审专家自行评分，而后再取平均分作为综合评分（四舍五入，给出整数分）。评估报告质量等级作为评估单位资信年检考核和晋升资信等级的参考依据。

八、安全预评价

安全预评价是指在建设项目可行性研究阶段、工业园区规划阶段或生产经营活动组织实施之前，根据相关的基础资料，辨识与分析建设项目、工业园区、生产经营活动潜在的危险、有害因素，确定其与安全生产法律法规、标准、行政规定、规范的符合性，预测发生事故的可能性及其严重程度，提出科学、合理、可行的安全对策及措施建议，做出安全评价结论的活动。安全预评价应根据规定编制安全预评价报告。

（一）安全预评价的依据

1）《安全生产法》（主席令第 70 号）。

2）《建设工程安全生产管理条例》（国务院令第 393 号）。

3）《国务院关于进一步加强企业安全生产工作的通知》（国发〔2010〕23 号）。

4）《建设项目安全实施"三同时"监督管理暂行办法》（国家安全生产监督管理总局令第 36 号）。

5）《海洋石油安全生产规定》（国家安全生产监督管理总局令第 4 号）。

6）《危险化学品建设项目安全许可实施办法》（国家安全生产监督管理总局令第 8 号）。

7）《冶金企业安全生产监督管理规定》（国家安全生产监督管理总局令第 26 号）。

8）《关于加强建设项目安全设施"三同时"工作的通知》（发改投资〔2003〕1346 号）。

9）《建设领域安全生产行政责任规定》（建法〔2002〕223 号）。

10）《安全评价通则》（AQ 8001—2007）。

11）《安全预评价导则》（AQ 8002—2007）。

12）其他安全生产及行业标准。

13）拟建项目选址意见书、项目拟建场地的总平面图。

14）拟建项目其他相关政策文件与资料。

15）投资人的组织机构、经营范围、财务能力等。

16）其他相关资料。

（二）安全预评价的内容

1. 安全预评价的分类管理

《建设项目安全设施"三同时"监督管理办法》规定，下列建设项目在进行可行性研究时，生产经营单位应当按照国家规定，进行安全预评价：

1）非煤矿矿山建设项目。

2）生产、储存危险化学品（包括使用长输管道输送危险化学品，下同）的建设项目。

3）生产、储存烟花爆竹的建设项目。

4）金属冶炼建设项目。

5）使用危险化学品从事生产并且使用量达到规定数量的化工建设项目（属于危险化学品生产的除外）。

6）法律、行政法规和国务院规定的其他建设项目。

2. 安全预评价报告的基本内容

根据《安全预评价导则》（AQ 8002—2007）的规定，安全预评价报告的基本内容如下：

1）结合评价对象的特点，叙述编制安全预评价报告的目的。

2）列出有关的法律法规、规章、标准、规范和评价对象被批准设立的相关文件及其他有关参考资料等安全预评价的依据。

3）介绍评价对象的选址、总图及平面布置、水文情况、地质条件、工业园区规划、生产规模、工艺流程、功能分布、主要设施、设备、装置、主要原材料、产品（中间产品）、经济技术指标、公用工程及辅助设施、人流、物流等概况。

4）列出辨识与分析危险、有害因素的依据，阐述辨识与分析危险、有害因素的过程。

5）阐述划分评价单元的原则、分析过程等。

6）列出选定的评价方法，并做简单介绍。阐述选定此方法的理由。详细列出定性、定量评价过程。明确重大危险源的分布、监控情况以及预防事故扩大的应急预案的内容。给出相关的评价结果，并对得出的评价结果进行分析。

7）列出安全对策与措施建议的依据、原则、内容。

8）做出评价结论。

（三）安全预评价的工作程序

安全预评价程序按《安全评价过程控制》执行，包括前期准备、评价单元划分、风险识别与分析、定性定量评价、安全对策与措施建议、评价结果综述、安全预评价报告编制等。

安全预评价工作程序如图4-9所示。

（四）安全预评价报告的编制注意事项

1）安全预评价报告是安全预评价工作过程的具体体现，其文字应简洁、准确，也可同时采用图表和照片，以使评价过程和结论清楚、明确。

2）评价报告内容应全面，条理应清楚，数据应完整，提出建议应可行，评价结论应客观公正。

3）评价报告的主要内容应包括评价对象的基本情况、评价范围和评价重点、安全评价结果及安全管理水平、安全对策意见和建议，施工现场问题照片以及明确整改时限。

九、交通影响评价

交通影响评价是通过分析拟建项目对周边交通系统运行的影响，对建设项目选址、规模、规划设计方案在交通方面的合理性进行评价，并提出改善措施，帮助规

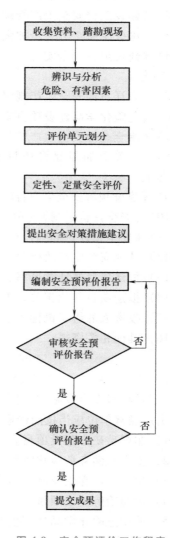

图4-9 安全预评价工作程序

划、建设、交通等管理部门在项目决策时做出最佳决策。

（一）交通影响评价的依据

1）《城乡规划法》（主席令第 74 号）。

2）《道路交通安全法》（主席令第 47 号）（2011 年修正）。

3）《道路交通安全法实施条例》（国务院令第 405 号）。

4）《国务院办公厅转发公安部建设部关于实施全国城市道路交通管理"畅通工程"意见的通知》（国办发〔2000〕18 号）。

5）《城市规划编制办法》（建设部令第 146 号）。

6）《建设项目交通影响评价技术标准》（CJJ/T 141—2010）及其他相关的标准和规范。

7）与项目相关的城镇总体规划、控制性详细规划、城镇综合交通规划和专项交通规划。

8）建设项目的现状与规划土地利用资料、建设项目的现状交通资料、评价范围内的现状与规划土地利用资料、评价范围内的现状与规划交通资料、类似项目交通出行特征资料等。

9）拟建项目投资人的组织机构、经营范围、财务能力等。

10）根据不同行业项目的特殊要求需要的其他相关资料。

（二）交通影响评价报告的内容

交通影响评价报告一般包括以下内容：

1）建设项目概况。

2）评价范围与年限。

3）评价范围现状与规划情况。

4）现状交通分析。

5）交通需求预测。

6）交通影响程度评价。

7）交通系统改善措施与评价。

8）结论及建议。

（三）交通影响评价的程序

建设项目交通影响评价报告重点考虑以下几个方面：

交通影响评价工作程序主要包括编制评价工作大纲、进行现状调查及分析、交通量预测、交通影响分析评价、交通组织规划、评价报告编制及评审等。

1）编制评价工作大纲：在收集建设项目用地、规划、设计方案等资料后，进行现场勘察，了解项目周边的道路网现状和规划情况以及建筑情况等，结合拟建项目的特点，依据相关规定，编制评价工作大纲，确定研究范围及预测年限，进行工作部署，提出质量监控措施。

2）进行现状调查及分析：对项目周边道路网进行交通量调查，了解当地交通流时空变化、道路服务水平、停车设施供需状况等，在掌握相关信息后进行分析，并对类似已建项目进行调查，为拟建项目提供数据支撑。同时对不同类型的建筑，还要进行不同需求分析。

3）交通量预测：一是为背景交通量的预测；二是为诱增交通量的预测。然后将两种量相加，获得未来交通需求。

4）交通影响分析评价：考虑项目建成并充分投入使用时，估计周边道路的高峰小时交通量，进行服务水平的灵敏度分析，并计算由于项目新增的交通量所占总的新增交通量的比例，以确定由于项目开发对周边道路网的影响程度。

5）交通组织规划：在交通评价的基础上，对项目的交通诱导系统和交通组织路线进行设计，使其路线简捷、通畅；并且行驶者对路线清晰明了。

6）评价报告编制及评审：在对相关资料及分析结果的基础上，编制交通影响评价报告。再由公安交通管理部门组织有关单位进行现场勘验，对需要进行评审的，组织规划、建设、交通等有关部门和专家进行评审，项目投资人、全过程工程咨询单位等派人参加评审。

交通影响评价的工作程序如图4-10所示。

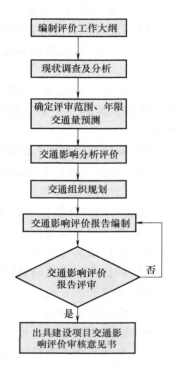

图 4-10　交通影响评价的工作程序

（四）交通影响评价注意事项

1. 交通影响评价基本原则

1）项目交通影响评价的核心原则是建立合理的土地开发与交通系统之间的匹配关系，落实"以人为本"的交通发展策略。

2）在交通设施布局与交通运行组织上，坚持公共交通优先，突出交通的集约与节约，落实国家关于优先发展公共交通的政策，形成与公共交通发展密切配合的土地开发模式。

3）坚持以人为本的设计思想，统筹考虑建设项目交通生成中的机动车交通与公共交通、自行车、行人等多种方式的出行需求，避免完全以机动车交通为核心，而忽略对公共交通和慢行交通的评价。

2. 建设项目分类

1）交通影响评价应根据用地类型、建筑物使用性质和交通出行特征，对建设项目进行分类。

2）大类应依据用地类型和建筑物使用功能确定，划分为11大类，包括住宅、商业、服务、办公、场馆、园林、医疗、学校、交通工业、混合、其他。

3）城市和镇应在大类基础上按照本地建设项目交通出行特征进行中类划分。中类划分应符合相关规定。

4）城市和镇宜在中类基础上按照建设项目的交通出行特征划分小类。

5）城市和镇应通过分类调查确定不同类别建设项目的出行率等出行参数。

3. 交通影响评价启动阈值

1）城市和镇应根据本地交通系统状况以及建设项目分类、区位和规模，确定本地建设项目交通影响评价启动阈值。

2）建设项目规模或指标达到或超过规定的交通影响评价启动阈值时，应进行交通影响评价。

3）建设项目报建阶段交通影响评价启动阈值应符合交通影响评价技术标准的相关规定。

十、资源综合开发利用评估

资源综合开发指的是综合利用土地资源、森林资源、草地资源、水资源、气候资源、矿产资源、海洋资源、能源资源和其他资源等。资源的综合开发利用应编制评估报告，报告的编制主要依据国家相关的法律法规、政策文件、技术规范、评价标准以及其他可以参考评价的资料。

（一）资源综合开发利用评估的依据

1）《环境保护法》。

2）《土地管理法》。

3）《矿产资源法》。

4）《深海海底区域资源勘探开发法》。

5）《水法》。

6）《森林法》。

7）《土地管理法实施条例》。

8）其他相关资料。

（二）资源综合开发利用评估的内容

1. 资源的分布、储量、开发利用现状

资源综合开发利用评估报告需要对资源的分布、储量、开发利用现状进行详细的描述和分析，包括资源的种类、数量、分布状况、开发历史等方面的信息。

2. 资源利用效率

资源利用效率是评估资源综合开发利用情况的重要指标。资源综合开发利用评估报告需要对资源利用效率进行评估，包括资源的开采量、加工量、销售量、利用率等方面的数据。

3. 资源环境影响

资源综合开发利用评估报告的内容包括资源开发利用对环境的影响的评估，也包括对资源开发过程中产生的污染物、生态破坏等方面的评估。

4. 经济效益

资源综合开发利用评估报告需要对资源开发利用的经济效益进行评估，包括资源开发利用对当地经济发展的贡献、资源开发利用的成本和收益等方面的评估。

5. 资源可持续性

资源可持续性是评估资源综合开发利用情况的重要方面。资源综合开发利用评估报告需要对资源的可持续性进行评估，包括资源的补充能力、开发强度、利用率等方面的评估。

6. 评估方法和评估结果

资源综合开发利用评估报告需要对评估方法和评估结果进行详细的描述和分析。评估方法应该科学、合理、可靠，评估结果应该准确、客观、可信。

（三）资源综合开发利用评估的程序

1. 收集评估所需数据和资料

资源综合开发利用评估报告需要收集评估所需的数据和资料，包括资源的分布、储量、开发利用现状、资源环境影响、经济效益等方面的数据和资料。

2. 分析评估所需数据和资料

资源综合开发利用评估报告需要对评估所需的数据和资料进行分析，包括对数据和资料的真实性、准确性、完整性进行核实，对数据和资料进行归纳、整理和分析。

3. 选择评估方法和模型

资源综合开发利用评估报告需要选择合适的评估方法和模型。评估方法和模型应该科学、合理、可靠，能够准确反映资源综合开发利用的情况。

4. 计算评估指标和结果

资源综合开发利用评估报告需要根据评估方法和模型计算评估指标和结果。评估指标和结果应该准确、客观、可信。

5. 编写评估报告

资源综合开发利用评估报告需要根据评估结果和分析结果进行编写。评估报告应该包括评估背景、评估目的、评估范围、评估方法和模型、评估指标和结果、建议和措施等方面的内容。

资源综合开发利用评估的程序如图4-11所示。

（四）资源综合开发利用评估的注意事项

1. 资源开发方案评估

通过拟开发利用资源的可开发量、自然品质、赋存条件、开发价值等的分析评估，对开发方案是否符合资源开发利用的可持续发展战略要求、是否符合保护资源环境的政策规定、是否符合资源开发总体规划及综合利用的相关要求等提出评估意见。

2. 资源利用方案评估

对于需要占用重要资源的拟建项目，从发展循环经济、建设资源节约型社会等角度，对主要资源占用品种、数量、来源情况、综合利用方案的合理性进行分析评估；通过对单位生产能力主要资源消耗量指标与国内外水平的对比分析，对资源利用效率的先进程度提出评估论证意见；评估拟建项目是否会对地下水等其他资源造成不利影响。

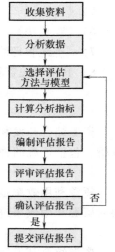

图4-11 资源综合开发利用评估的程序

3. 资源节约措施评估

对项目评估报告中提出的作为原材料的各类金属矿、非金属矿及水资源节约措施方案的合理性提出评估意见；对拟建项目采取资源节约措施后的资源消耗指标进行对比分析，评估项目方案是否符合国家有关资源节约及有效利用的相关政策要求；对于在提高资源利用效率、降低水资源消耗及主要金属矿、非金属矿等资源消耗方面所采取的措施是否可行提出咨询评估意见。

第四节 决策阶段投资管控

决策阶段投资管控主要体现在项目建议书、可行性研究报告和项目决策中，对投资估算编制的把控，要求做到依据充分、方法得当、计算精度符合要求。

一、决策阶段投资管控概述

(一) 建设项目总投资的构成

建设项目总投资是为完成工程项目建设并达到使用要求或生产条件，在建设期内预计或实际投入的全部费用总和，如图 4-12 所示。

根据国家发改委和建设部发布的《建设项目经济评价方法与参数》（第 3 版）（发改投资〔2006〕1325 号）的规定，建设项目总投资一般包括静态投资、动态投资和流动资金三部分。

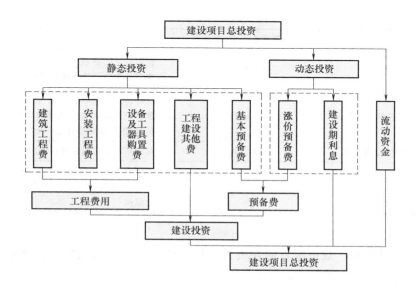

图 4-12　建设项目总投资构成

1. 静态投资

静态投资由工程费用（包括建筑工程费、安装工程费、设备及工器具购置费）、工程建设其他费和基本预备费构成。

工程费用由建筑工程费、安装工程费和设备及工器具购置费组成。建筑工程费是指为建造永久性建筑物和构筑物所需要的费用。安装工程费是指各种机电设备和安装工程费用等。设备及工器具购置费是指设备的购置费、工器具购置费、现场制作非标准设备费、生产用具家具购置费和相应的运杂费。

工程建设其他费是指建设单位管理费、土地使用费、环境影响评价费、水土保持评价费、工程设计费、工程勘察费、全过程工程咨询费、第三方检测费、办公及生活家具购置费、联合试运转费以及为项目建设服务、配合等的费用。

基本预备费是指在项目实施中可能发生难以预料的支出，需要事先预留的费用。

2. 动态投资

动态投资由涨价预备费和建设期利息构成。

涨价预备费是对建设工期较长的项目，由于在建设期内可能发生材料、设备、人工等价格上涨引起投资增加，需要事先预留的费用，也称价格变动不可预见费。

建设期利息是指项目借款在建设期内发生并计入固定资产的利息。

3. 流动资金

流动资金是指为进行正常生产运营，用于购买原材料、燃料、支付工资及其他运营费用等所需的周转资金。

（二）投资估算精度等要求

按照我国工程建设标准规定，一般大中型建设项目，在项目决策阶段可分为四个工作阶段，即规划阶段、项目建议书编制阶段、项目可行性研究阶段、评审阶段，因此，投资估算工作也相应分为四个阶段，投资估算的精度要求和作用见表 4-2。

表 4-2　投资估算的精度要求和作用

投资估算阶段划分	投资估算精度要求：误差率	投资估算的作用（相应阶段）
规划阶段投资估算	≥30%	说明有关的各项目之间的相互关系；作为否定或决定一个项目是否继续进行研究的依据之一
项目建议书编制阶段投资估算	±30% 以内	从经济上判断项目是否应列入投资计划；作为审批机关审批项目建议书的依据之一；可否定一个项目，但不能完全肯定一个项目是否真的可行
项目可行性研究阶段投资估算	±20% 以内	可对项目是否真正可行做出初步的决定
评审阶段投资估算	±10% 以内	可作为对可行性研究结果进行最后评价的依据；可作为对拟建项目是否真正可行进行最后决定的依据

（三）决策阶段影响建设投资的主要因素

（1）项目建设规模　建设项目的规模直接影响到工程的投资规模和经济效益。在确定建设规模时，需要考虑市场需求、技术条件、资金来源、建设周期等因素。

（2）建设地区及建设地点　在选择建设地点时，需要考虑土地价格、交通运输、水资源、能源供应等因素。

（3）技术方案和设备方案　在选择技术方案和设备方案时，需要考虑技术水平、设备性能、可靠性等因素。

（4）工程方案和环境保护措施　在选择工程方案和环境保护措施时，需要考虑施工方案、材料选择、环境保护标准等因素。

（5）资金来源和投资估算　在确定资金来源和投资估算时，需要考虑资金来源渠道、投资金额、资金使用计划等因素。

（6）建设周期和实施计划　在确定建设周期和实施计划时，需要考虑工程进度、实施步骤、资源调配等因素。

（7）法律法规和政策环境　在确定法律法规和政策环境时，需要考虑国家法律法规、产业政策等因素。

二、投资估算的编制

（一）投资估算的概念与作用

1. 投资估算的概念

投资估算是在投资决策阶段，以方案设计或可行性研究文件为依据，按照规定的程序、方法和依据，对拟建项目所需总投资及其构成进行预测和估计，依据特定的方法，估算项目从筹建、施工直至建成投产所需全部建设资金总额，并测算建设期各年资金使用计划的过程。投资估算的成果文件称作投资估算书，也简称为投资估算。

2. 投资估算的作用

投资估算在建设工程的投资决策、造价控制、筹集资金等方面都有重要作用。

1）项目建议书阶段的投资估算是项目主管部门审批项目建议书的依据之一，也是编制项目规划、确定建设规模的参考依据。

2）项目可行性研究阶段的投资估算是项目投资决策的重要依据，也是研究、分析、计算项目投资经济效果的重要条件。

3）项目投资估算是设计阶段造价控制的依据，投资估算一经确定，即成为限额设计的依据，用于对各设计专业实行投资切块分配，作为控制和指导设计的尺度。

4）项目投资估算可作为项目资金筹措及制定建设贷款计划的依据，建设单位可根据批准的项目投资估算额，进行资金筹措和向银行申请贷款。

5）项目投资估算是核算建设项目固定资产投资需要额和编制固定资产投资计划的重要依据。

6）投资估算是建设工程设计招标、优选设计单位和设计方案的重要依据。

（二）编制依据

1）《投资项目可行性研究指南（试行版）》。

2）《建设项目经济评价方法与参数》（第3版）。

3）有关机构发布的建设工程造价构成、估算指标、计算方法，以及其他有关工程造价文件。

4）有关机构发布的工程建设其他费用估算方法和费用标准，以及物价指数。

5）有关主管部门或行业制定的投资估算方法和估算指标。

6）拟建项目的建设方案确定的各项工程建设内容及工程量。

7）拟建项目所需设备、材料的市场价格。

8）投资人的组织机构、经营范围、财务能力等。

9）根据不同行业项目的特殊要求需要的其他相关资料。

（三）编制内容

投资估算按照编制估算的工程对象划分，包括建设项目投资估算、单项工程投资估算和单位工程投资估算等。投资估算文件一般由封面、签署页、编制说明、投资估算分析、总投资估算表、单项工程估算表、主要技术经济指标等内容组成。

（四）编制程序

不同类型的工程项目选用不同的投资估算编制方法，不同的投资估算编制方法有不同的估算结果。但投资估算的编制程序基本相同。

现从工程建设项目费用组成考虑，介绍较为常用的投资估算编制程序：

1）熟悉工程项目的特点、组成、内容和规模，收集有关资料、数据和有关指标等。

2）选择相应的投资估算编制方法。

3）估算建设项目各单位工程的建筑面积及工程量。

4）进行单项工程包括附属工程的投资估算编制，计算所需的建筑工程费、安装工程费、设备及工器具购置费。

5）在汇总各项费用的基础上，估算工程建设其他费和基本预备费。

6）估算涨价预备费和建设期利息。

7）估算流动资金。

（五）静态投资部分估算编制方法

1. 项目建议书阶段投资估算方法

（1）单位生产能力估算法

$$C_2 = C_1 \frac{Q_2}{Q_1} f \tag{4-1}$$

式中　C_1，C_2——已建和拟建工程或装置的投资额；

　　　　Q_1，Q_2——已建和拟建工程或装置的生产能力；

　　　　f——不同时期、不同地点的定额、单价、费用变更等的综合调整系数。

[例4-1]　某地2020年拟建污水处理能力为25万 m^2/日的污水处理厂一座。根据调查，该地区2015年建设污水处理能力15万 m^2/日的污水处理厂的投资额为26000万元。拟建污水处理厂的工程条件与2015年已建项目类似，调整系数为1.3。估算该项目的建设投资。

[解]：根据式（4-1）：

$$投资估算 = 26000 \times \frac{25}{15} \times 1.3 = 56333（万元）$$

（2）生产能力指数法

$$C_2 = C_1 \left(\frac{Q_2}{Q_1} \right)^x f \tag{4-2}$$

式中　C_1，C_2——已建和拟建工程或装置的投资额；

　　　　Q_1，Q_2——已建和拟建工程或装置的生产能力；

　　　　x——投资、生产能力系数，$0<x<1$，根据不同类型企业的统计资料确定；

　　　　f——不同时期、不同地点的定额、单价、费用变更等的综合调整系数。

关于 f 的取值，生产能力指数法的关键是生产能力指数的确定，一般要结合行业特点确定，并应有可靠的例证。一般情况下，可按下列情况确定。

1）在正常情况下，$0 \leq x \leq 1$。若已建类似项目的生产规模与拟建项目生产规模相差不大，Q_1 与 Q_2 的比值在 $0.5 \sim 2$，则指数 x 的取值近似为1。

2）若已建类似项目的生产规模与拟建项目生产规模之比不大于50，且拟建项目生产规模的扩大仅靠增大设备规模来达到时，则 x 的取值为 $0.6 \sim 0.7$。

3）若是靠增加相同规格设备的数量达到时，x 的取值为 $0.8 \sim 0.9$。

[例4-2]　地2017年拟建一座年产20万 t 的化工厂，该地区2015年建成的年产15万 t 相同产品的类似项目实际建设投资为6000万元。2015年和2017年该地区的工程造价指数（定基指数）分别为1.12和1.15，生产能力指数为0.7，预计该项目建设期的两年内工程造价仍将年均上涨5%。则该项目的投资估算为多少万元。

[解]：根据式（4-2）：

$$投资估算 = 6000 \times \left(\frac{20}{15} \right)^{0.7} \times \frac{1.15}{1.12} = 7535.09（万元）$$

（3）设备系数法　是指以拟建项目的设备购置费为基数，根据已建成的同类项目的建筑安装工程费和其他工程费等与设备价值的百分比，求出拟建项目建筑安装工程费和其他工程费，进而求出项目的静态投资。

$$C=E(1+f_1P_1+f_2P_2+f_3P_3+\cdots)+I \tag{4-3}$$

式中　　C——拟建工程的投资额；

　　　　E——拟建工程设备购置费的总和；

P_1，P_2，P_3——建筑工程、安装工程、其他费用占设备费用的百分比；

　f_1，f_2，f_3——由于时间因素引起的定额、价格费用标准等变化的综合调整系数；

　　　　I——拟建项目的其他费用。

（4）主体专业系数法　是指以拟建项目中投资比重较大，并与生产能力直接相关的工艺设备投资为基数，根据已建同类项目的有关统计资料，计算出拟建项目各专业工程（总图、土建、供暖、给水排水、管道、电气、自控等）与工艺设备投资的百分比，据以求出拟建项目各专业投资，然后加总即为拟建项目的静态投资。

$$C=E(1+f_1P_1'+f_2P_2'+f_3P_3'+\cdots)+I \tag{4-4}$$

式中　　C——拟建工程的投资额；

　　　　E——主体设备费；

P_1'，P_2'，P_3'——各专业工程占设备费用的百分比；

　f_1，f_2，f_3——由于时间因素引起的定额、价格费用标准等变化的综合调整系数；

　　　　I——拟建项目的其他费用。

2. 可行性研究阶段的投资估算

（1）建筑工程费用估算　建筑工程费用是指为建造永久性建筑物和构筑物所需要的费用。主要采用单位实物工程量投资估算法，是以单位实物工程量的建筑工程费乘以实物工程总量来估算建筑工程费的方法。主要有单位长度价格法、单位面积价格法、单位容积价格法、单位功能价格法等。

（2）设备及工器具购置费估算　设备购置费根据项目主要设备表及价格、费用资料编制，工器具购置费按设备费的一定比例计取。对于价值高的设备应按单台（套）估算购置费，价值较小的设备可按类估算，国内设备和进口设备应分别估算。

$$设备购置费=设备原价+设备运杂费 \tag{4-5}$$
$$工器具及生产家具购置费=设备购置费×定额费率 \tag{4-6}$$

（3）安装工程估算　安装工程费包括安装主材费和安装费。其中，安装主材费可以根据行业和地方相关部门定期发布的价格信息或市场询价进行估算；安装费根据设备专业属性，可按以下方法估算：

$$安装工程费=设备原价×安装费率 \tag{4-7}$$
$$安装工程费=设备吨位×每吨设备安装费 \tag{4-8}$$
$$安装工程费=安装工程实物量×每单位安装实物工程量的费用 \tag{4-9}$$
$$安装工程费=设备工程量×单位工程量安装费指标 \tag{4-10}$$

（4）工程建设其他费用估算　工程建设其他费用的估算应结合拟建项目的具体情况，有合同或协议明确的费用按合同或协议列入；无合同或协议明确的费用，根据国家和各行业部门、工程所在地地方政府的有关工程建设其他费用定额（规定）和计算办法估算，没有定额或计算办法的，参照市场价格标准计算。

（5）基本预备费 基本预备费的估算一般是以建设项目的工程费用和工程建设其他费用之和为基础，乘以基本预备费率进行计算。基本预备费率的大小，应根据建设项目的设计阶段和具体的设计深度，以及在估算中所采用的各项估算指标与设计内容的贴近度、项目所属行业主管部门的具体规定确定。

$$基本预备费 = (设备及工器具购置费 + 建筑安装工程费用 + 工程建设其他费用) \times 基本预备费率$$
$$(4-11)$$

$$基本预备费 = (工程费用 + 工程建设其他费用) \times 基本预备费率 \qquad (4-12)$$

（6）静态投资总额 至此，可以估算建设项目静态投资总额。

$$工程费用 = 设备及工器具购置费 + 建筑安装工程费用 \qquad (4-13)$$

$$静态投资额 = 工程费用 + 工程建设其他费用 + 基本预备费 \qquad (4-14)$$

（六）动态投资部分估算方法

1. 涨价预备费

涨价预备费是指为在建设期内利率、汇率或价格等因素的变化而预留的可能增加的费用，也称为价格变动不可预见费。涨价预备费的内容包括人工、设备、材料、施工机具的价差费，建筑安装工程费及工程建设其他费用调整，利率、汇率调整等增加的费用。

$$PF = \sum_{t=1}^{n} I_t \left[(1+f)^m (1+f)^{t-1} (1+f)^{0.5} - 1 \right] \qquad (4-15)$$

式中　PF——涨价预备费；

I_t——建设期中第 t 年的计划投资额，包括工程费用、工程建设其他费用、基本预备费；

m——估算年到建设开始年的年数（建设前期年限）；

f——年价格上涨指数；

n——建设期年数。

[例4-3]　某建设项目，条件如下：

（1）项目工程费用为 2000 万元，工程建设其他费用为 500 万元（其中无形资产费用为 200 万元），基本预备费率为 8%，预计未来 3 年的年均投资价格上涨率为 5%。

（2）项目建设前期年限为 1 年，建设期为 2 年，生产运营期为 8 年。

（3）项目建设期 1 年完成项目静态投资的 40%，第 2 年完成静态投资的 60%，项目生产运营期第 1 年投入流动资金 240 万元。

计算基本预备费和涨价预备费。

[解]：

根据式（4-12）：基本预备费 = (2000+500)×8% = 200（万元）

根据式（4-14）：静态投资额 = 2000+500+200 = 2700（万元）

根据式（4-15）：

第 1 年价差预备费：

$$PF_1 = 2700 \times 40\% \times \left[(1+5\%)^1 \times (1+5\%)^{0.5} - 1 \right] = 82（万元）$$

第 2 年价差预备费：

$$PF_2 = 2700 \times 60\% \times \left[(1+5\%)^1 \times (1+5\%)^{0.5} \times (1+5\%)^{2-1} - 1 \right] = 210.1（万元）$$

总涨价预备费：$82 + 210.1 = 292.1$（万元）

2. 建设期利息

建设期利息主要是指在建设期内发生的为工程项目筹措资金的融资费用及债务资金利息。

1）当年借款在当年年中支用。

2）当年借款按半年计息。

3）上年借款按全年计息。

4）利率的确定考虑各种手续费。

$$建设期利息 = \left(年初借款本息累计 + \frac{1}{2} \times 本年借款额 \right) \times 年利率 \tag{4-16}$$

[例 4-4] 已知某项目建设资金来自贷款，贷款利率 8%，根据项目建设计划，建设期为 3 年，资金使用计划见表 4-3 第一栏、第二栏，试计算建设期贷款利息。

[解]：

表 4-3 资金使用计划

建设期	贷款额/万元	计算公式	利息	利率
第一年	1000	$1000 \times 8\% \times 0.5$	40	8%
第二年	3000	$(40+1000) \times 8\% + 3000 \times 8\% \times 0.5$	203.2	8%
第三年	2000	$(40+1000+3000+203.2) \times 8\% + 2000 \times 8\% \times 0.5$	419.456	8%
	合计		662.656	

根据式（4-16），计算结果填入表 4-3 第三栏、第四栏中。

（七）流动资金估算

流动资金是指项目运营需要的流动资产投资，是指生产经营性项目投产后，为进行正常生产运营，用于购买原材料、燃料，支付工资及其他经营费用等所需的周转资金。流动资金估算一般采用分项详细估算法，个别情况或者小型项目可采用扩大指标法。

（八）投资估算编制的注意事项

1）应根据主体专业设计的阶段和深度，利用合适的估算方法，并对主要技术经济指标进行分析。

2）工程内容和费用构成应齐全，不重复也不漏项，不提高或降低估算标准，计算准确合理。

3）投资估算精度应能满足控制初步设计概算的要求。

三、投资估算的审核

对投资估算进行审核是确保项目投资额准确性和合理性的重要步骤。投资估算审核应遵循以下要求：

1）审查投资估算编制的依据和基础数据：审核人员应审查投资估算编制的依据和基础数据是否可靠、准确，是否符合国家和地方相关法规和标准要求。

2）比较同类项目的投资估算：审核人员可以通过比较同类项目的投资估算，判断当前项目的投资估算是否合理。

3）检查投资估算的完整性：审核人员应检查投资估算是否完整、全面，是否包含了所有必要的费用和成本，如建设期利息、资产购置税等。

4）审查投资估算的合理性：审核人员应审查投资估算的合理性，包括建设规模的合理性、技术方案的可行性、设备及材料选择的合理性等。

5）审核投资估算的计算过程：审核人员应审核投资估算的计算过程是否准确、规范，是否存在计算错误或遗漏的情况。

6）审查投资估算的审批程序：审核人员应审查投资估算的审批程序是否符合相关规定和程序要求，是否存在越权审批或违规审批的情况。

第五章

设计阶段工程咨询

第一节　设计阶段咨询的依据、内容及程序

工程勘察是指为满足工程建设的规划、设计、施工、运营及综合治理等需要，对地形、地质、水文及生态环境等状况进行测绘、勘探测试，并进行综合调查和分析，最终形成相应成果和资料的一项工作。

工程设计是指为工程项目的建设提供有技术依据的设计文件和图纸的整个活动过程，是建设项目生命周期中的重要环节，是建设项目进行整体规划、体现具体实施意图的重要过程，是处理技术与经济关系的关键性环节，是确定与控制工程造价的重要阶段。具体地说，工程设计是根据建设工程规范、标准、相关法律法规及政策的要求，对拟建项目所需的技术、经济、资源、环境等条件进行综合分析、论证，结合工程勘察报告，编制建设工程设计文件、提供相关服务的活动。

设计阶段咨询是为建设项目的工程勘察和设计提供咨询服务，包括工程勘察及其管理、设计管理、设计协调、设计方案的优化、设计审核以及造价管控等。

设计阶段咨询的目的和作用主要体现在以下方面：理解和明确目标需求、场地勘察、概念设计、详细设计、咨询审查、文件编制、质量控制、合同管理、知识产权管理和项目协调。通过设计阶段咨询服务，可以帮助投资人和承包商实现更高效、更可靠的项目管理和决策，从而确保项目的成功实施。

一、设计阶段咨询的依据

设计阶段咨询的依据较多，针对不同的咨询业务内容，其咨询依据也有所不同，但基本依据大致相同，主要依据如下：

（1）国家、行业和项目所在地有关工程设计阶段的现行相关法律、法规、指导性文件和技术标准　例如建筑法、城市规划法、土地管理法、环境保护法等。这些法律、法规和规定对勘察设计的原则、标准、程序和方法进行了规定，是勘察设计咨询工作的基础。

（2）项目所在地的国土空间总体规划、详细规划及相关专项规划等　例如详细规划明确建设目标土地使用性质及其兼容性等用地功能控制要求，包括容积率、建筑高度、建筑密度、绿地率等用地指标；基础设施、公共服务设施、公共安全设施的用地规模、范围及具体

控制要求，地下管线控制要求；基础设施用地的控制界线即黄线，各类绿地范围的控制线即绿线，历史文化街区和历史建筑的保护范围界线即紫线，地表水体保护和控制的地域界线即蓝线等"四线"及控制要求。严格遵守上位规划法规，是勘察设计咨询工作的规划依据。

（3）与工程勘察设计有关的前期咨询成果文件及相关批复文件　这是对勘察设计工作的具体指导和要求，通过对前期立项等咨询阶段成果的认定和批复，明确设计阶段工作范围、内容、深度和质量要求，明确建设项目的投资金额。以前期咨询成果为依据，是勘察设计咨询工作的流程依据，也是建设项目顺利实施的流程保证。

（4）咨询合同对工程勘察设计工作的范围要求　勘察设计合同和技术协议是咨询合同的一部分，其中明确了双方的权利和义务，包括勘察设计的范围、内容、标准、时间表和费用等。厘清工作范围是设计咨询工作的任务依据，确保符合合同法的相关要求。

（5）委托人的设计任务书要求　对项目的建设标准、使用功能、风格形式、建筑信息模型（BIM）技术应用等方面的技术要求，对项目的设计进度、设计费用、设计质量等目标的控制要求；响应设计任务书，是勘察设计咨询工作直接依据，也是建设项目投资目标实现的技术保障。

（6）相关的技术资料和数据　包括地形图、地质图、工程测量图、气象资料、水文资料等。这些资料和基础技术数据、参数及信息，是勘察设计咨询工作的直接工程技术依据。

（7）同类建设项目勘察设计经验和教训　在设计阶段咨询时，需要考虑同类工程的建设经验和方法，以及在实践中遇到的问题和困难。这些经验和教训可以为当前工程提供参考和借鉴，提高咨询工作的效率和准确性。

二、设计阶段咨询的内容

（一）工程勘察工作内容

工程勘察工作一般包括可行性研究勘察、初步勘察、详细勘察三个不同层次的勘察。可行性研究勘察应符合选址、可行性研究等前期咨询方案的深度要求。初步勘察应符合初步设计的深度要求。详细勘察应符合施工图设计的深度要求。

1. 可行性研究勘察

可行性研究勘察是为编制工程建设项目决策阶段可行性研究报告而进行的工程地质勘察。它是在规划阶段所选定的建设区域内进行的，其任务是选定工程地质条件最有利的建设场地，并为建筑物类型和规模的确定提供工程地质资料。

勘察的方法以工程地质测绘为主，配合以勘探、试验、实验室研究及长期观测，对几个可能的建设场地进行对比评价。

2. 初步勘察

初步勘察在场地经确定后进行。为了对场地各建筑地段的稳定性做出评价，初步勘察的任务之一就在于查明建筑场地不良地质现象的成因、分布范围、危害程度及其发展趋势，以便使场地主要建筑物的布置避开不良地质现象发育的地段，为建筑总平面布置提供依据。

3. 详细勘察

详细勘察应按总体建筑或建筑群提出详细的岩土工程资料和设计、施工所需的岩土参数；对建筑地基做出岩土工程评价，并对地基类型、基础形式、地基处理、基坑支护、工程降水和不良地质作用的防治等提出建议。

详细勘察主要工作如下：

1）收集附有坐标和地形的建筑总平面图，场区的地面整平标高，建筑物的性质、规模、荷载、结构特点，基础形式、埋置深度、地基允许变形等资料。

2）查明不良地质作用的类型、成因、分布范围、发展趋势和危害程度，提出整治方案的建议。

3）查明建筑范围内岩土层的类型、深度、分布、工程特性，分析和评价地基的稳定性、均匀性和承载力。

4）对需要进行沉降计算的建筑物，提供地基变形计算参数，预测建筑物的变形特征。

5）查明埋藏的河道、沟浜、墓穴、防空洞、孤石等对工程不利的埋藏物。

6）查明地下水的埋藏条件，提供地下水位及其变化幅度。

7）判定水和土对建筑材料的腐蚀性。

（二）工程设计工作内容

工程设计一般包括方案设计、初步设计和施工图设计三个不同层次的设计。为满足项目特殊需求还要进行专项设计和深化设计。

1. 方案设计

方案设计是对建设项目和建筑区进行总体规划和建筑设计（含建筑艺术、造型），包括环境关系规划、交通组织、提出建筑模型和技术经济指标等，是城市规划法规规定的规划设计程序。对于一些特殊工程，如大型企业、矿区、油田、水利枢纽、铁路站场等建设项目，则为可行性研究阶段的总体规划设计成果。建设单位根据城市规划部门审批的方案设计文件，进行建设项目的初步设计和施工图设计。

2. 初步设计

初步设计是根据批准的可行性研究报告和方案设计文件，以技术上的先进性、可行性和经济上的合理性为设计原则，对建设项目进行系统全面的规划和设计，并编制初步设计文件。内容主要包括总体设计原则、项目功能和工程标准、设计方案（包括工艺流程与设备选型配套、生产运行方法与组织、总图运输、系统设施与配套工程、主要建筑形式及结构体系设计方案、主要规格、尺度与标准、结构布置、施工组织设计、建设征地与移民安置、环保措施等）、建设投资等。初步设计应能满足编制投资和筹融资计划、建设项目管理实施计划或签订建设项目代建合同、进行施工准备、生产准备、主要设备与材料采购等要求。

3. 施工图设计

施工图设计是根据批准的初步设计进行详细设计计算，确定结构具体的截面形状和尺寸、材料、质量与误差标准、技术细节要求等，编制施工图设计文件。施工图设计应满足设备、材料的安排，各种非标设备的制作，土建与安装的施工，合同计量和完工检验等要求，是初步设计各项指标的具体落实。

4. 技术设计

对于重大项目和特殊项目为进一步解决某些具体技术问题，或确定某些技术方案还需进行技术设计。它是对在初步设计中无法解决而又需要进一步研究解决的重大技术问题、重大项目或关键工艺技术、关键设备等问题所进行的专项设计。其任务是解决以下类似的问题：特殊工艺流程方面的试验、研究及确定，新型设备的试验、制作及确定，某些技术复杂、需慎重对待的问题的研究及确定。

三、设计阶段咨询服务程序

设计阶段咨询服务程序主要包括建设项目勘察设计策划、任务书编制及审查、方案设计及审查、初步设计及审查、施工图设计及审查，以及配套的工程估算、设计概算、施工图预算的编制与审核等，具体内容和程序如图 5-1 所示。

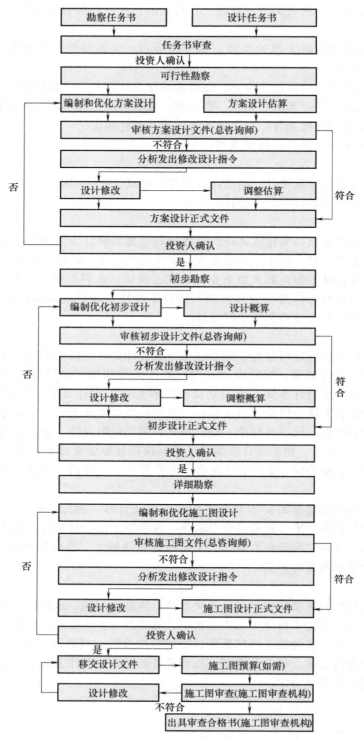

图 5-1　设计阶段咨询服务程序

第二节 工 程 勘 察

工程勘察咨询服务针对不同的建设项目，有着不同的服务内容和程序，而对于一般建设项目的工程勘察，包括工程测量、岩土工程勘察、岩土工程设计与检测监测、水文地质勘察、工程物勘、室内试验等，以及相关的专业工程勘察服务，其服务内容与成果、服务的形式与程序多样。本节仅介绍工程勘察任务书的编制、勘察作业和文件编审的内容和程序。

一、工程勘察任务书的编制

（一）编制依据

工程勘察任务书的编制依据，除设计阶段咨询依据外，还有以下依据：

1）《建设工程勘察设计管理条例》（国务院令第 293 号）（2015 年修订）。

2）《建设工程勘察质量管理办法》（建设部令第 115 号）（2007 年修订）。

3）《岩土工程勘察规范》（GB 50021—2001）（2009 年版）。

4）工程建设强制性标准。

5）国家规定的建设工程勘察、设计深度要求。

6）拟建项目项目建议书及可行性研究等批复文件。

7）工程咨询委托合同。

（二）编制内容

1）以地基、基础与上部结构作为互相影响的整体为原则，在调研场地工程地质资料的基础上，拟定勘察任务书。

2）勘察任务书应说明工程的意图、设计阶段、要求提交勘察文件的内容、现场及室内的测试项目以及勘察技术要求等，还应提供勘察工作所需的各类图表和有关资料。

3）如果提供给初步设计阶段进行的勘察，任务书则应说明工程的类别、规模、建筑面积及建筑物的特殊要求、主要建筑物的名称、最大荷载、最大高度、基础最大埋深和重要设备的有关资料等，并提供划出勘察范围并附有坐标的、比例为 1：1000~1：2000 的地形图。

4）如果提供给施工图设计阶段进行的勘察，任务书则应说明需要勘察的各建筑物具体情况。如建筑物上部结构特点、层数、高度、跨度及地下设施情况，地面平整标高，采取的基础形式、尺寸和埋深、单位荷重或总荷重，以及有特殊要求的地基基础设计和施工方案等，并提供经上级部门批准附有坐标及地形的建筑总平面布置图或单幢建筑物平面布置图。如有挡土墙时还应在图中注明挡土墙位置、设计标高以及建筑物周围边坡开挖线等。

（三）编制程序

工程勘察任务书包括任务接受和分析、勘察目标确定、勘察方案设计、勘察工作协调、勘察进度安排、勘察成果评估、资料整理与提交、安全与环保措施以及费用预算与控制等环节。

（1）任务接受和分析 任务接受和分析是整个勘察任务书编制程序的起点。了解任务背景和目的，确定勘察工作的重点和方向，为后续勘察目标确定提供基础。

（2）勘察目标确定 在勘察目标确定阶段需要明确勘察的具体目标和原则。包括确定勘察对象、内容、精度要求，以及勘察周期和费用等相关要素。通过明确勘察目标，可以为后续的勘察方案设计提供明确的方向。

（3）勘察方案设计　勘察方案设计是整个程序的核心环节，是基于对任务接受和分析的结果，同时结合勘察目标来确定，包括勘察方法、技术路线、工作计划、人员配置、设备配置以及预算安排等。

（4）勘察工作协调　勘察工作协调是确保勘察工作顺利进行的关键环节。与用户进行充分沟通，明确勘察工作的要点，根据实际情况及时修正、改进勘察工作内容。良好的协调工作能够提高勘察效率和质量。

（5）勘察进度安排　明确勘察工作的具体进度计划是确保勘察工作按时完成的保障措施。包括各个阶段的时间节点、进度控制策略、人员配备以及设备调用等。

（6）勘察成果评估　是确保勘察质量的重要环节。明确勘察成果的评估标准和方法，包括对成果的质量评估、成果验收、资料整理等。对勘察成果进行全面评价，是确保勘察成果正确有效的保证。

（7）资料整理与提交　是整个勘察任务书编制程序的最后环节。对勘察过程中收集到的资料进行整理和归档，并按照用户要求进行上报审批和对外提交。资料整理和提交应确保准确、完整并及时。

（8）安全与环保措施　在勘察过程中，安全与环保是至关重要的。因此，在编制勘察任务书时，必须明确安全与环保措施，以确保勘察过程中的安全与环保工作。包括对人员安全、环境保护、废物处理等方面的规定和要求。

（9）费用预算与控制　是整个勘察任务书编制程序中不可或缺的一部分。明确勘察费用的预算和管控策略，包括对人力、物资、设备等费用的预估和安排，确保勘察工作的顺利进行。在实施过程中，要对实际费用进行监测和控制，以确保其不超出预算范围。

二、勘察作业和文件编审

工程勘察文件是建筑地基基础设计和施工的重要依据，必须保证作业和实验资料准确可靠，文字报告和有关图表应按合理的程序编制。勘察文件的编制要重视现场编录、原位测试和实验资料的检查校核，使之相互吻合，相互印证。

（一）勘察作业和文件编审依据

项目勘察作业和文件编审依据主要有：

1）《建筑法》（主席令第 91 号）（2019 年修订）。

2）《建设工程勘察设计管理条例》（国务院令第 293 号）（2015 年修订）。

3）《工程建设项目勘察设计招标投标办法》（国家发展计划委员会令第 2 号）（2013 年修订）。

4）《建设工程勘察设计资质管理规定》（建设部令第 160 号）（2015 年修订）。

5）《建设工程勘察质量管理办法》（建设部令第 115 号）（2021 年修订）。

6）《实施工程建设强制性标准监督规定》（建设部令第 81 号）（2015 年修订）。

7）《岩土工程勘察规范》（GB 50021—2001）（2022 年版）。

8）其他相关专业的工程勘察技术标准规范。

9）经批准的项目建议书、可行性研究报告等文件。

10）勘察任务书。

（二）勘察作业和文件编审内容

1. 勘察方案的编审

勘察方案由全过程工程咨询单位勘察专业工程师〔以下简称专业咨询师（勘察）〕编制、设计专业工程师〔以下简称专业咨询师（设计）〕进行审查，编审主要包括以下内容：

1）钻孔位置与数量、间距是否满足初步设计或施工图设计的要求。

2）钻孔深度应根据上部荷载与地质情况（地基承载力）进行确定。

3）钻孔类别比例的控制，主要是控制性钻孔的比例以及技术性钻孔的比例。

4）勘探与取样，包括采用的勘探技术手段方法，取样方法及措施等。

5）原位测试，主要包括标贯试验、重探试验、静力触探、波速测试、平板载荷试验等。在勘察方案中应明确此类测试的目的、方法、试验要求、试验数量。

6）土工试验，土工试验项目应该满足建筑工程设计与施工所需要的参数，比如：为基坑支护提供参数的剪切试验，地基土强度验算时的三轴剪切试验，以及水质分析等。

7）项目组织，包括机械设备、人员组织。

8）方案的经济合理性。

通过对勘察方案的编制和审查，可以保证勘察成果满足项目设计需要，为设计工作的开展提供真实的地勘资料。

2. 勘察文件的编审

勘察文件是勘察工作的成果性文件，需要充分利用相关的工程地质资料，做到内容齐全、论据充足、重点突出。另外，勘察文件应正确评价建筑场地条件、地基岩土条件和特殊问题，为工程设计和施工提供合理适用建议和准确依据。工程勘察文件编制和审查，应重点做好以下几个方面内容：

1）勘察文件是否满足勘察任务书委托要求及合同约定。

2）勘察文件是否满足勘察文件编制深度规定的要求。

3）组织专家对勘察文件进行内部审查，确保勘察成果的真实性、准确性，将问题及时反馈至地勘单位，并跟踪落实修改情况。

4）检查勘察文件资料是否齐全，有无缺少实验资料、测量成果表、勘察工作量统计表和勘探点（钻孔）平面位置图、柱状图、岩芯照片等。

5）工程概述是否表述清晰，有无遗漏，包括工程项目、地点、类型、规模、荷载、拟采用的基础形式等方面。

6）勘察成果是否满足设计要求，工程咨询单位审查合格后要将勘察文件报送当地建设行政主管部门对勘察文件中涉及工程建设强制性标准的内容进行严格审查，并将审查意见及时反馈至专业咨询工程师（勘察），直至取得审查合格书。

（三）勘察作业和文件编审程序

工程咨询单位开展勘察咨询服务程序如图 5-2 所示。

（四）勘察作业和文件编审注意事项

1）凡在国家建设工程设计资质分级标准规定范围内的建设工程项目，均应当委托勘察业务。

2）开展勘察业务的机构要具备相应的工程勘察资质证书。

3）勘察文件必须经报审合格后，方可实施。

4）勘察文件一定要满足勘察任务书的要求。

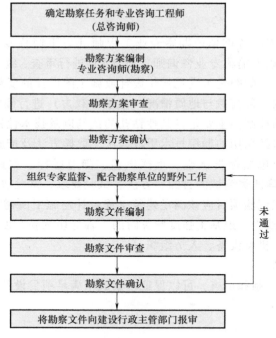

图 5-2　开展勘察咨询服务程序

第三节　工 程 设 计

建设项目工程设计对于不同的项目，其设计的依据、内容、程序和要求也有所不同，本节以民用建设项目为例，简述工程设计的依据、内容和程序等。根据现行的《建筑工程设计文件编制深度规定》，民用工程项目的工程设计分为方案设计、初步设计、施工图设计，而市政工程、公路工程、水利工程等其他类型项目，应根据对应的设计阶段划分标准和内容规定执行。

一、设计任务书的编制

（一）设计任务书编制依据

设计任务书的编制依据，除设计阶段咨询依据外，还有以下依据：

1)《建设工程勘察设计管理条例》（国务院令第 293 号）（2015 年修订）。

2)《房屋建筑和市政基础设施工程施工图设计文件审查管理办法》（建设部令第 134 号）（2013 年修订）。

3）民用建筑设计统一标准。

4）土地挂牌文件、选址意见书或土地合同。

5）建设用地规划许可证。

6）上阶段政府报建的批文。

7）项目设计基础资料。

8）项目勘察文件。

9）环境评估报告、交通评估报告、能源评估报告等。

10）项目成本管理要求等。

（二）设计任务书编制内容

设计任务书一般由工程咨询单位与投资人充分沟通后编制。

设计任务书是投资人对工程项目设计提出的要求，是工程设计的主要依据。进行可行性研究的工程项目，可以用批准的可行性研究报告代替设计任务书。设计任务书根据其用途可分为方案设计任务书、初步设计任务书、施工图设计任务书和专业设计任务书等。设计任务书要对拟建项目的投资规模、工程内容、经济技术指标、建设进度、质量标准等做出规定。其主要内容如下：

1）项目名称、建设地点。

2）批准设计项目的文号、协议书文号及其有关内容。

3）项目建设的依据和目的。

4）建筑造型及建筑室内外装修要求。

5）项目建设的规模及生产纲要（生产大纲、产品方案）：

① 对市场需求情况的预测。

② 对国内外同行业的生产能力估计。

③ 对市场销售量预测、价格分析、产品竞争能力分析、国外市场需求情况的预测、进入国际市场的前景分析。

④ 对项目建设的规模、产品方案及发展方向的技术经济比较与分析。

6）所需资源、原材料、燃料动力、供水、运输、协作配套、公用设施的落实情况：

① 所需资源、原材料、辅助材料、燃料动力的种类、数量、来源及供应的可能性和条件。

② 所需公用设施的数量、供应方式和供应条件。

③ 资源的综合利用和"三废"治理的要求。

7）建设条件和征地情况：

① 建设用地的范围地形、场地内原有建筑物、构筑物，要求保留的树木及文物古迹的拆除和保留情况等。

② 场地周围道路及建筑等环境情况。

③ 交通运输，供水、供电、供气的现状及发展趋势。

8）生产技术、生产工艺、主要设备选型、建设标准及相应的技术指标。

9）项目的构成及工程量估算：

① 项目的主要单项工程、辅助工程及协作配套工程的构成。

② 项目布置方案和工程量的估算。

10）环境保护、城乡规划、抗震、防洪、文物保护等方面的要求和相应的措施方案。

11）组织机构、劳动定员和人员培训设想。

12）建设工期与实施进度。

13）投资估算、资金筹措和财务分析：

① 主体工程和辅助配套工程所需投资（利用外资项目或引进技术项目应包括外汇款项）。

② 生产流动资金的估算。

③ 资金来源、筹措方式、偿还方式、偿还年限。

14）经济效益和社会效益：

① 项目要达到的各项微观和宏观经济指标。

② 分析项目的社会效益。

15）附件：

① 可行性分析和论证资料。

② 项目建议书批准文件。

③ 征地和外部协作配套条件的意向性协议。

④ 环保部门关于"三废"治理措施的审核意见。

⑤ 建设部门关于劳动保护措施的审核意见。

⑥ 消防部门关于消防措施的审核意见。

二、方案设计

项目方案设计应满足投资方的需求和编制初步设计文件的需要，同时需向当地建设规划部门报审。

（一）方案设计编制依据

方案设计的编制依据，除设计阶段咨询依据外，还有以下依据：

1）设计所执行的主要法规和所采用的主要标准。

2）与工程设计有关的依据性文件，如选址及环境评价报告、用地红线图、项目的可行性研究报告、政府有关主管部门对立项报告的批文、初步设计任务书或协议书等。

3）拟建项目设计任务书。

4）拟建项目设计基础资料，如气象、地形地貌、水文地质、抗震设防烈度、区域位置等。

（二）方案设计编制内容

1. 方案设计说明书

1）设计依据、设计要求及主要技术经济指标。

2）总平面设计说明。

3）建筑设计说明。

4）结构设计说明。

5）建筑电气设计说明。

6）给水排水设计说明。

7）供暖通风与空气调节设计说明。

8）热能动力设计说明。

9）投资估算文件。

2. 初步设计图纸

1）总平面设计图纸。

2）建筑设计图纸，含平面图、立面图和剖面图等。

3）热能动力设计图纸。

3. 交付成果

方案设计阶段交付的主要设计成果文件如下：

（1）设计说明书

1）设计依据、要求、技术经济指示。

2）总平面设计说明。

3）建筑设计说明。

4）结构设计说明。

5）建筑电气设计说明。

6）给水排水设计说明。

7）供暖通风与空气调节设计说明。

8）热能动力设计说明。

（2）相关设计图纸

1）总平面设计图纸。

2）建筑设计平面图。

3）建筑设计立面图。

4）建筑设计剖面图。

5）热能动力设计图纸。

（3）其他成果

1）二维效果图。

2）三维动画。

3）新媒体视频。

4）模型。

（三）方案设计内部审查

方案设计完成后，工程咨询单位可组织行业专家和投资人，进行优化方案的咨询审查，针对方案的不足，结合拟建项目情况，对方案提出修改建议，并编制形成正式文件。在规定的时间内督促专业咨询工程师（设计）提出最优方案，满足投资人要求。审查内容如下：

1）是否响应招标或任务书要求，是否符合国家规范、标准、技术规程等的要求。

2）是否符合美观、实用及便于实施的原则。

3）总平面的布置是否合理。

4）景观设计是否合理。

5）平面、立面、剖面设计是否正确。

6）结构设计是否合理、可实施。

7）公共建筑配套设施是否合理、齐全。

8）新材料、新技术的运用是否恰当。

9）设计指标的复核。

10）设计成果提交的承诺。

（四）方案设计报审

在方案设计审查的基础上，对其调整优化完毕的方案应向当地建设规划部门报审，工程咨询单位同时协助投资人做好方案报审的准备工作，主要包括以下内容：

1）复查方案设计文件的格式合规性，主要检查专业咨询工程师（设计）图签、出图章、设计资质证书编号及各专业设计人员的签名是否符合规范要求。

2）检查方案设计文件的完整性，不全的应要求专业咨询工程师（设计）补送有关图纸、文件，审批时间从补齐之日算起。

3）在取得建筑工程设计方案审核意见单后，立即协助投资人申请建设工程规划许可证，为后期工作做好准备。

4）若设计方案经审核需做较大修改，工程咨询单位应再次及时组织送审设计文件。完成建筑方案的报批审查后，方可进入初步设计阶段。

（五）方案设计编审程序

工程咨询单位方案设计编审程序如图 5-3 所示。

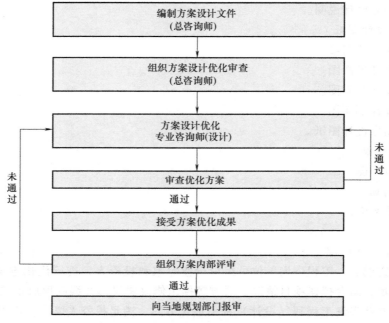

图 5-3 工程咨询单位方案设计编审程序

（六）注意事项

1）方案设计要以满足投资人的建设目标为重点，并结合实际使用需要进行方案设计、评选和优选。

2）工程咨询单位根据需要，对方案设计组织专家进行优化，在功能、投资等方面提出合理化建议。

3）方案设计阶段的报批管理是工程咨询的重要工作内容，也是设计不可或缺的环节。

三、初步设计

在方案设计通过投资人及相关部门的审批以后，就可以开展初步设计，初步设计文件应满足现行《建筑工程设计文件编制深度的规定》。

（一）初步设计文件编制依据

初步设计文件的编制依据，除设计阶段咨询依据外，还有以下依据：

1）与拟建项目有关的国家法律、法规及政策。

2）拟建项目各专业工程应执行的国家设计标准、规范、规程。

3）拟建项目有关的政府主管部门的批文批复、可行性研究报告、方案批准文件等。

4）拟建项目的方案设计。

5）与拟建项目有关的规划、用地、环保、消防、人防、抗震、绿化等要求和资料。

（二）初步设计文件编制内容

1. 初步设计文件编制

项目初步设计文件编制内容或成果文件见表5-1。

表 5-1　项目初步设计文件编制内容或成果文件

项目	内容或成果文件	要点
初步设计 总说明	工程设计依据	
	工程建设的规模 和设计范围	
	总指标	总用地面积,总建筑面积和反映建筑功能规模的技术指标,其他有关的技术经济指标
	设计要点综述	提请在设计审批时需解决或确定的主要问题
总平面图 专业设计	设计说明书	设计依据及基础资料
		场地概述
		总平面布置
		竖向设计
		交通组织
		主要技术经济指标
		室外工程主要材料
	设计图纸	区域位置图(根据需要绘制)
		总平面图
		竖向布置图
		根据项目实际情况可增加绘制交通、日照、土方图等,也可与图纸合并
建筑专业 设计	设计说明书	设计依据
		设计概述
		多子项工程中的简单子项应做综合说明
		对需分期建设的工程,说明分期建设内容和对续建、扩建的设想及相关措施
		幕墙工程和金属、玻璃和膜结构等特殊屋面工程及其他需要专项设计、制作的工程内容的必要说明
		需提请审批时解决的问题或确定的事项以及其他需要说明的问题
		建筑节能设计说明
		当项目按绿色建筑要求建设时,应有绿色建筑设计说明
		当项目按装配式建筑要求建设时,应有装配式建筑设计和内装专项说明
	设计图纸	平面图
		立面图

（续）

项目	内容或成果文件	要点
建筑专业 设计	设计图纸	剖面图
		根据需要绘制局部的平面放大图或节点详图
		对于贴邻的原有建筑，应绘出其局部的平、立、剖面
		当项目有绿色建筑要求时，以上图纸应表示相关绿色建筑设计技术的内容
		当项目有装配式建筑要求时，设计图纸应表示采用装配式建筑设计技术的内容
结构专业 设计	设计说明书	工程概况
		设计依据
		建筑分类等级
		主要荷载（作用）取值
		上部及地下室结构设计
		地基基础设计
		结构分析
		主要结构材料说明
		其他需要说明的内容
		当项目按绿色建筑要求建设时，应有绿色建筑设计说明
		当项目按装配式建筑要求建设时，应增加装配式建筑说明
	设计图纸	基础平面图及主要基础构件的截面尺寸
		主要楼层结构平面布置图
		结构主要或关键性节点、支座示意图
		伸缩缝、沉降缝、防震缝、施工后浇带的位置和宽度
	建筑结构工程超限设 计可行性论证报告	
	计算书	应包括荷载作用统计、结构整体计算、基础计算等必要的内容
建筑电气 专业设计	设计说明书	设计依据
		设计范围
		变、配、发电系统
		配电系统
		照明系统
		电气节能及环保措施
		绿色建筑电气设计
		装配式建筑电气设计
		防雷设计
		接地及安全措施
		电气消防设计
		智能化设计
		机房工程设计
		需提请在设计审批时解决或确定的主要问题

（续）

项目	内容或成果文件	要点
建筑电气专业设计	设计图纸	电气总平面图
		变、配电系统
		配电系统
		防雷系统、接地系统
		电气消防
		智能化系统
	主要电气设备表	注明主要电气设备的名称、型号、规格、单位、数量
	计算书	用电设备负荷计算
		变压器、柴油发电机选型计算
		典型回路电压损失计算
		系统短路电流计算
		防雷类别的选取或计算
		典型场所照度值和照明功率密度值计算
		因条件不具备不能进行计算的内容,应在初步设计中说明,并应在施工图设计时补算
给水排水专业设计	设计说明书	设计依据
		工程概况
		设计范围
		建筑小区(室外)给水设计
		建筑小区(室外)排水设计
		建筑室内给水设计
		建筑室内排水设计
		中水系统
		节水、节能减排措施
		对有隔振及防噪声要求的建筑物、构筑物,说明给水排水设施所采取的技术措施
		对特殊地区(地震、湿陷性或胀缩性土、冻土地区、软弱地基)的给水排水设施,说明所采取的相应技术措施
		对分期建设的项目,应说明前期、近期和远期结合的设计原则和依据性资料
		当项目按绿色建筑要求建设时,说明绿色建筑设计目标,采用的主要绿色建筑技术和措施
		当项目按装配式建筑要求建设时,说明装配式建筑给水排水设计目标,采用的主要装配式建筑技术和措施
		各专篇(项)中给水排水专业应阐述的问题;给水排水专业需专项(二次)设计的系统及设计要求
		存在的问题:需提请在设计审批时解决或确定的主要问题
		施工图设计阶段需要提供的技术资料等

（续）

项目	内容或成果文件	要点
给水排水专业设计	设计图纸（对于简单工程项目初步设计阶段可不出图）	建筑小区（室外）应绘制给水排水总平面图
		建筑室内给水排水平面图和系统原理图
	设备及主要材料表	
	计算书	各类生活、生产、消防等系统用水量和生活、生产排水量，园区、屋面雨水排水量，生活热水的设计小时耗热量等计算
		中水水量平衡计算
		有关的水力计算及热力计算
		主要设备选型和构筑物尺寸计算
供暖通风与空气调节专业设计	设计说明	设计依据
		设计范围
		设计计算参数
		供暖设计说明
		空调设计说明
		通风设计说明
		防烟排烟设计说明
		空调通风系统的防火、防爆措施说明
		节能设计说明
		当项目按绿色建筑要求建设时，说明绿色建筑设计目标，采用的主要绿色建筑技术和措施
		当项目按装配式建筑要求建设时，说明装配式建筑设计目标，采用的主要装配式建筑技术和措施
		废气排放处理和降噪、减振等环保措施
		需提请在设计审批时解决或确定的主要问题
	设备表	
	设计图纸	供暖通风与空气调节初步设计图纸
		系统流程图
		供暖平面图
		通风、空调、防烟排烟平面图
		冷热源机房平面图
热能动力专业设计	设计说明书	设计依据
		设计范围
		锅炉房设计说明
		其他动力站房设计说明
		室内管道设计说明
		室外管网设计说明
		节能、环保、消防、安全措施说明等

（续）

项目	内容或成果文件	要点
热能动力专业设计	设计说明书	当项目设计为绿色建筑时,说明绿色建筑设计目标,采用的主要绿色建筑技术和措施
		需提请设计审批时解决或确定的主要问题
	设计图纸	热力系统图
		锅炉房平面图
		其他动力站房平面布置图及系统原理图
		室内外动力管道平面走向图
	主要设备表	
	计算书	对于负荷、水电和燃料消耗量、主要管道管径、主要设备选择等,应做初步计算

项目初步设计应符合已审定的方案设计内容,设计深度能据以确定土地征用范围、准备主要设备及材料,并作为审批确定项目投资的依据。具体要求详见现行的《建筑工程设计文件编制深度规定》。

2. 初步设计文件审查与优化

（1）审查与优化依据　初步设计审查与优化主要有以下依据：

1）国家相关法律法规及政策。

2）各专业执行的设计规范、标准及现行国家及项目所在地的有关标准、规程。

3）政府有关主管部门的批文、可行性研究报告、立项书、方案文件等的文号或名称。

4）批准的方案设计。

5）规划、用地、环保、卫生、绿化、消防、人防、抗震等要求和依据资料。

6）投资人提供的有关使用要求或生产工艺等资料。

7）建设场地的自然条件和施工条件。

8）有关的合同、协议、设计任务书等。

9）其他的有关资料。

（2）审查与优化内容　工程咨询单位或投资方组织各专业专家审查初步设计文件,重点审查选材是否经济、做法是否合理、节点是否详细、图纸有无错缺碰漏等问题。书面整理专家意见,与投资人和专业咨询工程师（设计）共同讨论交换意见,达成共识后,进行设计文件优化修改。初步设计审查合格后,需按当地建设行政主管部门的规定,将初步设计文件报送建设行政主管部门审查。

初步设计的审查应当包括下列主要内容：

1）是否按照方案设计的审查意见进行了修改。

2）是否达到初步设计的深度,是否满足编制施工图设计文件的需要。

3）是否满足消防设计规范的要求。

4）建筑专业。①建筑面积等指标是否有大的变化；②建筑功能分隔是否得到深化,总平面、楼层平面、立面设计是否深入；③主要装修标准是否明确；④各楼层平面是否分隔合理,有较高的平面使用系数。

5）结构专业。①结构体系选择是否恰当,基础形式是否合理；②各楼层布置是否合理。

6）设备专业。①系统设计是否合理；②主要设备选型是否得当、明确。

7）有关专业重大技术方案是否进行了技术经济分析比较，是否安全、可靠。

8）初步设计文件采用的新技术、新材料是否适用、可靠。

9）设计概算编制是否按照国家和地方现行有关规定进行编制，深度是否满足要求。

（三）初步设计文件编审程序

工程咨询单位编审初步设计文件程序如图 5-4 所示。

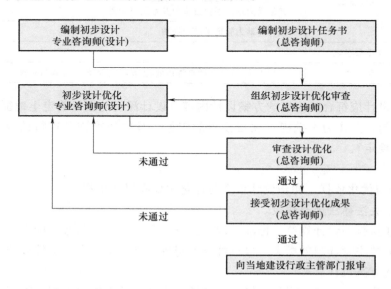

图 5-4　工程咨询单位编审初步设计文件程序

（四）初步设计注意事项

1）初步设计深度不足是目前建设项目初步设计存在的一个普遍问题。因此，加强设计阶段各专业咨询工程师（设计）的业务水平很关键。

2）注重初步设计不能与可行性研究报告的方案和投资偏离，初步设计应是可行性研究报告的深化。

四、施工图设计

施工图设计一是用于指导施工，二是用作工程预算编制的依据。施工图设计文件成果应符合现行的《建筑工程设计文件编制深度的规定》。

（一）施工图设计文件编制依据

施工图设计文件的编制依据，除设计阶段咨询依据外，还有以下依据：

1）与拟建项目有关的国家法律、法规及政策。

2）《实施工程建设强制性标准监督规定》（建设部令第 81 号）（2015 年修订）。

3）《房屋建筑和市政基础设施工程施工图设计文件审查管理办法》（建设部令第 134 号）（2013 年修订）。

4）拟建项目各专业工程应执行的国家设计标准、规范、规程。

5）拟建项目有关的政府主管部门的批文批复，关于初步设计建设项目所在地建设行政主管部门的批复意见。

6）关于初步设计审查意见。

7）批准的初步设计，设计任务书或协议书，详细的勘察资料。

8）其他有关资料。

（二）施工图设计文件编制内容

施工图设计文件包括合同要求所涉及的所有专业的设计图纸（含图纸目录、说明和必要的设备、材料表等）以及图纸总封面；对于涉及建筑节能设计的专业，其设计说明应有建筑节能设计的专项内容；涉及装配式建筑设计的专业，其设计说明及图纸应有装配式建筑专项设计内容。施工图设计文件内容具体详见表5-2。

表 5-2 施工图设计文件内容

专业	内容
总平面专业设计	图纸目录
	设计说明
	总平面图
	竖向布置图
	土石方图
	管道综合图
	绿化及建筑小品布置图
	详图
	计算书
建筑专业设计	图纸目录
	设计说明
	平面图
	立面图
	剖面图
	详图
结构专业设计	图纸目录
	结构设计总说明
	基础平面图
	基础详图
	结构平面图
	钢筋混凝土构件详图
	混凝土结构节点构造详图
	其他图纸(楼梯图、预埋件、特种结构和构筑物等)
	钢结构设计施工图
	计算书

（续）

专业	内容
建筑电气专业设计	图纸目录
	设计说明
	图例符号（应包括设备选型、规格及安装等信息）
	电气总平面图（仅有单体设计时，可无此项内容）
	变、配电站设计图
	配电、照明设计图
	建筑设备控制原理图
	防雷、接地及安全设计图
	电气消防设计
	智能化各系统设计
	主要电气设备表
	计算书
	当采用装配式建筑技术设计时，应明确装配式建筑设计电气专项内容
给水排水专业设计	图纸目录
	设计总说明和图例
	建筑小区（室外）给水排水总平面图
	室外排水管道高程表或纵断面图
	自备水源取水工程，应按照现行的《市政公用工程设计文件编制深度规定》要求，另行专项设计
	雨水控制与利用及各净化建筑物、构筑物平、剖面及详图
	水泵房平面、剖面图
	水塔（箱）、水池配管及详图
	循环水构筑物的平面、剖面及系统图
	污水处理
	建筑室内给水排水图纸：平面图、系统图、局部放大图等
	设备及主要材料表
	计算书
	当采用装配式建筑技术设计时，应明确装配式建筑设计给水排水专项内容
供暖通风与空气调节专业设计	图纸目录
	设计说明和施工说明
	设备表，施工图阶段性能参数栏应注明详细的技术数据
	平面图
	通风、空调、制冷机房平面图和剖面图
	系统图、立管或竖风道图
	通风、空调剖面图和详图
	室外管网设计深度要求
	计算书
	当采用装配式建筑技术设计时，应明确装配式建筑设计暖通空调专项内容

（续）

专业	内容
热能动力专业设计	图纸目录
	设计说明、施工说明与运行控制说明
	锅炉房图
	其他动力站房图
	室内管道图
	室外管网图
	设备及主要材料表
	计算书

根据审查批准的初步设计进行编制和交付的施工图设计成果文件，须能满足施工招标、施工安装、材料设备订货、非标设备制作、加工及编制施工图预算的要求。具体要求见现行的《建筑工程设计文件编制深度规定》。

（三）施工图设计文件审查

施工图设计文件包括合同要求所涉及的所有专业的设计图纸（含图纸目录、说明和必要的设备、材料表及图纸总封面）、合同要求的工程预算书、各专业计算书。施工图设计文件审查包括施工图设计审查和施工图预算审查。

施工图设计审查分为工程咨询单位自行组织的技术性及符合性审查以及建设行政主管部门认定的施工图审查机构实施的工程建设强制性标准及其他规定内容的审查，完成审查后的施工图文件应到建设行政主管部门进行备案。

1. 工程咨询单位对施工图设计的审查

工程咨询单位对施工图设计审查应在施工图出图后及送建设部门行政审查前，组织投资人、专业咨询工程师等对施工图的设计内容进行内部审查，如：专业咨询工程师（造价）应从预算编制过程中发现的技术问题，或从造价控制的角度提出意见与建议；而专业咨询工程师（监理）应结合施工现场（比如，技术的可靠性、施工的便利性、施工的安全性等方面）提出意见与建议；工程咨询单位应从施工图是否满足投资人需求等方面进行审查。

工程咨询单位对各部门审查意见进行汇总，并召开专题会议共同讨论，由专业咨询工程师（设计）对施工图进行修改、完善，最后形成正式的施工图。

施工图设计文件应正确、完整和详尽，并确定具体的定位和结构尺寸、构造措施，材料、质量标准、技术细节等，还应满足设备、材料的采购需求，满足各种非标设备的制作需求，满足招标及指导施工的需要。

工程咨询单位对施工图设计审查的主要内容应包括：

（1）建筑专业

1）建筑面积是否符合政府主管部门批准意见和设计任务书的要求，特别是计入容积率的面积是否核算准确。

2）建筑装饰用料标准是否合理、先进、经济、美观，特别是外立面是否体现了方案设计的特色，内装修标准是否符合投资人的意图。

3）总平面设计是否充分考虑了交通组织、园林景观，竖向设计是否合理。

4）立面图、剖面图、详图是否表达清楚。

5）门窗表是否能与平面图对应，其统计数量有无差错，分隔形式是否合理。

6）消防设计是否符合消防规范，包括防火分区是否超过规定面积，防火分隔是否达到耐火时限，消防疏散通道是否具有足够宽度和数量，消防电梯设置是否符合要求。

7）地下室防水、屋面防水、外墙防渗水、卫生间防水、门窗防水等重要位置渗漏的处理是否合理。

8）楼地面做法是否满足投资人要求。

（2）结构专业

1）结构设计总说明内容是否准确全面，结构构造要求是否交代清楚。

2）基础设计是否符合初步设计确定的技术方案。

3）主体结构中的结构布置选型是否符合初步设计及其审查意见，楼层结构平面梁、板、墙、柱的标注是否全面，配筋是否合理。

4）结构设计是否满足施工要求。

5）基坑开挖及基坑围护方案的推荐是否合理。

6）钢筋含量、节点处理等问题是否合理。

7）土建与各专业的矛盾问题是否解决。

（3）设备专业

1）系统是否按照初步设计的审查意见进行布置。

2）与建筑结构专业是否有矛盾。

3）消防工程设计是否满足消防规范的要求，包括火灾报警系统、防烟排烟系统、消火栓系统、喷淋系统以及疏散广播系统等。

4）给水管供水量及管道走向、管径是否满足最不利点供水压力需要，是否满足美观需要。

5）排水管的走向及布置是否合理。

6）管材及器具选择是否符合规范规定。

7）水、电、煤、消防等设备、管线安装位置设计是否合理、美观且与建筑设计是否有矛盾。

8）煤气工程是否满足煤气公司规定的要求。

9）室内电器布置是否合理、规范，强、弱电室内外接口是否满足电话局、供电局及设计要求。

10）用电设计容量和供电方式是否符合供电局规定要求。

完成内部审查后，应及时送至相关的施工图审查机构进行审查，并取得施工图审查合格书。

2. 施工图审查机构对施工图设计的审查

审查的主要内容包括：

1）是否符合工程建设强制性标准。

2）地基基础和主体结构的安全性。

3）是否符合民用建筑节能强制性标准，对执行绿色建筑标准的项目，还应当审查是否符合绿色建筑标准。

4）勘察设计企业和注册执业人员以及相关人员是否按规定在施工图上加盖相应的图章和签字。

5）法律、法规、规章规定必须审查的其他内容。

（四）施工图设计文件编审程序

施工图设计文件的编审程序如图 5-5 所示。

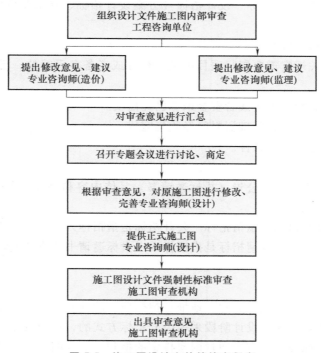

图 5-5　施工图设计文件的编审程序

（五）施工图设计文件编审注意事项

1）施工图审查机构一定要具备相应资质，超限高层建筑工程的施工图设计文件审查应当由经国务院建设行政主管部门认定的具有超限高层建筑工程审查资格的施工图设计文件审查机构承担。

2）同一项目的工程勘察文件与施工图设计文件原则上应委托同一审查机构审查。

3）工程咨询单位对施工图设计进行审查时，要注意是否所有的施工图都加盖了专业咨询工程师（设计）的出图章，设计人、校对人、专业负责人、设计总负责人的签字是否齐全并且有专业会签。

第四节　工程设计阶段招标投标

一、设计阶段招标投标概述

（一）设计阶段招标种类

设计阶段的招标分为设计全过程招标和分阶段招标。

（1）设计全过程招标　从方案设计开始招标，由中标单位完成全过程设计工作，一般针对技术难度和复杂性较小的项目。

（2）分阶段招标　常见的分阶段招标分为方案设计招标和施工图设计招标（包含初步设计），一般针对大型、复杂项目，分阶段进行设计招标。

（二）设计阶段招标条件

设计阶段招标包括勘察招标、设计招标（方案设计招标、施工图设计招标），在招标时应当具有下列条件：

1）招标人已经依法成立。

2）按照国家有关规定需要履行项目审批、核准或者备案手续的，已经审批、核准或者备案。

3）勘察、设计有相应资金或者资金来源已经落实。

4）所必需的勘察、设计基础资料已经收集完成。

5）法律法规规定的其他条件。

（三）设计阶段招标方式、招标公告（投标邀请书）

设计阶段招标方式、招标公告（投标邀请书）具体内容和要求见本书第六章介绍。

1. 设计阶段招标方式

设计招标分为公开招标、邀请招标。公开招标是指招标人以招标公告的方式邀请不特定的法人或者其他组织招标。邀请招标是指招标人以投标邀请书的方式邀请特定的法人或者其他组织投标。

2. 招标公告（投标邀请书）

招标公告应当载明招标人的名称、地址、招标项目的性质、数量、实施地点和时间以及获取招标文件的方法等事项。设计阶段采用公开招标方式的，应当发布招标公告。依法必须进行招标的项目的招标公告，应当通过国家指定的报刊、信息网络、其他媒介发布。

投标邀请书适用邀请招标方式，应当向三个以上具备承担招标项目的能力、资信良好的特定法人或者其他组织发出。

（四）设计阶段招标工程咨询单位的工作内容

工程咨询单位在设计阶段招标工作，承担以下工作内容：

1）开展招标策划工作，主要包括招标采购模式及合同模式的选择，标段的划分，总承包与专业分包、各专业分包之间、各标段之间的界面划分，拟采用的合同范本等。

2）协助落实招标采购条件。

3）组织编制或审核招标采购计划。

4）组织潜在投标单位的考察管理。

5）组织编制招标采购前期准备文件。

6）监督和管理招标采购实施过程。

7）参与合同谈判和签订工作。

二、设计招标投标的主要内容

（一）招标要求

（1）招标文件要求　招标文件应明确工程设计项目的名称、地点、规模、投资背景、设计范围、质量标准、设计周期、设计费用、付款方式、履约保证、违约责任等详细要求。招标文件需经招标人盖章确认后对外发布，作为投标人编制投标文件的依据。

（2）设计理念要求（方案招标阶段） 招标人应提出明确的设计理念，包括设计目标、空间布局、功能需求、技术选型等方面的要求。设计理念应充分考虑项目特点、使用需求、地域文化等因素，同时注重节能、环保和可持续发展。

（3）建筑材料要求 包括材料规格、质量标准、采购流程、库存管理等方面的要求。投标人应选用符合项目特点和招标文件要求的优质材料，严格遵守国家相关规范和标准，确保施工质量和使用安全。投标人应注重材料采购流程的规范化和库存管理的科学化，确保材料质量和及时供应。

（二）招标组织

（1）发布招标公告 招标人应通过官方渠道或者媒体平台发布招标公告，包括项目名称、地点、规模、投资背景、设计范围、质量标准、设计周期、设计费用、付款方式、履约保证、违约责任等详细要求。招标人还应在发布招标信息中明确投标人的资格要求、招标文件获取方式以及递交投标文件的时间和地点等内容。

（2）接受投标申请 招标人应接受投标人的投标申请，并收集投标文件。投标人应在规定的递交投标文件时间内，按照招标文件要求提交投标文件，并缴纳相应的投标保证金。招标人应对投标人的资格进行初步审查，确保符合招标文件规定的资格要求。

（3）审核投标申请材料 招标人应对投标人提交的投标申请材料进行审核，主要包括投标人的资格证明材料、业绩材料、设计方案等。招标人应严格遵守审核标准，确保投标人的材料真实可靠，符合招标文件要求。

（4）组织评审委员会 招标人应组织评审委员会对投标文件进行评审。

（5）确定评审方法和标准 评审委员会应根据招标文件要求和项目特点，制定评审方法和标准。

（6）评审投标文件 评审委员会应对所有符合资格要求的投标文件进行评审。在方案设计招标中，主要对设计方案的技术性、经济性、创新性、可行性等方面进行评估。评审委员会应根据评审方法和标准对投标文件进行打分或评级；在施工图设计招标中，则是根据评审方法和标准进行打分或评级。

（7）确定中标人 评审委员会应根据评审结果和招标文件要求，确定中标人。

（8）签订合同 签订合同是招标投标流程中的法律程序，旨在明确双方的权利和义务，确保项目的顺利进行。合同应当在中标公示期满且无异议后30个工作日内签订完毕。

三、建筑方案设计招标

1. 招标类型

根据设计条件及设计深度，建筑工程方案设计招标类型分为建筑工程概念性方案设计招标和建筑工程实施性方案设计招标两种类型。招标人应在招标公告或者投标邀请书中明示采用何种招标类型。

2. 招标方式的选择

建筑工程方案设计招标方式分为公开招标和邀请招标。

全部使用国有资金投资或者国有资金投资占控股或主导地位的建筑工程项目，以及国家发展改革委确定的国家重点项目和省、自治区、直辖市人民政府确定的地方重点项目，应当公开招标。其他项目可以邀请招标。

对于依法必须进行公开招标的建筑工程项目，有下列情形之一的可以进行邀请招标：

1）项目的技术性、专业性强，或者环境资源条件特殊，符合条件的潜在投标人数量有限的。

2）如采用公开招标，所需费用占建筑工程项目总投资额比例过大的。

3）受自然因素限制，如采用公开招标，影响建筑工程项目实施时机的。

4）法律、法规规定不宜公开招标的。

3. 建筑方案设计招标相关要求

1）概念性方案设计招标或者实施性方案设计招标的中标人应按招标文件要求承担方案及后续阶段的设计和服务工作。

2）如果招标人只要求中标人承担方案阶段设计，而不再委托中标人承担或参加后续阶段工程设计业务的，应在招标公告或投标邀请书中明示，并说明支付中标人的设计费用。采用建筑工程概念性方案设计招标的，招标人应按照国家规定方案阶段设计付费标准的 80%支付中标人。采用建筑工程实施性方案设计招标的，招标人应按照国家规定方案阶段设计付费标准支付中标人。

四、建筑工程设计招标

招标人一般应当将建筑工程的方案设计、初步设计和施工图设计一并招标。确需另行选择设计单位承担初步设计、施工图设计的，应当在招标公告或者投标邀请书中明确。

建筑工程设计招标方式、招标条件、招标组织同方案设计招标。

建筑工程设计招标范围和规模标准按照国家有关规定执行，有下列情形之一的，可以不进行招标：

1）采用不可替代的专利或者专有技术的。

2）对建筑艺术造型有特殊要求，并经有关主管部门批准的。

3）建设单位依法能够自行设计的。

4）建筑工程项目的改造、扩建或者技术改造，需要由原设计单位设计，否则将影响功能配套要求的。

5）国家规定的其他特殊情形。

第五节　设计阶段造价管控

在工程建设项目中，设计阶段的造价管控是整个项目经济性的关键环节。勘察设计作为工程建设项目的前期环节，承担着对项目的勘察和设计任务，其工程造价管理与控制至关重要。从国内外工程实践及造价资料的数据分析得出，方案设计阶段对项目投资的影响范围是 75%~95%；初步设计阶段对项目投资的影响范围是 35%~75%；施工图设计阶段对项目投资的影响范围是 5%~35%。各设计阶段对投资影响程度分析如图 5-6 所示。

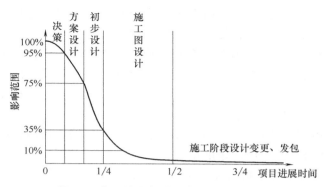

图 5-6 各设计阶段对投资影响程度分析

设计阶段造价管控主要包括设计概算的编制与审核、限额设计和设计方案优化、施工图预算的编制与审核等。

一、设计概算的编制与审核

（一）设计概算编审依据

1）国家有关法律法规、规定和政策。

2）国家工程建设标准、规范。

3）国家行业行政主管部门和地方政府发布的概算定额、指标（或预算定额）、综合预算定额、综合估价表、工程费用定额、工期定额及相关费用规定，以及《建设项目设计概算编审规程》（CECA/GC2—2015）等。

4）工程所在地权威部门发布的建设工程价格信息。

5）拟建项目的可行性研究报告、方案文件及各类批复文件。

6）拟建项目的规划、用地、环保、消防、卫生、人防、绿化、抗震等要求和依据资料。

7）拟建项目的勘察文件、初步设计文件。

8）建设单位提供的有关概算的其他资料。

9）有关文件、合同、协议等。

10）其他计价依据资料。

（二）设计概算编审内容

1. 编制的主要内容

（1）建设项目总概算及单项工程综合概算的编制

1）总概算的编制说明：内容为建设项目的共有特征，并针对具体项目的独有特征进行阐述；编制依据应符合现行的金融、财务、税收制度，符合国家或项目建设所在地政府经济发展政策和规划；概算编制说明还应对概算存在的问题进行说明，比如不确定因素、考虑外部衔接等问题。可参考《建设项目设计概算编审规程》（CECA/GC2—2015）中附表对工程费用等进行计算。

2）工程费用项目编列：

① 主要工艺生产装置包括直接参加生产产品和中间产品的工艺生产装置。

② 辅助工艺生产装置是指为主要生产项目服务的工程项目，包括集中控制室、中央试验室、机修、电修、仪修、汽修、化验、仓库工程等。

③ 公用工程是指为全厂统一设置的公用设施：如给水排水工程（循环水场、给水排水泵房、水塔、水池、消防、给水排水管网等）、供热工程（锅炉房、热电站、软化水处理设施及全厂热力管网）、供电及电信工程（全厂变配电所、电话站、广播站、微波站、全厂输电线路、场地道路照明、电信网络等）。

④ 总图运输包括厂区及竖向大型土石方、防洪、厂区路、桥涵、护坡、沟渠、铁路专用线、运输车辆、围墙大门、厂区绿化等。

⑤ 生产管理服务性工程是指为办公生产服务的工程，包括传达室、厂部办公楼、厂区食堂、医务室、浴室、哺乳室、倒班宿舍、招待所、培训中心、车库、自行车棚、哨所、公厕等。

⑥ 生活福利工程是指为职工住宅区服务的生活福利设施工程，如宿舍、住宅、生活区食堂、托儿所、幼儿园、商店、招待所、卫生所、俱乐部以及其他福利设施。

⑦ 厂外工程是指建设单位的建设、生产、办公等直接服务的厂区以外的工程，如水源工程、输水与排水管线、厂外输电线路、通信线路、输气线路、铁路专用线、公路、桥梁码头等。

（2）工程建设其他费用、预备费、专项费用概算编制

1）工程建设其他费用、预备费、专项费用概算的计算方法可以参考《建设项目设计概算编审规程》（CECA/GC 2—2015），有合同或国家以及各省、市或行业有规定的，按合同和有关规定计算。

2）涉及技术引进的项目，在概算编制阶段一般已经签订合同或协议，国外技术人员现场服务费和接待费按已经签订合同或协议费用计算；出国人员差旅费和生活费按规定标准计算，引进设备材料国内检验费可按受检设备材料费的1%计算，图纸资料翻译复制费、银行担保及承诺费、国内安装保险费等按有关规定计算。

3）工程建设其他费用概算表格形式可以参见《建设项目设计概算编审规程》（CECA/GC 2—2015）。

4）基本预备费费率可针对项目特点而不同；价差预备费中的投资价格指数按国家颁布的计取。

5）应列入项目概算总投资中相关费用的规定：

① 资金来源有多种渠道，如自有资金、基建贷款、外币贷款、合作投资、融资等，还有资产租赁等其他形式。除自有资金、合作投资外，要计算这些资金或资产在建设期的时间价值列入概算，该规程按贷款方式规定了建设期利息计算方法，其他资金或资产在建设期的时间价值按有关规定或实际发生额度计算。在编制说明中还应对资金渠道进行说明，发生资产租赁的，说明具体租赁方式及租金。

② 一般铺底流动资金按流动资金的30%计算，也可按其他方法计算。

③ 固定资产投资方向调节税暂停征收，规定征收时计算，并计入概算。

（3）单位工程概算的编制

1）单位工程概算书是概算文件的基本组成部分，单项工程概算文件由单位工程概算汇总编制，单位工程概算是编制单项工程综合概算（或项目总概算）的依据。

2）单位工程概算一般分土建、装饰、供暖通风、给水排水、照明、工艺安装、自控仪表、通信、道路、总图竖向等专业或工程分别编制。

① 单位工程概算编制深度是影响概算文件编制深度的一个重要因素，应按构成单位工程的主要分部分项工程编制，根据初步设计工程量按工程所在省（自治区、直辖市）颁发的概算定额（指标）或行业概算定额（指标），以及工程费用定额计算。必要时结合施工组织设计进行详细计算。在满足投资控制和造价管理的条件下，对于通用结构建筑可采用"造价指标"编制概算。

② 安装工程单位工程概算编制深度是影响概算文件编制深度的另一个重要因素，对其涉及的设备、主要材料以及它们的安装施工费用应进行详细计算。对主要设备、主要材料进行多方询价，认真分析比较确定合理的价格；对关键工程的工程量进行认真核算，结合施工组织设计，合理计算概算造价。

（4）调整概算的编制

1）如果设计概算经批准后调整，需要经过原概算审批单位同意，方可编制调整概算。调整概算需有充分的理由，需要调整概算的原因包括：

① 重大自然灾害对已建工程造成巨大破坏，重建这些破坏工程费用超出基本预备费规定范围，可以调整概算。由于国家规定的安全设防标准提高引起的费用增加超出基本预备费规定范围，也可以调整概算。如果发生该原因而需调整概算时，需要先重新编制可行性研究报告，经论证评审可行审批后，才能编制调整概算。投资人和专业咨询工程师（设计、造价）在调查分析的基础上编制调整概算，按规定的审批程序报批。

② 属国家重大政策性变动因素，如财务税收、金融、产业调整、安全环保等，同时包括在国家市场经济调控范围内的影响工程造价的主要设备材料的价格大幅度波动等因素。投资人自行扩大建设规模、提高建设标准等而增加费用不予调整。

2）当调整变化内容较多时，调整前后概算对比表，以及主要变更原因分析应单独成册，也可以与设计文件调整原因分析一起编制成册。在上报调整概算时，应同时提供原设计的批准文件、重大设计变更的批准文件、工程已发生的主要影响工程投资的设备和大宗材料购买货发票（复印件）和合同等作为调整概算的附件。

2. 审查的主要内容

设计概算审查的主要内容有：

1）审查设计概算文件是否齐全。

2）审查设计概算的编制依据：审查的重点有：①审查编制依据的合法性；②审查编制依据的时效性；③审查编制依据的适用范围。

3）审查概算编制深度：审查重点有：①审查编制说明；②审查概算编制深度；③审查概算的编制范围。

4）审查建设规模、标准：审查重点有：①审查概算的投资规模、生产能力、设计标准、建设用地、建筑面积、主要设备、配套工程等是否符合原批准可行性研究报告或立项批文的标准；②如概算总投资超过原批准投资估算10%以上，应进一步审查超估算的原因，确因实际需要投资规模扩大，需要重新立项审批。

5）审查设备规格、数量和配置。

6）审查建筑安装工程工程费，根据初步设计图纸、概算定额及工程量计算规则等，审查是否有多算、重算、漏算。

7）审查计价指标。

8）审查其他费用。

（三）设计概算编审程序

项目设计概算编审程序如图5-7所示。

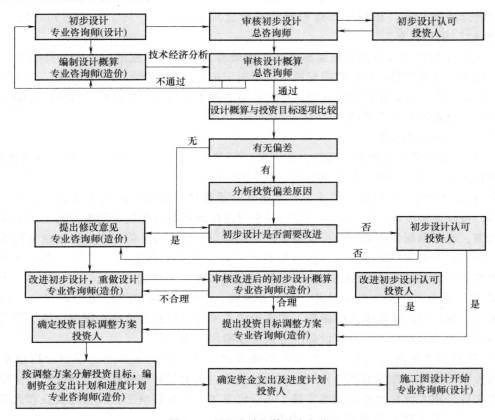

图5-7 项目设计概算编审程序

（四）设计概算编审注意事项

1）要了解建设工程的概况。认真阅读设计说明书，充分了解设计意图，必要时到工程现场实地查看。

2）重点加强对建筑安装工程费和设备及工器具购置费的审核。

3）设计概算应包含整个建设项目的投资，避免概算漏项。

4）设计概算要提供单项工程概算表和单位工程概算表。当一个项目由多个单项工程组成时应编制单项工程概算表，并以其所辖的建筑工程、设备安装工程为基础汇总编制。单位工程概算表分为建筑工程概算表、设备安装工程概算表。

5）若审查后初步设计概算超出立项批复的投资额，工程咨询单位需要与投资人共同做出决策：是降低建设标准还是减少建筑面积，或重新立项报批。

二、限额设计

限额设计是指按照批准的可行性研究报告中的投资额度进行初步设计，按照批准的初步设计概算进行施工图设计，如对应的施工图预算超概算的，则必须对施工图设计进行修改调整，直到满足需要，这个设计过程体现了限额设计。限额设计是在投资额度不变的情况下，实现建设使用功能和规模最大化。

1. 限额设计的依据

1）国家相关法律法规、政策文件。

2）《建筑工程方案设计招标投标管理办法》（2008 年版）。

3）《建筑工程设计文件编制深度规定》（2016 年修订）。

4）《工程建设标准强制性条文（房屋建筑部分）》（2013 年修订）。

5）项目可行性研究报告、投资人需求书、不同深度的勘察设计文件（含技术要求），决策和设计阶段造价文件等。

6）项目资金来源、项目性质、项目技术要求，投资人对项目工期、质量和造价的要求等。

2. 限额设计的内容

限额设计的控制过程是合理确定项目投资限额，科学分解投资目标，按照分解目标进行设计控制，并监督检查，及时做好反馈形成设计—控制—再设计的循环过程。

（1）合理确定项目投资限额　鉴于经审批的设计任务书中的项目总投资额，即为进行限额设计控制项目造价的主要依据，而设计任务书中的项目总投资额又是根据审批的项目可行性研究报告中的投资估算额下达的，提高项目可行性研究报告中投资估算的科学性、准确性、可信性，便成为合理确定项目投资限额的重要环节。

（2）科学分配初步设计的投资限额　将设计任务书中规定的投资限额分配到各单项工程和单位工程，作为进行初步设计的造价控制目标或称为投资限额，各专业设计人员对项目的总图方案、工艺流程、关键设备、主要建筑和各种费用指标提出方案比选，做出投资限额决定。

（3）根据投资限额进行初步设计　初步设计对关键设备、工艺流程、主要建筑和各种费用指标提出技术方案比较，研究实现可行性研究报告中投资限额的可行性，将设计任务和投资限额分专业下达，促使专业咨询工程师（设计）进行多方案比选。并以单位工程为考核单元，力求将工程造价和工程量控制在限额内。对由于初步设计阶段的主要设计方案与可行性研究阶段的工程设想方案相比较发生重要变化所增加的投资，在概算静态投资不大于同年度估算投资的110%的前提下，经方案优化列入工程概算。初步设计阶段控制概算不超过投资估算，主要是对工程量和设备、材质的控制。对可行性研究阶段不易确定的某些工程量，可参照通用设计或类似已建工程的实物工程量确定。

（4）合理分配施工图设计的造价限额　经审查批准的建设项目或单项工程初步设计及初步设计概算，应作为施工图设计的造价控制限额。各单位工程各专业设计作为其造价控制额进行施工图设计，选用材料及设备等。

（5）施工图设计的造价控制

1）施工图设计必须满足批准的初步设计所确定的设计原则、设计范围、设计内容、功能质量要求。施工图阶段限额设计的重点应放在工程量控制上，控制的工程量标准是经审定的初步设计工程量，并作为施工图设计工程量的最高限额。

2）当建设规模、产品方案、工艺流程或设计方案发生重大变更时，必须重新编制或修改初步设计及其概算，并报原主管部门审批。其限额设计的投资控制额也以新批准的修改或新编的初步设计的概算造价为准。

3. 限额设计的程序

限额设计需要专业咨询工程师的设计人员与造价人员相互协作、相互配合，设计人员应基于建设项目的建设目标、建设周期、建设过程，充分考虑造价的各种影响，对方案进行比较，优化设计；而造价人员应根据设计及时做好造价评估和计算，并进行技术经济分析，实现有效造价管控。

限额设计程序如图 5-8 所示。

4. 限额设计注意事项

1）准确合理分解投资目标，确定投资限额。

2）坚持投资限额的严肃性，如有必要调整必须通过分析论证，按规定程序调整。

3）限额设计应以控制工程量为主要手段，要严格控制建设标准高、可做可不做的分部分项工程的工程量。

4）跟踪限额设计的执行情况，根据各专业特点编制各设计专业投资核算点表进行跟踪核算，并分析产生偏差的原因。

5）建立实施限额设计的奖惩约束机制，在设计合同的条款中明确根据投资限额进行设计，若因设计责任突破投资限额，设计必须修改、返工，并应承担由此带来的损失。鼓励根据节约投资额的大小对设计方实施奖励。

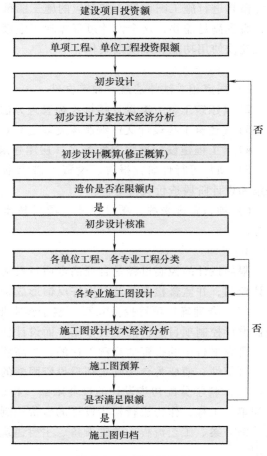

图 5-8　限额设计程序

三、设计方案优化

设计方案优化是设计阶段不可缺少的环节，主要通过科学合理地处理技术先进与经济效益好之间的关系，实现设计方案的技术先进与经济合理的有机统一。前述限额设计也是优化方法的一种，下面介绍的设计方案优化方法更具有普遍性。

（一）设计方案优化的依据

1）国家相关的法律法规、政策规定，国家或省市发布的标准规范、参数和指标等。

2）国家、省市的经济和社会发展规划。

3）国家和地方发布的技术经济参数、指标及各类相关定额等。

4）拟建项目的可行性研究报告、投资估算和设计概算。

5）拟建项目的设计说明书、设计文件和咨询合同。

6）其他基础资料。

（二）设计方案优化的内容

1. 建立评价指标和相关参数体系

衡量设计方案是否优秀，必须依据有关法律法规和标准规范，建立适合项目情况的评价指标和相关参数体系，其内容包括：

1）使用价值指标，即拟建项目应满足功能的指标。

2）反映创造使用价值所消耗的社会劳动消耗量指标。

3）其他相关指标和参数。

指标和参数体系建立时，应按重要程度设置为主要指标/参数、辅助指标/参数。一般在分析比较时选择主要指标。

2. 方案评价

方案评价应遵循效益与费用计算口径一致的原则。各个方案的比较要具有可比性，比较的内容要尽可能全面。

方案评价的步骤：

1）备选方案的筛选，剔除不可行的方案。

2）依据建立的评价指标和参数体系，对备选方案进行全面的分析比较。

3. 方案优化

根据设计方案评价的结果，综合考虑建设项目的质量、造价、安全、工期和环保等因素，对其方案进行优化。

4. 设计方案评价与优化的方法

设计方案评价与优化的方法有价值工程法、目标规划法、层次分析法、模糊综合评价法等。较为常用的是价值工程法。

（1）价值工程法　价值工程（Value Engineering，简称 VE），是降低成本，提高经济效益的有效方法。价值工程主要思想是通过对选定研究对象的功能及费用分析，提高对象的价值。这里的价值，指的是反映费用支出与获得之间的比例，用数学比例式表达如下：

$$价值（V）= 功能（F）/成本（C） \tag{5-1}$$

价值工程主要用于研究对象功能的提高与改进，通过提高功能（F）或降低成本（C）来提升价值（V）。其目标是以最低的生命周期成本，使研究对象具备它所必须具备的功能。提高价值的途径有以下五种：

1）在提高研究对象功能的同时，又降低成本，这是提高价值最为理想的途径，但对生产者要求较高，往往要借助科学技术的突破才能实现。

2）保持研究对象成本不变，通过提高功能，提高利用资源的效果或效用，达到提高价值的目的。

3）保持研究对象功能不变，通过降低生命周期成本，达到提高价值的目的。

4）研究对象功能有较大幅度提高，成本有较少提高。

5）研究对象功能略有下降，成本大幅度降低。

随着价值工程应用范围的扩展，逐渐也应用于多方案间的优选比较，即计算互斥方案的价值系数，选择价值系数靠近1的功能与成本匹配程度较高的方案为较优方案。

（2）目标规划法　它是一种管理和决策的方法，通过确定明确的目标，分析问题、制定计划、实施行动和评估调整等，以实现预期的结果。

（3）层次分析法　它是一种解决多目标的复杂问题的定性与定量相结合的决策分析方法。确定了目标实现的影响因素后两两比较，最后决胜出最有优势的因素，这样的办法可以更好地解决那些难以定量的问题。

（4）模糊综合评价法　它是一种基于模糊数学的综合评价方法。该方法的核心步骤如下：

1）根据模糊数学的隶属度理论将定性评价转化为定量评价，即将事物或对象的各种因素的影响程度转换为模糊数学中的隶属度。

2）利用模糊矩阵描述各因素与评价集之间的模糊关系。

3）通过权重和模糊矩阵的计算，得到最终的评价结果。

（三）设计方案优化程序

项目设计方案优化工作程序如图5-9所示。

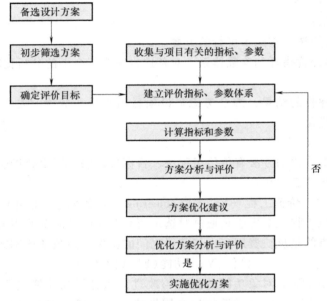

图5-9　项目设计方案优化工作程序

（四）设计方案优化注意事项

1）对于单项工程或单位工程设计的多方案经济比选和优化，应将技术与经济相结合，配合投资人确定合理的建设标准，采用统一的技术经济评价指标体系进行全面对比分析与优化。

2）在进行多方案经济比选、编写优化设计设计文件时，投资人、设计人员要充分沟通，参考同类项目的技术经济指标，提出切实可行的优化方案。

四、施工图预算的编制与审核

（一）施工图预算编制

1. 施工图预算编制依据

1）国家、行业和地方政府有关工程造价管理的法律法规和政策规定。

2）现行建筑工程与安装工程预算定额和费用定额、单位估价表、费用定额等。

3）经审查批准后的拟建项目施工图设计文件。

4）拟建项目施工组织设计或施工方案。

5）经批准的拟建项目的设计概算文件。

6）工程地质勘查资料。

2. 施工图预算编制内容

1）熟悉图纸和预算定额：编制施工图预算前，首先了解设计意图，掌握工程全貌，检查施工图纸是否齐全、尺寸是否清楚，熟悉并掌握预算定额的使用范围、工程内容及工程量计算规则等。

2）了解施工组织设计和施工现场情况：了解施工组织设计中影响工程造价的有关内容。例如，各分部分项工程的施工方法，土方工程中余土外运使用的工具、运距，施工平面图对建筑材料、构件等堆放点到施工操作地点的距离等，以便能正确计算工程量和正确套用或确定某些分项工程的基价。

3）计算工程量：工程量计算应严格按照图纸尺寸和现行定额规定的工程量计算规则，遵循一定的顺序逐项计算分项子目的工程量，避免漏项和重项，该阶段主要编制建筑安装工程费，设备及工具、器具购置费等。

4）套用定额：将汇总后的工程量抄入工程预算表内，并把计算项目的相应定额编号、计量单位、预算定额基价以及其中的人工费、材料费、机械台班使用费填入工程预算表内。

5）计算直接工程费：计算各分项工程直接费并汇总，即为一般土建工程定额直接费，再以此为基数计算其他直接费、现场经费，求和得到直接工程费。

6）计取各项费用及取费标准（或间接费定额）：计算间接费、利润、税金等费用，求和得出工程预算造价，并填入预算费用汇总表中。同时计算技术经济指标，即单方造价。

7）进行工料分析：计算出该单位工程所需要的各种材料用量和人工工日总数，并填入材料汇总表中。

8）按上述1）~7）要求及做法，编制建筑工程预算、安装工程预算后，再计算相应的设备及工具、器具购置费，形成单项工程综合预算。

9）考虑工程建设其他费用及预备费，形成项目总预算。

3. 施工图预算编制程序

施工图预算编制程序如图5-10所示。

（二）施工图预算审核

1. 施工图预算审核依据

施工图预算审核依据主要为报审的施工图预算及相关计算资料，其他依据同施工图预算编制依据。

2. 施工图预算审核内容

施工图预算审查应重点注意以下几个方面：

1）预算列项：既不能多项、重项，也不能漏项。

2）工程量计算：复核计算规则、计量单位、工

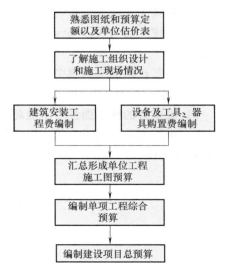

图 5-10 施工图预算编制程序

程量数据是否正确。

3）定额及预算单价的套用：复核其是否漏算、定额套用是否正确。

4）取费标准：复核类别、费率、基数、价差的计算是否正确。

5）其他费用的计算。

3. 施工图预算审核程序

施工图预算审核程序如图 5-11 所示。

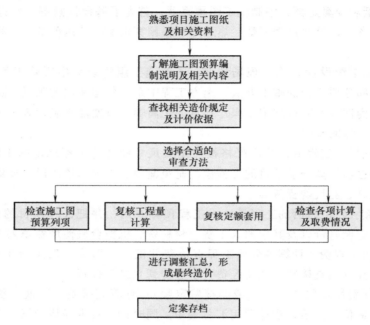

图 5-11　施工图预算审核程序

4. 施工图预算注意事项

1）审核人员应充分理解施工图预算编制思路、选用的审核方法是否合理。

2）审核人员应充分论证收集到的资料及补充资料是否完全支持随后的施工图预算审核。

3）材料价格的来源很多，目前主要建筑材料价格采用由各级造价管理部门发布的材料信息价，施工图预算所用材料信息价是否准确。

4）经审查的施工图预算不能超过初步设计概算。

5）审核人员重点审查施工图预算的工程量计算是否正确、定额套用是否准确、造价计算是否有错误。

第六章

发承包阶段工程咨询

建设项目发承包阶段是在决策阶段、设计阶段形成的咨询成果基础上进行的策划，其主要内容为招标策划。通过招标投标活动，选择具有相应能力和资质的承包人，再通过合同签订，以确定建设项目的功能、规模、质量、造价及工期等，包括发承包双方的权利义务。

第一节　项目招标策划

一、项目招标策划依据

1）国家相关法律法规、政策文件，以及招标投标管理制度等。

2）相关标准规范以及规程。

3）拟建项目可行性研究报告、发包人要求、相关利益需求分析、决策、设计等方面文件。

4）拟建项目资金来源、项目性质、项目技术要求、投资人对工程质量、安全、造价及工期的要求。

5）拟建项目建设场地情况和配套设施建设情况。

6）承包人专业结构和市场供应能力分析等。

根据上述依据进行策划，保证策划的结果符合法律法规的规定。如投标人资格条件、招标周期天数、招标文件异议、最高投标限价、投标保证金、投标文件否决、质疑投诉特殊情形应急处理等均需满足法律规定的最低条件。同时也要结合项目具体情况进行策划，包括有关部门批准的项目可行性研究报告内容、估算、初步设计概算、施工图预算、项目采购需求等工程技术资料。

二、项目招标策划内容

（一）市场调研

通过调查市场情况和竞争状况，了解行业发展趋势，对招标人的需求进行准确分析，确定项目的可行性，为制定具体招标策略提供依据。

（二）制定招标方案

根据项目的特点和需求，确定招标内容及范围、制定标段划分、发承包方式、投标人资格条件、合同形式、评标标准、投标文件格式要求、评标委员会组成等一系列招标策略。

确定招标方案的工作方法一般分为以下几个步骤：

（1）明确招标目的和要求　在制定招标方案之前，需要明确招标的目的是什么，以及具体需要哪些服务或产品，还需要明确招标的时间、地点、方式等。

（2）制定招标规则和标准　招标规则和标准是指招标过程中所遵循的程序和标准，包括采购方式、投标文件要求、评标标准及权重等。

（3）确定招标范围和数量　根据实际需求，明确需要招标的产品或服务的种类、数量、质量标准等。

（4）编制招标文件　招标文件是招标过程中最重要的文件之一，其中包含了招标的具体要求、标准、程序和流程等信息。招标文件需要慎重编写，确保其准确、清晰、完整。

（5）发布招标公告　招标公告是让所有可能的供应商或承包商知道该项目的招标情况，并且可以自愿参与竞标的通知。招标公告可以通过多种途径发布，如报纸、网站、电视等。

（6）接收投标文件　收到投标文件后，需要进行资格审查，以确保投标人符合规定的招标条件和资格要求。

（7）评标和中标　评标是根据制定的评标标准和权重对投标文件进行综合评估的过程。最后，确定中标供应商或承包商并签订合同。

（三）标段划分

1. 标段划分的原则

1）按照项目的类型、规模、特点、技术的复杂程度，综合分析项目的总体要求，确定项目管理模式和相应的合同形式。

2）按照招标人的项目资金状况、自身的管理能力、对项目目标（工期目标、费用目标、质量目标）的要求、项目进度款支付的方式，并同时考虑整个项目按过程的结构分解，以项目进展阶段来分别确定是采用平行发包方式还是采用总发包方式。

3）按照发包人对项目管理介入的深度、对承包人的期望和信任程度、项目所在区域的法律环境、市场竞争激烈程度、物价的稳定性，并考虑地质、气候、自然、现场条件的确定性和项目资源，如资金、材料、设备等供应及限制条件等，确定招标项目分解的层次。

4）按照招标项目的专业性质和管理特点，综合考虑所有分解项目之间的横向联系，如管理关系、协调关系、合同关系、多方协议、配合协议等。

5）在项目实施过程中，应该根据项目的实际进展情况及时地对招标项目进行修改和完善，使之更加符合项目的实际情况且更具操作性。

2. 标段划分的目的

1）招标项目的合理划分标段，可以实现以合同管理为中心的项目管理理念。合同管理以法律为依据，在合法的前提下最大限度地通过合同手段维护项目的整体利益。

2）招标项目的合理划分标段，可以实现质量、进度、费用三大项目目标的辩证统一的管理，最大限度地将项目管理中的各种问题纳入到合同管理的范围中，使参与项目实施的任何一方都能以合同为依据，享有权利，履行义务，共同保证项目的综合目标得以实现。

3）招标项目的合理划分标段，可以减少项目管理过程中的各种矛盾、纠纷、索赔，以科学合理的合同体系为约束，督促项目参与方完成各自的项目任务。

4）招标项目的合理划分标段，可以使费用控制更加科学、有序。从可行性研究中的费用估算和预分解，到项目实施过程中预算控制，以及费用支出计划、资金流量表和挣值分析都与招标项目的分解紧密相关。

　　3. 标段划分的方式

　　（1）按照项目的进展阶段和工作流程划分　按照项目的进展阶段和工作流程划分招标项目，可以明确划分各个工作的内容范围及工作界面，使各工作界面明确且充分搭接，工作程序科学、有序，如图 6-1 所示。

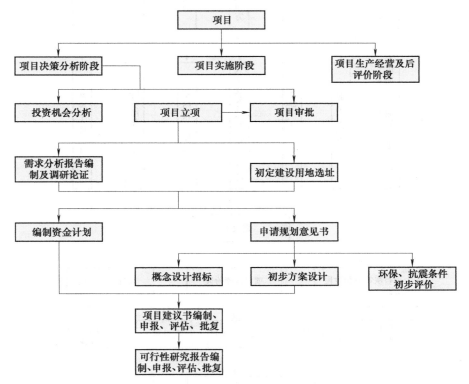

图 6-1　按照项目的进展阶段和工作流程划分

　　（2）按照项目可交付成果划分　按照项目可交付成果划分招标项目，是以合同的签订对象为划分目标，如图 6-2 所示。这样划分的主要目的是使参与项目建设过程各方能够以合同约定为依据密切配合、相互提供条件，以使各方的合同义务都能顺利履行。

　　（3）综合考虑进展阶段和可交付成果来划分　对于多数项目的实施，需要同时采用上述两种方法，即综合考虑按照项目的进展阶段和工作流程划分招标项目，以及按照项目可交付成果划分招标项目，如图 6-3 所示。

　　（四）合同总体策划

　　合同总体策划是指在签订合同之前，对合同的目标、内容、结构、风险控制等方面进行整体规划和设计的过程。这个过程对于确保合同符合商业目标、保障合同权益、降低合同风险、促进合同履行等方面都具有重要的意义。

　　1. 发承包方式策划

　　项目招标策划先要确定发承包方式，现有的发承包方式有平行承包方式、总承包方式和混合承包方式等。

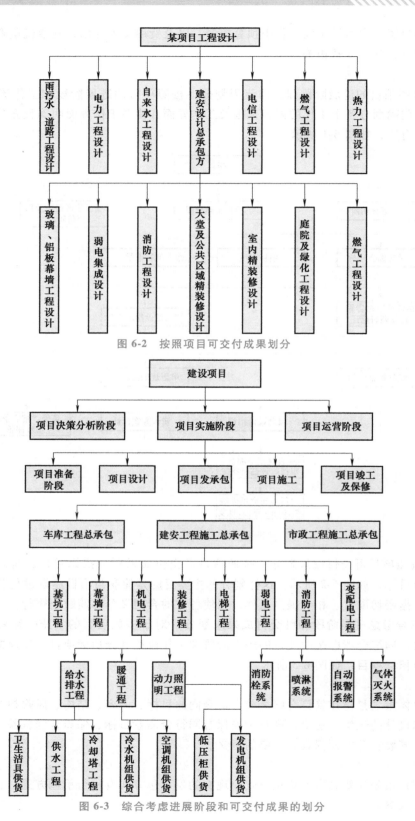

图 6-2 按照项目可交付成果划分

图 6-3 综合考虑进展阶段和可交付成果的划分

（1）平行承包方式 这种组织方式也称为分别发承包方式，是发包人根据项目的实际需要把项目分解为若干标段后分别发包出去。例如，工程建设项目采用平行承包方式将设计任务分别委托给多个设计院，或把工程项目的施工任务分别发包给多个施工单位，此时各设计单位、各施工单位之间的关系是平行的，如图6-4所示。对设计而言，平行发包最小单元是单项工程具有独立的设计文件；对施工而言，平行发包最小单元是单位工程能够独立组织施工。

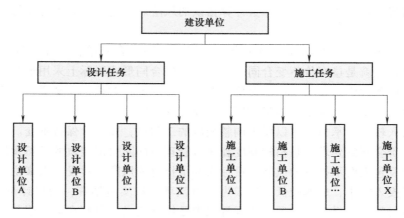

图 6-4 平行承包方式

（2）总承包方式 工程总承包的方式通常包括设计采购施工总承包（EPC）、设计采购与施工管理总承包（EPCM）、设计施工总承包（DB）三种模式。

（3）混合承包方式 混合承包方式即以单项总承包体系为主，业主对部分专业工程和材料设备招标，采用平行发包为辅的混合承包方式，如图6-5所示。

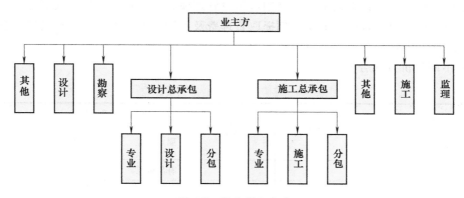

图 6-5 混合承包方式

2. 合同形式的策划

目前国内外通常采用的合同形式主要有总价合同、单价合同、成本加酬金合同等几种。

（1）总价合同 总价合同通常是通过投标人的竞争来决定中标价。一般在中标价中，有一部分投标人按照已确定的承包范围和详细完整的图纸确定的报价，这部分报价除了设计有重大变更以及合同约定的价格调整外，一般不允许调整这部分价格。中标价中还有一部分以待定项目命名的待定价（暂估价工程）。这些待定项目的存在多数是由于以下原因：

1) 在为本项目进行招标时，不能对项目的某个部分做出足够详细和明确的规定，从而不能使投标人报出确定的价格。

2) 在招标时不能决定某一具体工作项目是否包括在合同中。

3) 甲方指定分包材料、设备供货项目。

这种合同形式，因为发承包双方结算方式较为简单，合同管理相对来说容易些，合同的执行中，承包人的索赔机会较少。但这种合同承包人承担了报量和报价的双重风险：①报价计算错误和漏报项目的风险。②工作量计算错误的风险。因此中标后不可预见风险较多，投标人报价较高。

（2）单价合同　单价合同即在整个合同期间执行同一合同单价，而工程量则按实际完成的数量结算，也就是量变价不变合同。目前，单价合同形式国际上采用最为普遍，国际通用土建工程合同条件中也做了量可变而价一般不变的规定：对承包人来说，工程量可按实调整，而综合单价不变，当发生非施工方原因或设计变更等因素造成实际完成的工程量与合同中的工程量出入较大，承包人可以要求调整相应的工程量，而单价保持不变。工程量清单招标正是符合单价合同的要求，是招标制度和造价管理与国际惯例接轨的必然发展。

单价合同发包人要承担量的风险，投标人要承担价的风险。对发包人来说，单价合同的招标准备阶段投入较小，成本较低，但因为支付款项是按实量结算，所以计量工作量较大，通常采用阶段付款。如果工程分项在工程量表中已经被定义，只有在该工程分项完成后承包人才能得到相应付款，则工程量表的划分应与工程的施工阶段相对应，必须与施工进度一致，否则会带来付款的困难。另外，由于项目总造价直到项目结束前始终是未知数，这给项目费用控制造成一定困难。

（3）成本加酬金合同　成本加酬金合同即项目成本实报实销另加一笔支付给承包人的酬金。这种合同主要用于对工程内容及其技术经济指标尚未完全确定而又急于上马的工程，还用于设计—施工、设计采购施工、交钥匙项目管理模式。这种合同发包人对工程总造价不易控制，而由于承包人是按照成本比例提取管理费及利润，如果承包人在项目实施过程中不注意精打细算，则管理费及利润也较高。

（4）不同计价方式合同类型比较　见表6-1。

表6-1　不同计价方式合同类型比较

合同类型	总价合同	单价合同	成本加酬金合同			
			百分比酬金	固定酬金	浮动酬金	目标成本加奖励
应用范围	广泛	广泛	有局限性			酌情
招标人对投资控制	容易	较容易	最难	难	不容易	有可能
承包人风险	风险大	风险小	—	基本无风险	风险不大	有风险

三、项目招标策划工作程序

一般而言，招标策划由全过程咨询单位招标采购部（以下简称招标采购部）负责实施推进，招标策划业务流程如下：

1) 全过程咨询单位接受招标人委托，承接项目招标采购业务。

2）招标采购部组建本招标项目组，确定项目负责人和成员。

3）项目负责人和招标投标主管部门沟通，确定招标策划编制周期和招标策划相关要素。

4）项目负责人和建设项目管理部门沟通，了解项目基本情况、管理需求等，编制招标策划相关内容。

5）招标策划专项情况汇报后，将由招标人确定发承包模式、范围、标段划分、进度计划等核心要素。

6）招标采购部编制招标策划草案，进行会议汇报，由招标人研讨、确认。

7）招标采购部完成招标策划方案，报招标人审查、决策。

8）招标采购部按照审查意见修改招标策划内容，形成终稿并予以实施。

四、项目招标策划的注意事项

1. 充分分析项目特点，开展项目招标策划

1）在项目招标策划的初期，首先需要明确项目需求，包括项目的范围、时间、质量要求、费用预算等信息。这些信息不仅是招标文件的重要组成部分，也是投标方需要了解的关键信息。

2）应充分考虑项目功能，未来产权划分对标段的影响，招标策划工作中应根据投资人的需要，对优先使用的功能、产权明细的项目优先安排招标和实施。

3）应充分评估项目建设场地的情况，特别需要在招标前完成土地购置和征地拆迁工作，避免招标结束而承包人无法按时进场施工的问题。

4）充分考虑项目审批时限对招标时间安排的影响和带来的风险，避免项目因审批尚未通过导致招标无效，影响项目建设。

2. 设定较为合适的投标条件

在制定招标文件时，需要设定合适的投标条件，包括企业资质、经验、技术能力等方面的要求。合适的投标条件可以筛选出符合项目要求的优质投标方，提高招标的质量和成功率。

第二节 招标文件编制

一、编制依据

招标文件编制是招标工作的重要环节，必须按有关的法律、法规和规章制度加以编制，具体依据如下：

1）招标投标法及其实施条例，以及相关的招标投标法律法规、管理办法、政策规定等。

2）工程建设相关标准、规范等。

3）《标准施工招标文件》（2007年版）。

4）《房屋建筑和市政工程标准施工招标文件》（2010年版）。

5）《简明标准施工招标文件和标准设计施工总承包招标文件》（2012年版）。

6)《建设工程工程量清单计价规范》（GB 50500—2013）。

7)《建设工程招标控制价编审规程》（CECA/GC 6—2011）。

8)《建设项目全过程造价咨询规程》（CECA/GC 4—2017）。

9)《建设项目全过程工程咨询标准》（T/CECS 1030—2022）。

10) 合同示范文本。

11) 拟建项目的可行性研究报告、投资人需求分析、不同深度勘察设计文件（含技术要求）、决策和设计阶段造价文件等。

12) 拟建项目投资人资金使用计划和供应情况、项目工期计划、项目建设场地情况和周边基础设施的配套情况。

13) 潜在承包人技术、管理能力、信用情况等。

14) 招标策划书等。

二、编制内容

（一）资格预审文件的编制

采用资格预审招标的，在发售正式招标文件前，应先进行资格预审，包括发布资格预审公告、编制资格预审文件、出售资格预审文件、接收申请文件、组建资格预审评审委员会以及结果公示和发出投标邀请书等。施工招标资格预审文件可参考《标准施工招标资格预审文件》（2007 年版）进行编制，其他专业工程可参考相应的专业管理部门的有关规定执行。

资格预审文件内容包括资格预审公告、申请人须知、资格审查办法、资格预审申请文件格式和项目建设概况。

（二）招标文件的编制

招标文件是招标人向投标人提供的为指导投标工作所必需的文件。招标文件的作用在于告知投标人所有的要约邀请要件，阐明需要招标的货物、工程、服务项目的性质，并说明招标项目的技术要求、标准和规范，告知评标办法及中标条件，编制投标文件的要求，指导投标者送交投标书的程序等。

招标文件应包括以下内容：

（1）投标人须知（含招标公告）

1) 项目概况，包括项目名称、地点、规模、场地条件、资金来源，项目的审查状况，招标人、招标代理（如果有）和其他项目参与方（如设计单位、监理单位等）。

2) 招标方式、合同类型及招标原则。

3) 招标文件的修改与解释。招标人在投标截止日期前对招标文件进行澄清或者修改的权利，澄清或修改的方式，澄清或修改对招标文件有效期的影响、澄清或修改的效力。

4) 投标资格要求。若采用资格预审的方式，则在招标文件中可以发出对资格预审的补充和进一步澄清的要求；若采用资格后审，则应在招标文件中全面、详细提出对投标人的资质要求。不论采用哪一种资格审查方式，都应突出对投标人资格的要求和对项目经理的要求。

5) 投标文件。投标文件应包括但不限于的全部内容：重点说明投标文件对招标文件的响应，以及编制投标文件的原则和编制质量的要求。

6) 投标费用。说明投标费用的发生和承担原则。

7）对已发出的投标文件进行补充、修改或撤回。说明投标人对已发出的投标文件进行补充、修改或撤回的权利，还应说明投标人对已发出的投标文件进行补充、修改或撤回的方式方法。

8）对施工组织设计的要求。要求投标人在施工质量、施工工期、安全文明施工、环境保护等方面必须达到的标准，对主要技术方案、质量保证计划、主要分项工程施工方案和技术措施、现场安全文明施工和环保方案、投标人自行分包中标项目的部分非主体、非关键性工作计划、投标人自行招标的主要材料设备选用计划等做出详细的要求。

9）工程量计算规则。对拟建项目采用的统一的工程量计算规则进行详细的说明。

10）项目质量和进度的明确要求。

11）编制投标文件时应注意的问题。

12）对现场考察的规定和要求。

13）投标保证金或投标保函。确定投标担保金额，担保有效期，招标人没收投标担保金的条件。

14）投标截止日期。

15）迟到的投标文件的处理。

16）投标文件合格性和有效性的确定。实质上响应招标文件要求的投标文件的标准，招标人废除投标书的权利和条件。

17）招标人的权利。

18）开标、评标、定标，中标通知书，签订合同。

（2）招标范围及报价要求

1）确定招标范围的目的在于使投标人了解投标项目的范围与承担的责任。首先应明确由投标人自行承担的部分，其次确定由投标人承担总承包责任发包人指定分包的部分，还要确定需要承包人配合由发包人平行发包的部分。

2）报价要求要说明计量计价的依据、计价的方式、计价的规则。

（3）技术规范　技术规范是招标文件的重要组成部分。在设备和货物招标中，技术规范规定了所要招标的设备和货物的性能、标准以及物理和化学特征。如果是特殊设备，还要附上图纸，规定设备的具体形状。在土建工程招标中，技术规范和图纸共同反映了工程师对整个工程的设计意图和技术要求。

（4）评标办法　评标办法中应包括总则，评标内容和评定标准，评标过程的保密，投标人对投标文件的澄清和说明，评标的程序，中标人应符合的条件、评审细则、推荐中标候选人原则等。根据《评标委员会和评标方法暂行规定》（国家七部委令第12号）第二十九条规定：评标方法包括经评审的最低投标价法、综合评估法或者法律、行政法规允许的其他评标方法。

在《标准施工招标文件》中给出了经评审的最低投标价法和综合评估法，审核项目的评标方法是否适合项目的特点。招标文件的"评标办法前附表"对各项评分因素均制定了评分标准，并确定了施工组织设计、项目管理机构、投标报价、其他评分因素的权重，还确定了评标基准价的计算方法。对评分标准进行审核时应掌握下列原则：

1）施工组织设计评分标准要强调投标人对工程项目特点、重点、难点的把握，以及施工组织和施工方案的针对性、科学性和可行性。

2）项目管理机构评分标准要强调项目经理和技术负责人的任职资格、学历和业绩，应要求附证明材料；强调项目管理机构人员的到位承诺；应增加对项目经理、技术负责人等主要成员面试的评分。

3）投标报价的权重要适当，对技术不复杂，规模不太大或对投标人均比较了解，且对各投标人均较信任情况下，权重宜加大；反之，权重不宜过大。

4）其他评分因素可增加对各投标单位考察的结果、施工单位及项目经理的信用评价（市场与现场管理联动）等项内容。

采取"评定分离"模式的招标投标项目，须符合国家和地方的相关政策和管理规定。"评定分离"项目的评标办法通常包括最低价法、综合评分法和定性评审法，其中定性评审法是指按照招标文件规定的各项因素进行技术商务定性评审，对各投标文件是否满足招标文件实质性要求提出意见，指出投标文件的优点、缺陷、问题以及签订合同前应注意和澄清的事项，并形成评审报告。所有递交的投标文件不被判定为废标或者无效标的投标人，均推荐为候选中标供应商。

（5）工程图纸及工程量清单　工程图纸是招标文件不可缺少的部分。通常招标人应提供全套完整的施工图纸。工程量清单是招标文件的组成部分，应按相关规定编制。

（6）投标文件商务部分要求　这部分应包括工程量清单计价原则和工程量清单报价说明。

（7）投标文件技术部分要求　这部分应包括对施工组织设计和安全环保措施的详细要求。

（8）合同条款　合同条款就是未来的供应或承包合同的条件，主要规定有关方面的权利和义务。应采用相应施工合同范本，专用条款应与通用条款相对应。

（三）招标文件的审核

招标文件的审核主要对编制内容的完整性、准确性、科学性等方面进行审查与复核，主要包括以下几点：

1）招标文件中提出的招标条件是否具备，设置的招标条件是否合法合规。

2）招标文件的内容是否合法合规，是否全面准确地表述招标项目的实际情况及投资人的实质性要求。

（四）工程量清单与招标控制价编制

工程量清单是招标文件的重要组成部分。招标控制价与整个招标活动有关。具体编制内容与程序见本章第五节。

三、编制程序

招标文件既是投标人编制投标文件的依据，又是招标人与中标人签订合同的基础。因此，招标人应十分重视编制招标文件的工作，务必使招标文件严密、周到、细致、内容明确，合理合法。招标文件编制程序如图6-6所示。

四、注意事项

1. 资格预审文件编制注意事项

1）资格预审文件不得含有倾向、限制或者排斥潜在投标人的内容。

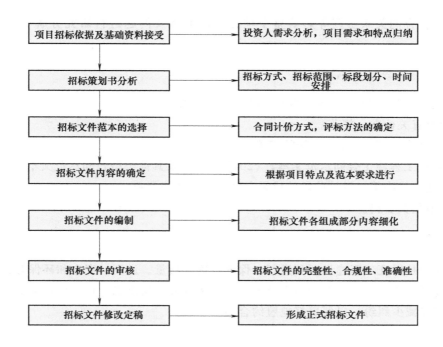

图 6-6　招标文件编制程序

2）资格预审文件应当根据招标项目的具体特点编制，不得脱离项目实际需要设置过高的企业资质、人员、业绩等条件。

3）资格预审文件应详细列明全部审查因素和标准，未列明的审查因素和标准，不得作为资格审查的依据。

2. 招标文件编制注意事项

1）招标文件编制的依据必须源于招标投标的相关法律法规，还需结合招标人的需求，以及满足招标过程规范性的要求。

2）招标文件范本的选择：如果完全依据示范文本，则采用范本中序号标示的章、节、条、款、项、目，填写以空格标识的内容，根据招标项目具体特点和实际需要加以细化，确实没有需要填写的，在空格中用"／"表示；如果范本不完全适用的，则可选定某范本为模板，在其基础上对相应的内容结合项目特点进行修改。

3）准确界定标段之间的接口，标段之间的承包人和发包人的责权利应清晰明了。

4）充分了解和掌握招标项目的市场竞争情况，针对项目实际特点，在保证充分竞争及科学择优的基础上，拟定投标人需要满足的资格条件和评标办法。

5）在专用合同条款编制过程中，需结合工程实际情况进行，从招标项目的资金情况、技术复杂程度等确定出合同类型和其他方面的要求。

6）招标文件内容应完整，文字应严谨、规范，避免出现文件前后不一致、条款存在歧义或重大漏洞等现象，损害招标投标当事人的利益。

第三节　合同条款策划

合同条款策划是指为保证项目总目标的实现，对项目分解、发承包模式、合同种类、风险分配以及合同关系协调等影响整个项目合同的重要问题进行研究分解和选择确定的过程。

一、合同条款策划依据

1）《民法典》第三篇和其他相关法律法规及政策规定。

2）国家有关标准、规范。

3）《标准施工招标文件》（2007 年版）。

4）《建设工程施工合同示范文本》（2017 年版）及其他类型合同示范文本。

5）拟建项目决策、设计阶段的成果文件及技术经济资料。

6）其他相关资料。

二、合同条款策划的内容

工程合同是保证工程建设顺利进行，保证投资、质量、进度、安全和环保等各项目标顺利实施的统领性文件，应该充分体现公平、公正和双方真实意愿。科学合理准确的合同，才能规避争议和减少纠纷，以便更好地履约合同。

1. 合理划分合同包，确定各合同的工程范围

建设工程合同的标的是建设工程。建设工程不能是其他标的物，而是不可以移动的不动产，并长期存在和发挥效用，事关国计民生的大事，这正是其标的物的特殊性。这一点与承揽合同不同，是逐渐从承揽合同中独立出来的。

2. 确定合同所采用的承包方式

按工程承包范围即承包内容划分的承包方式，包括建设全过程总承包、阶段承包、专项承包等。

3. 合同条款的拟定

根据《建设工程施工合同示范文本》（GF—2020—0201），结合项目实际情况，拟定合同条款。

1）通用合同条款：合同当事人根据《民法典》等法律法规的规定，就工程建设的实施及相关事项，对合同当事人的权利义务做出原则性的约定。

2）专用合同条款：合同当事人根据不同建设工程的特点及具体情况，对通用合同条款原则性约定的补充、细化、完善、修改或者另行约定。

3）补充合同条款：是对通用合同条款和专用合同条款未有约定的，必要时可在补充合同条款加以约定。

4）合同协议：主要包括工程概况、合同工期、质量标准、合同价、合同价款支付方式、合同履行期限、合同文件构成、违约责任、承诺以及补充协议等重要内容。

4. 合同条款重点内容

1）承包范围和合同双方当事人的责权利：是保证工程质量、进度与投资得以控制的关键。因此，合同条款描述应尽可能详细且不能模糊有歧义，否则影响合同履行。

2）合同质量标准：依据国家标准规范和项目实际情况而定。

3）合同价类型和合同价款支付方法，依据国家计价规范和项目管理规范拟定，结合项目实际情况确定合同价款支付方式。

4）进度款的控制支付：在此条款中应明确支付的条件、依据、比例、时间、程序等。工程款的支付方式包括预付款的支付及扣回方式、进度款的支付条件、质保金的数量与支付方式及工程款的结算等。

5）工程价款的调整、变更、签证的程序及管理：这个条款应合理设置人工、材料、设备价差的调整方法，明确工程变更、签证价款的结算与支付条件。

6）风险范围及分担办法：合理确定风险的承担范围十分重要，应当在合同中描述清楚，双方风险承担的范围以及分担风险的原则。

7）违约及索赔的处理办法：合同中应清晰界定正常变更和索赔，明确违约责任及索赔的处理办法。

三、合同条款策划的程序

合同条款策划的程序如图 6-7 所示。

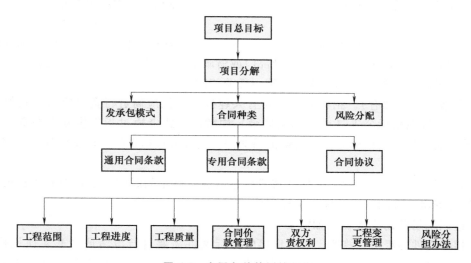

图 6-7　合同条款策划的程序

四、合同条款策划注意事项

1）合同条款策划要符合合同的基本原则，不仅要保证合法合规、公平公正，还要遵循风险合理分担，促使合同双方互利合作，确保高效完成建设项目的总目标。

2）工程项目如采用平行发包，其发包人可以就建设工程的勘察、设计、建筑、安装等工作分别与勘察人、设计人、建筑人、安装人签订勘察、设计、建筑、安装合同。各个合同中的相对人，即勘察人、设计人、建筑人、安装人分别按照合同的约定对发包人负责，其相互之间没有合同关系。

3）工程项目如采用联合体承包和总分包方式发包，共同承包的各方对承包合同的履行承担连带责任。建设工程项目总承包方按照承包合同的约定对发包人负责；分包人按照分包合同的约定对总承包人负责。

第四节　招标组织

一、招标组织依据

1)《招标投标法》《政府采购法》等国家和地方相关法律、法规。
2) 相关行业部门和地方政府规章及规范性文件。
3)《招标采购代理规范》（2016 年版）。
4) 拟建项目招标策划书、招标代理委托合同。
5) 拟建项目招标文件。
6) 其他相关资料。

二、招标组织工作内容

在招标阶段，应按照招标、投标、开标、评标、定标几个步骤组织实施。

（一）招标

1) 发布招标公告（或投标邀请函）。公开招标应当发布招标公告（邀请招标发出投标邀请函）。招标公告必须在建设行政主管部门或财政部门指定的媒介发布。招标公告（或投标邀请函）的内容、格式与招标文件的第一部分相同。

2) 资格审查（如有）。招标人可以对有兴趣投标的供应商进行资格审查。资格审查的办法和程序可以在招标公告（或投标邀请函）中载明，或者通过指定媒介发布资格预审公告，由潜在的投标人向招标人提交资格证明文件，招标人根据资格预审文件规定对潜在的投标进行资格审查。

3) 发售招标文件。在招标公告（或投标邀请函）规定的时间、地点向有兴趣投标且经过审查符合资格要求的供应商发售招标文件。

4) 组织现场踏勘或答疑（如需要）。

5) 招标文件的澄清、修改。对已售出的招标文件需要进行澄清或者非实质性修改的，招标人一般应当在提交投标文件截止日期 15 天前以书面形式通知所有招标文件的购买者，该澄清或修改内容为招标文件的组成部分。这里应特别注意，必须是在投标截止日期前 15 天发出招标文件的澄清和修改部分。

（二）投标

1) 编制投标文件。投标人应当按照招标文件的规定编制投标文件，投标文件应载明的事项有：投标函；投标人资格、资信证明文件；投标项目方案及说明；投标价格；投标保证金或者其他形式的担保；招标文件要求具备的其他内容。

2) 投标文件的密封和标记。投标人对编制完成的投标文件必须按照招标文件的要求进行密封、标记。这个过程也非常重要，往往因为密封或标记不规范被拒绝接受投标的例子不少。

3) 送达投标文件。投标文件应在规定的截止时间前密封送达投标地点。招标人对在提交投标文件截止日期后收到的投标文件，应不予开启并退还。招标人应当对收到的投标文件签收备案。投标人有权要求招标人提供签收证明。

4）投标人可以撤回、补充或者修改已提交的投标文件；但是应当在提交投标文件截止日之前书面通知招标人，撤回、补充或者修改也必须以书面形式。

这里特别要注意的是，招标公告发布或投标邀请函发出之日到提交投标文件截止之日，一般不得少于20天。

（三）开标

招标人应当按照招标公告（或投标邀请函）规定的时间、地点和程序以公开方式举行开标仪式，如采用全流程电子化招标投标，实行不见面在线直播开标形式。

开标应当做记录，存档备查。

（四）评标

1. 评标委员会接受投标文件

开标仪式结束后，由招标人召集评标委员会，向评标委员会移交投标人递交的投标文件。

2. 评标原则

评标应当按照招标文件的规定进行。评标由评标委员会独立进行，评标过程中任何一方、任何人不得干预评标委员会的工作。

3. 评标程序

1）审查投标文件的符合性。

2）对投标文件的技术方案和商务方案进行审查，如技术方案或商务方案明显不符合招标文件的规定，则可以判定其为无效投标。

3）询标。评标委员会可以要求投标人对投标文件中含义不明确的地方进行必要的澄清，但澄清不得超过投标文件记载的范围或改变投标文件的实质性内容。

4）综合评审。评标委员会按照招标文件的规定和评标标准、办法对投标文件进行综合评审和比较。综合评审和比较时的主要依据是：招标文件的规定和评标标准、办法，以及投标文件和询标时所了解的情况。这个过程不得也不应考虑其他外部因素和证据。

5）评标结论。评标委员会根据综合评审和比较情况，得出评标结论，评标结论中应具体说明收到的投标文件数、符合要求的投标文件数、无效的投标文件数及其无效的原因，评标过程的有关情况，最终的评审结论等，并向招标人推荐一至三名有排序的中标候选人。

（五）定标

1）审查评标委员会的评标结论。招标人对评标委员会提交的评标结论进行审查。审查内容应包括评标过程中的所有资料，即评标委员会的评标记录、询标记录、综合评审和比较记录、评标委员会成员的个人意见等。

2）定标。招标人应当按照招标文件规定的定标原则，在规定时间内从评标委员会推荐的中标候选人中确定中标人，中标人必须满足招标文件的各项要求，且其投标方案为最优，在综合评审和比较时得分最高的。

3）中标通知。招标人应当在招标文件规定的时间内定标，在确定中标后应将中标结果书面通知所有投标人。

4）签订合同。中标人应当按照中标通知书的规定，并依据招标文件的规定与招标人签订合同。

三、招标组织工作程序

项目招标组织工作程序如图 6-8 所示。

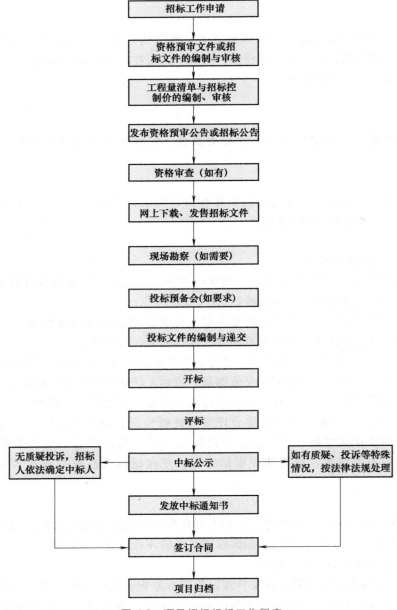

图 6-8 项目招标组织工作程序

四、招标组织注意事项

1）编制资格预审文件、招标文件时，全面贯彻项目在质量、进度、费用、安全和环保等方面的要求，确保项目目标的实现。

2）制定科学可行的招标工作计划，该工作计划的内容包括招标工作范围、招标工作时间安排、招标工作的责任分配矩阵等。由于项目招标管理工作具有工作量大、工序复杂、交叉工作多等特点，及时制定科学可行的招标工作计划能够更好地理解项目招标管理工作，制定招标工作计划是顺利组织招标工作的前提。

3）全过程工程咨询单位应协助建设单位进行合同澄清、洽谈、细化合同条款等工作，招标人与中标人应当自中标通知书发出之日起三十日内，按照招标文件和中标人的投标文件签订书面合同。

第五节　发承包阶段造价管控

一、工程量清单编制

全部使用国有资金投资或者以国有资金投资为主的建设项目，应当采用工程量清单计价和满足行业相关规程规定。非国有资金投资的建设项目，鼓励采用工程量清单计价。

工程量清单的编制范围及内容、计量与计价依据及原则要求、主要材料及设备采购供应方式及定价原则、综合单价包含的内容描述、其他项目费用以及相关描述应与招标文件保持一致。

（一）编制依据

1）国家相关法律法规、政策规定，地方法规和造价管理规定。

2）国家或省级、行业建设主管部门颁发的计价定额和办法。

3）《建设工程工程量清单计价规范》（GB 50500—2013），以及与建设项目有关的标准、规范、技术资料。

4）《建设项目全过程造价咨询规程》（CECA/GC 4—2017）。

5）拟建项目工程设计文件。

6）拟建项目招标文件及其补充通知、答疑纪要。

7）拟建项目施工现场实际情况、地勘水文资料、工程特点及常规施工方案。

8）其他相关资料。

（二）编制内容

工程量清单是招标文件的组成部分，是编制招标控制价、投标报价、支付工程价款、调整合同价款、办理竣工结算以及工程索赔等的依据。

工程量清单主要包括分部分项工程量清单、措施项目清单、其他项目清单、规费和税金清单。

1. 分部分项工程量清单编制

分部分项工程量清单是指表示拟建工程分项实体工程项目名称和相应数量的明细清单，应包括项目编码、项目名称、项目特征、计量单位和工程量计算五个部分。具体编制要件和要点见表6-2。

2. 措施项目清单编制

措施项目清单是为完成工程项目施工，发生于该工程施工前、施工过程中技术、生活、文明、安全等方面的非实体工程实体项目清单。措施项目清单分为通用措施项目清单和专业

表 6-2　分部分项工程量清单编制要件和要点

要件	编制要点	备注
项目编码	12 位阿拉伯数字表示,1~9 位按《建设工程工程量清单计价规范》(GB 50500—2013)附录的规定设置。10~12 位应根据拟建工程的工程量清单项目名称设置	不得有重码
项目名称	施工图纸中有体现的,规范中有列项则直接列项,计算工程量施工图纸有体现,规范中没有相应列项,则补项,在编制说明中注明	根据《建设工程工程量清单计价规范》(GB 50500—2013)结合工程实际确定
项目特征	结合项目情况描述	
计量单位	以"吨"为单位,保留三位小数,第四位小数四舍五入;以"立方米""米""千克"为单位,保留两位小数,第三位四舍五入;以"个""项""樘""套"等为单位的,应取整数	有两个或两个以上计量单位的,应结合拟建工程项目选择其中一个
工程量计算	按《建设工程工程量清单计价规范》(GB 50500—2013)附录中规定的工程量计算规则计算。另外对于补充工程量计算规则必须符合下述原则:第一具有可算性,第二计算结果具有唯一性	工程量计算要准确

措施项目清单,前者依据工程量清单计价规范编制,后者则结合拟建项目工程专业和工程实际情况编制。

措施项目清单按照以下要求编制:

1)参考拟建工程的施工组织设计,以确定环境保护、安全文明施工、二次搬运等项目。

2)参考施工技术方案,以确定夜间施工、混凝土模板与支架、垂直运输机械、大型机械设备进出场及安拆、脚手架等措施项目。

3)确定设计文件中一些不足以写进技术方案的,但是要通过一定的技术措施才能实现的内容。

4)确定招标文件中提出的某些必须通过一定的技术措施才能实现的要求。

编制时需考虑多方面的因素,除工程本身,还涉及气象、水文、环境、安全等因素。措施项目清单应根据拟建工程的实际情况列项,若清单计价规范中存在未列项目,可根据实际情况进行补充。

3. 其他项目清单编制

其他项目清单是指除分部分项工程量清单、措施项目清单所包含的内容以外,因招标人的特殊要求而发生的与拟建工程有关的其他费用项目清单。其他项目清单的内容包括暂列金额、暂估价、计日工和总承包服务费。

1)暂列金额是指招标人在工程量清单中暂定并包括在合同价款中的一笔款项,用于工程合同签订时尚未确定或者不可预见的所需材料、设备、服务的采购,施工中可能发生工程量变更、合同约定调整因素出现时的工程价款调整以及发生的索赔、现场签证费用。

2)暂估价是指招标人在工程量清单中提供的用于支付必然发生但暂时不能确定价格的材料、工程设备的单价以及专业工程的金额。

3)计日工是指在施工过程中,承包人完成发包人提出的工程合同范围以外的零星项目或工作,按合同约定的单价计价。

4)总承包服务费是总承包人为配合协调发包人进行的专业工程发包,对发包人自行采购的材料、工程设备等进行保管以及施工现场管理等服务所需要的费用。

4. 规费、税金项目清单编制

规费项目清单应包括工程排污费、社会保障金（养老保险、失业保险、医疗保险）、住房公积金、危险作业意外伤害保险费。税金项目清单包括增值税、城市建设维护税、教育费附加及地方教育附加。

（三）编制程序

建设项目工程量清单编制程序如图6-9所示。

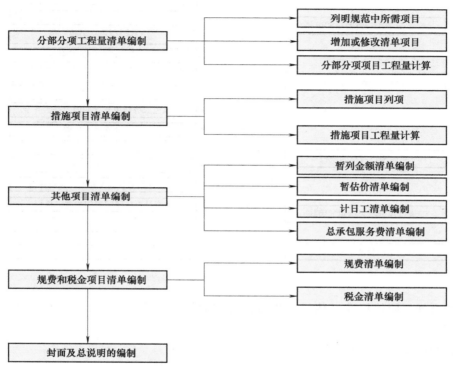

图6-9 建设项目工程量清单编制程序

（四）工程量清单审核

1. 工程量清单的审核内容

工程量清单审核工作包括检查资料的完整、合规性；进行现场踏勘；审核编制依据的适用性；依据招标文件、招标图样审核项目清单；编制项目清单审核报告。

工程量清单审核内容包括封面及相关盖章的审核、工程量清单总说明的审核、分部分项工程量清单的审核、措施项目清单的审核、其他项目清单的审核、规费税金项目清单的审核及补充工程量清单项目的审核。

2. 工程量清单的审核程序

工程量清单审核程序如图6-10所示。

（五）编制及审核要求及注意事项

1. 工程量清单编制及审核的质量标准

1）符合现行国家标准《建设工程工程量清单计价规范》（GB 50500—2013）和各种工程量计算规范的要求，以及《建设工程造价咨询规范》（GB/T 51095—2015）的相关规定。

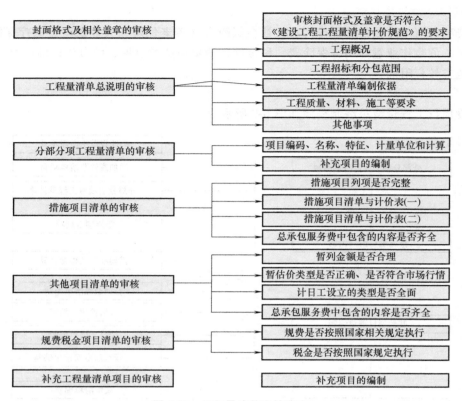

图 6-10 工程量清单审核程序

2）符合现行团体标准《建设工程造价咨询成果文件质量标准》（CECA/GC 7—2012）的相关规定。

3）符合咨询服务合同的约定。

2. 工程量清单编制及审核注意事项

1）工程量清单应当真实、准确、完整，不得虚增或缩减工程量。

2）工程量清单应表达清晰，满足投标报价要求。

3）在工程量清单中应明确相关问题的处理及与造价有关的条件的设置，如暂估价；工程一切险和第三方责任险的投保方、投保基数与费率及其他保险费用；特殊费用的说明；各类设备的提供、维护等的费用是否包括在工程量清单的单价与总金额中；暂列金额的使用条件及不可预见费的计算基础和费率。

二、招标控制价编制

招标控制价作为拟建工程的最高投标限价，是招标人在工程量清单的基础上，按照计价办法和计价依据，结合招标文件、市场行情和工程项目实际情况编制的。

（一）编制依据

1）国家、行业和地方政府的法律、法规及有关规定。

2）现行国家标准《建设工程工程量清单计价规范》（GB 50500—2013）。

3）国家或省级、行业建设主管部门颁发的计价依据、计价办法及其相关配套计价文件。

　　4）与建设项目有关的标准、规范、技术资料等。

　　5）工程造价管理机构发布的工程造价信息及市场价格。

　　6）经过批准和会审的拟建项目全部建设工程设计文件及相关资料，包括项目地质勘察报告、施工设计图纸等。

　　7）批准的拟建项目初步设计概算或修正概算文件。

　　8）施工现场情况、工程特点、常规施工方案。

　　9）拟建项目的工程量清单、招标文件及其补充通知、答疑纪要。

　　10）建设项目施工期间的风险因素。

　　11）其他相关资料。

（二）编制内容

　　招标控制价应根据《建设工程工程量清单计价规范》（GB 50500—2013）的要求编制，具体内容如图 6-11 所示。

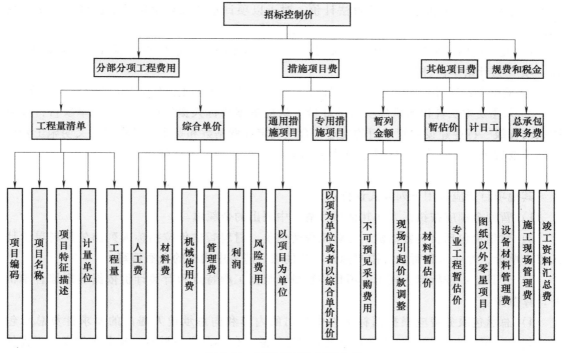

图 6-11　招标控制价编制内容

1. 分部分项工程费

　　1）招标控制价编制，应依据招标工程量清单的分部分项工程项目、项目特征和工程量，确定其综合单价。综合单价的内容应包括人工费、材料费、机械使用费、管理费和利润，以及一定范围的风险费用。

　　2）确定综合单价时，应考虑一定范围内的风险因素。在招标文件中应通过预留一定的风险费用，或明确说明风险所包括的范围及超出该范围的价格调整方法。对于招标文件中未做要求的可按以下原则确定：

① 对于技术难度较大和管理复杂的项目，可考虑一定的风险费用，并纳入到综合单价中。

② 对于设备、材料价格的市场风险，应依据招标文件的规定和工程所在地或行业工程造价管理机构的有关规定，以及市场价格趋势考虑一定比率的风险费用，纳入到综合单价中。

③ 税金、规费等法律、法规、规章和政策变化等风险费用不应纳入综合单价。

3）分部分项工程量清单综合单价的组价，先依据提供的工程量清单和施工图纸，按照工程所在地区颁发的计价定额确定所组价的定额项目名称，并计算出相应的工程量；其次，依据工程造价政策规定或工程造价信息确定其人工、材料、机械台班单价；同时，按照定额规定，在考虑风险因素确定管理费率和利润率的基础上，按规定程序计算出所组价定额项目的合价。

2. 措施项目费

1）对于措施项目应分别采用单价法和费率法。对于可计量部分的措施项目应参照分部分项工程费用的计算方法采用单价法计价，对于以项计量或综合取定的措施费用应采用费率法。

2）凡可精确计量的措施项目应采用单价法；不能精确计量的措施项目应采用费率法，以"项"为计量单位进行综合计价。

① 采用单价法计价的措施项目的计价方式应参照分部分项工程量清单计价方式计价。

② 采用费率法计价的措施项目的计价方法应依据招标人提供的工程量清单项目，按照国家或省级、行业建设主管部门的规定，合理确定计费基数和费率。其中安全文明施工费应按国家或省级、行业建设主管部门的规定计价，不得作为竞争性费用。

3. 其他项目费

其他项目费应采用下列方式计价：

1）暂列金额应按招标人在其他项目清单中列出的金额填写。

2）暂估价包括材料暂估价、专业工程暂估价。材料暂估价按招标人列出的材料单价计入综合单价，专业工程暂估价按招标人在其他项目清单中列出的金额填写。

3）计日工：按招标人列出的项目和数量，根据工程特点和有关计价依据确定综合单价并计算费用。

4）总承包服务费应根据招标文件中列出的内容和向总承包人提出的要求计算总承包费，其中，招标人仅要求对分包的专业工程进行总承包管理和协调时，按分包的专业工程估算造价的1.5%计算；招标人要求对分包的专业工程进行总承包管理和协调并同时要求提供配合服务时，根据招标文件中列出的配合服务内容和提出的要求按分包的专业工程估算造价的3%~5%计算；招标人自行供应材料的，按招标人供应材料价值的1%计算。

4. 规费和税金

1）规费应采用费率法编制。应按照国家或省级、行业建设主管部门的规定确定计费基数和费率计算，不得作为竞争性费用。

2）税金应采用费率法编制。应按照国家或省级、行业建设主管部门的规定，结合工程所在地情况确定综合税率计算，不得作为竞争性费用。

（三）编制程序

招标控制价编制工作的基本程序包括编制前准备、收集编制资料、计算招标控制价、整理招标控制价文件相关资料、形成招标控制价编制成果文件。具体程序如图 6-12 所示。

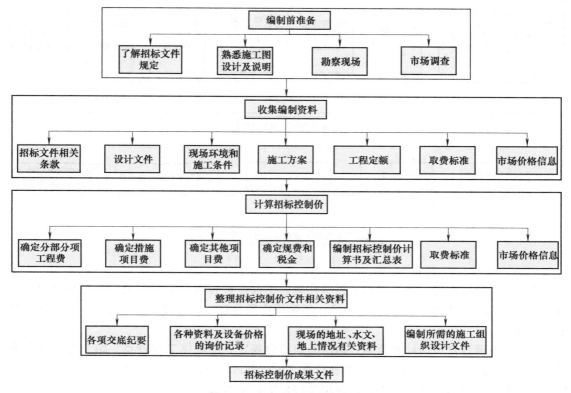

图 6-12　招标控制价编制程序

（四）招标控制价审核

1. 招标控制价审核内容

招标控制价审核重点内容包括分部分项工程费、措施项目费、其他项目费、规费和税金项目费的构成、计算和费率的确定等是否正确，以及招标控制价文件组成及其他资料是否完整，内容是否全面准确等。

2. 招标控制价审核程序

招标控制价审核工作的基本流程包括审核前准备，招标控制价文件审核，招标控制价审核成果文件的形成，具体程序如图 6-13 所示。

（五）注意事项

1. 招标控制价编制注意事项

招标控制价编制应当真实、准确、完整，不得虚增或缩减工程量；招标控制价的编制应依据拟发布的招标文件和工程量清单，符合招标文件对工程价款确定和调整的基本要求。应正确、全面地使用有关国家标准、行业或地方的有关的工程计价定额等工程计价依据。

1）编制招标控制价应与招标文件（含工程量清单和图纸）相吻合，并结合施工现场情况确定，确保招标控制价的编制内容准确完整。

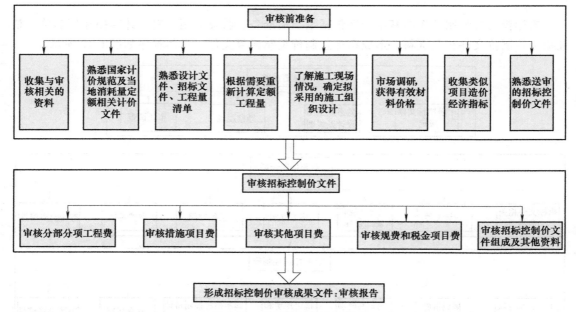
图 6-13　招标控制价审核程序

2）招标控制价的编制宜参照工程所在地的工程造价管理机构发布的工程造价信息，确定人工、材料、机械使用费等要素价格，如采用市场价格，应通过调查、分析，有可靠的依据后确定。

3）措施项目费用的计取范围、标准必须符合规定，应依据工程特点，结合施工条件和合理的施工组织设计与施工方案，本着经济实用、先进合理高效的原则确定。

4）规费税金和不可竞争的措施费用的编制应依据国家有关规定计算。

2. 招标控制价审核注意事项

1）招标控制价的项目编码、项目名称、工程数量、计量单位等是否与发布的招标工程量清单项目一致。

2）招标控制价的总价是否全面，汇总是否正确。

3）分部分项工程综合单价的组成是否符合现行国家标准《建设工程工程量清单计价规范》（GB 50500—2013）和其他工程造价计价依据的要求。

4）措施项目施工方案是否正确、可行，费用的计取是否符合现行国家标准《建设工程工程量清单计价规范》（GB 50500—2013）和其他工程造价计价依据的要求。安全文明施工费是否执行了国家或省级、行业建设主管部门的规定。

5）管理费、利润、风险费以及主要材料及设备的价格是否正确、得当。

6）规费、税金是否符合现行国家标准《建设工程工程量清单计价规范》（GB 50500—2013）的要求，是否执行了国家或省级、行业建设主管部门的规定。

三、合同价款的约定

（一）签约合同价与中标价的关系

1）签约合同价是指合同双方签订合同时在协议书中列明的合同价格。

2）对于以单价合同形式招标的项目，工程量清单中各种价格的合计即为合同价。

3）签约合同价就是中标价，因为中标价是指评标时经过算术修正的、并在中标通知书中声明招标人接受的投标价格。

（二）合同价款约定的规定和内容

1. 合同签订的时间及规定

招标人和中标人应当在投标有效期内自中标通知书发出之日起 30 天内按招标文件和投标文件订立合同。

1）中标人违约：当中标人无正当理由拒签合同的，招标人取消其中标资格，其投标保证金不予退还；给招标人造成的损失超过投标保证金数额的，中标人还应当对超过部分予以赔偿。

2）招标人违约：发出中标通知书后，招标人无正当理由拒签合同的，招标人向中标人退还投标保证金；给中标人造成损失的，还应当赔偿损失。

招标人与中标人签订合同后 5 日内，应当向中标人和未中标的投标人退还投标保证金及银行同期存款利息。

2. 合同价款类型的选择

招标的工程价款依据招标投标文件在书面合同中约定。不得违背招标投标文件中关于工期、造价、质量方面的实质性内容。招标与投标文件不一致，以投标文件为准。合同价款类型的选择，遵循以下原则：

1）鼓励采用单价方式：实行工程量清单计价的建筑工程。

2）总价方式：技术难度较低，工期较短的建设工程。

3）成本加酬金方式：紧急抢险、救灾以及施工技术特别复杂的建设工程。

第六节　工程总承包模式的发承包

一、工程总承包模式发承包概述

（一）工程总承包概念

2019 年 12 月 23 日，为贯彻落实《中共中央国务院关于进一步加强城市规划建设管理工作的若干意见》和《国务院办公厅关于促进建筑业持续健康发展的意见》（国办发〔2017〕19 号），住房和城乡建设部、国家发展改革委制定了《房屋建筑和市政基础设施项目工程总承包管理办法》（建市规〔2019〕12 号）。工程总承包是指从事工程总承包的单位按照与建设单位签订的合同，对工程项目的设计、采购、施工或者设计、施工等阶段实行总承包，并对工程的质量、安全、工期和造价等全面负责的工程建设组织实施方式。

工程总承包模式是国际上常用的工程项目的承发包模式之一，它可以从根本上解决传统承发包模式下设计和施工不协调而造成的弊端，由承包人承担工程项目的勘察、设计、采购、施工、试运行等全过程的工作，从而保证项目建设过程的流畅性和协作性。然而，它对建设单位的要求也更加严格，要求建设单位必须提出明确的建设需求和建设目标，项目具备相应的发包条件。

（二）工程总承包模式优缺点

与传统的施工总承包模式相比，工程总承包模式具有更高效、更节约成本、更有利于承包商实现利润最大化的特点。

1. 工程总承包模式的优点

（1）管理统一　工程总承包模式下，总承包商负责项目的全面管理，可以保证项目能够顺利进行。

（2）效率高　工程总承包模式下，由于只有一个总承包商负责项目的管理，可以提高工作效率，缩短工期。

（3）节约成本　工程总承包模式由于采用的是总价合同，由总承包商负责项目的全面管理，基本上不用再支付索赔及追加项目费用，可以节约成本，降低项目造价。

2. 工程总承包模式的缺点

（1）风险分散不均　工程总承包模式中，风险主要由承包商承担。如果项目发生风险，承包商可能会遭受巨大的经济损失。

（2）管理要求高　工程总承包模式中，承包商需要对项目的实施和管理进行全面的控制和管理。由于项目规模大、内容复杂，因此承包商需要具备较高的管理水平和技术能力。

（3）费用控制难度大　工程总承包模式中，承包商需要对项目的费用进行控制和管理。由于项目规模大、内容复杂，因此费用控制难度较大。

（4）合同谈判难度大　工程总承包模式中，投资人（发包人）和承包人需要签订一份复杂的合同。由于合同条款众多、内容复杂，因此合同谈判难度较大。

（三）工程总承包的方式

工程总承包的方式通常包括设计采购施工总承包（EPC）、设计采购与施工管理总承包（EPCM）、设计施工总承包（DB）三种模式。

（1）E+P+C模式　设计采购施工总承包（Engineering, Procurement, Construction）是指工程总承包企业按照合同约定，承担工程项目的设计、采购、施工、试运行服务等工作，并对承包工程的质量、安全、工期、造价全面负责，是我国目前推行总承包模式最主要的一种。

（2）E+P+CM模式　设计采购与施工管理总承包（EPCM），即 Engineering, Procurement, Construcion Management 的组合，是国际建筑市场较为通行的项目支付与管理模式之一，也是我国目前推行总承包模式的一种。EPCM承包商是通过业主委托或招标而确定的，承包商与业主直接签订合同，对工程的设计、材料设备供应、施工管理进行全面的负责。根据发包人提出的投资意图和要求，通过招标为发包人选择、推荐最合适的分包商来完成设计、招标采购、施工任务。设计、采购分包商对EPCM承包商负责，而施工分包商则不与EPCM承包商签订合同，但其接受EPCM承包商的管理，施工分包商直接与发包人具有合同关系。因此，EPCM承包商无需承担施工合同风险和经济风险。当EPCM模式实施一次性总报价方式支付时，EPCM承包商的经济风险被控制在一定的范围内，承包商承担的经济风险相对较小，获利较为稳定。

（3）D+B模式　设计施工总承包是指工程总承包企业按照合同约定，承担工程项目设计和施工，并对承包工程的质量、安全、工期、造价全面负责。

二、工程总承包发承包咨询

全过程工程咨询单位接受建设单位的委托，根据建设单位的要求和项目前期资料，科学合理开展工程总承包项目发承包咨询工作。在工程总承包项目发包前协助建设单位做好以下工作：深入研究工程项目建设方案，在可行性研究、方案设计或者初步设计完成后，在项目承发包范围、建设规模、建设标准、功能需求、投资限额、工程质量和进度要求确定后，进行工程总承包项目发包。若项目建设范围、建设规模、建设标准、功能需求不确定的，前期条件不充分的，不宜采用工程总承包方式和开展工程总承包发包工作。

（一）发包方式选择

工程总承包项目可以依法采用招标（公开招标、邀请招标）或者直接发包的方式选择工程总承包人。工程总承包项目范围内的设计、采购或者施工中有任意一项属于依法必须招标的，应当采用招标的方式选择工程总承包单位。

工程总承包项目必须完成基本建设程序才可以发包，包括项目建议书已完成审批、核准或者备案手续，建设资金来源已经落实，可行性研究报告及投资估算已取得国家有关部门批复、核准或备案文件等。

（二）招标文件编制

工程总承包项目由于其发包前具备的准备条件，与传统的项目发承包模式所具备的条件不同，全过程工程咨询单位在编制招标文件时，应重点关注下列内容：

1）发包前完成的水文、地质、地形等勘察和地质资料的整理供承包人参考，收集工程可行性研究报告、方案设计文件或者初步设计文件等基础资料，确保其完整性和准确性。

2）招标的内容及范围，主要包括设计、采购和施工的内容及范围、规模、标准、功能、质量、安全、工期、验收等量化指标。

3）建设单位与中标人的责任和权利，主要包括工作范围、风险划分、项目目标、价格形式及调整、计量支付、变更程序及变更价款的确定、索赔程序、违约责任、工程保险、不可抗力处理条款、建设单位指定分包内容等。

4）要求利用采用建筑信息模型或者装配式技术等新技术的，在招标文件中应当有明确要求和费用的分担。

（三）评标办法

工程总承包项目评标一般采用综合评估法，评审的主要因素包括承包人企业信用、工程总承包报价、项目管理组织方案、设计方案、设备采购方案、施工计划和施工组织设计、工程质量安全专项方案、工程业绩、项目经理资格条件等。全过程工程咨询单位应结合拟建项目情况，针对上述主要评审因素进行认真研究，科学制定项目的评标办法和细则。

（四）合同计价方式和造价确定

工程总承包合同的计价方式有两种：固定总价合同、可调总价合同。其中，固定总价合同是指工程款在合同签订时就已经确定，不随工程量的变化而变化；可调总价合同是指工程款在合同签订时就已经确定，但可以根据实际工程量进行调整。

工程总承包项目宜采用固定总价合同。从中外合同示范文本达成的共识来看，除工程特别复杂、抢险救灾工程宜采用成本加酬金合同外，工程总承包最适宜采用的合同价格形式是总价合同。依法必须招标的工程项目，合同固定价格应当在充分竞争的基础上合理确定。除合同约定的变更调整部分外，合同固定价格一般不予调整。

（五）风险分担

全过程工程咨询单位应协助建设单位加强风险管理，在招标文件、合同中约定合理的风险分担方法。建设单位承担的主要风险一般包括：

1）建设单位提出的建设范围、建设规模、建设标准、功能需求、工期或者质量要求的调整。

2）主要工程材料价格和招标时基价相比，波动幅度超过合同约定幅度的部分。

3）因国家法律法规政策变化引起的合同价格的变化。

4）难以预见的地质自然灾害、不可预知的地下溶洞、采空区或者障碍物、有毒气体等重大地质变化，其损失和处置费由建设单位承担；因工程总承包单位施工组织、措施不当等造成的上述问题，其损失和处置费由工程总承包单位承担。

5）其他不可抗力所造成的工程费用的增加。

除上述建设单位承担的风险外，其他风险可以在合同中约定由工程总承包人承担。

（六）工程总承包模式质量安全管理

工程总承包模式下，总承包商负责项目的设计、采购、施工和交付。对于质量安全管理，工程总承包商需要建立一套完善的质量安全管理体系，以确保项目的质量和安全。

1. 质量管理措施

质量控制是质量安全管理的重要组成部分。总承包商需要建立一套质量控制体系，以确保项目的质量符合标准。这包括对材料质量、工艺流程、设备使用等方面的控制。

1）建立质量管理体系，明确质量责任。总承包商应建立完善的质量管理体系，明确质量责任，对质量管理进行全过程监控，及时发现并纠正质量问题。

2）加强施工过程中的质量控制。总承包商应加强施工过程中的质量控制，严格按照设计图样和技术规范要求施工，对施工过程中的质量问题及时纠正，确保工程质量合格。

3）加强监管，及时发现和纠正质量问题。全过程工程咨询单位应加强对总承包商的监管，及时发现和纠正质量问题，保证工程质量。建设单位应定期对工程质量进行检查，对发现的质量问题及时要求总承包商纠正。

4）加强质量保障措施，提高工程质量。总承包商应加强质量保障措施，提高工程质量，对工程质量承担相应责任。

2. 安全管理措施

安全措施是质量安全管理的重要内容。总承包商需要采取一系列安全措施，以保障项目的安全。这包括对现场作业的安全培训、安全设备的使用、安全措施的执行等方面的管理。

（1）安全控制　总承包商需要建立一套完善的安全控制体系，以确保项目的安全。

（2）安全保证　总承包商需要对项目的安全进行保证，以确保项目符合安全要求。

（3）安全检测　总承包商需要对项目进行定期检测，以确保项目的安全达到要求。

（4）安全改进　总承包商需要不断改进项目的安全，以满足客户的需求。

第七章

施工阶段工程咨询

第一节　施工阶段咨询内容

建设项目施工阶段根据项目决策阶段、设计阶段、发承包阶段所确定下来的项目建设目标、质量标准、建设功能、技术要求、设计图纸、招标投标文件、施工合同的约定等成果文件，作为项目建设与实施的依据。为实现工程项目的既定目标，各参建方在施工阶段通过组织协调、合同管理等手段，对项目进行全方位管理，实现建设项目的质量、进度、投资、安全和环保等方面预期目标。

一、项目施工阶段管理组织模式

项目施工阶段各参建方的组织关系图如图 7-1 所示。

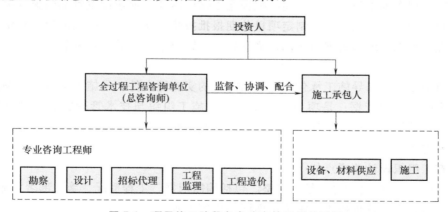

图 7-1　项目施工阶段各参建方的组织关系图

二、项目施工阶段各参建方的工作职责

施工阶段项目参建的相关主体众多，投资人、全过程工程咨询单位、承包人等，各参建方在该阶段的主要职责有：

（1）投资人　确定全过程工程咨询单位及承包人，并与之签订委托合同及承包合同，对项目实施监督。

（2）承包人　按承包合同要求完成承包任务。

（3）全过程工程咨询单位　按委托合同对项目实施全过程管理、协调，以确保项目目标的实现。

三、项目施工阶段咨询内容

全过程工程咨询单位按合同约定对工程造价、质量、进度进行控制，并协调投资人、承包人各方关系，约束双方履行自己的义务，同时维护双方的合法权益，使得工程项目顺利实施。施工阶段咨询内容如下：

（一）勘察设计咨询

建设项目在设计阶段形成设计文件之后，为了更好地将设计转化为实体，需要对设计文件进行现场咨询、专项设计及深化设计咨询、设计交底与图纸会审等相关咨询服务。

（二）开工现场准备

在办理建设工程施工许可证前，全过程工程咨询单位应督促并组织总承包单位及相关参建方完成以下现场准备工作：

1）建设工程施工现场"三通一平"及临时设施搭建。

2）临时水（给水排水）、电、光纤接口点；建筑红线、水准点等报建手续。

3）坐标放线、文物勘探、土氡浓度检测等并取得相应成果文件。

4）质量监督和安全监督现场勘验并取得备案手续。

5）农民工工资专户开设及协助建设单位办理报建费用核缴工作。

6）施工图设计交底与图纸会审。

7）协助投资人办理建筑工程施工许可证。

全过程工程咨询单位应根据上述报批报建工作内容及当地建设主管部门报批报建管理规定、程序要求和项目特点，详细制定项目前期报批报建工作计划和办理流程，对整个报批报建手续办理过程进行统筹管理与协调，确保各项手续成果文件及时顺利取得。

（三）审核施工组织设计

施工组织设计是指导施工承包单位全面施工的实施性文件，是施工承包单位编制专项工程施工方案的基础与依据；是项目管理团队检查施工组织与技术管理状态，进行质量、进度、安全管理的依据；也是工程结算的依据。为此做好施工组织设计审核是全过程工程咨询的一项重要内容。

审核施工组织设计的要点如下：

1）审查施工组织设计内容是否完整。包括编制依据、工程概况、施工部署、施工准备、主要施工方法、主要管理措施、施工平面图的内容审查。

2）审查施工组织设计编审的程序是否符合规定。施工组织设计应由承包单位项目负责人主持，项目技术负责人编制，承包单位技术负责人或其授权人审批。

3）审核施工方质量保证体系、安全文明施工保证体系是否与项目规模和要求相匹配，项目主要负责人的配置是否符合合同及相关规定等。

4）审核施工进度计划是否满足项目管理团队编制的控制性总进度计划的要求。

5）审核资源（资金、劳动力、材料、设备等）供应计划能否满足施工的需求。

6）审核施工部署、施工方案、施工措施是否符合投标书、施工合同，是否会引起费用与工期的索赔。

7）审核施工总平面布置是否合理，与项目管理团队对施工现场用地的策划结果有无矛盾，施工总平面布置图应分基础施工、主体结构施工、装修与设备安装三个阶段分别绘制。

8）审核生产安全事故应急预案，重点审查应急组织体系、相关人员职责、预警预防制度、应急救援措施等。

（四）质量管控

全过程工程咨询单位按照建设工程施工合同，监督承包人按图纸、规范、标准施工，最终形成合格的建筑产品，其主要内容如下：

1）核验施工测量放线，验收隐蔽工程、分部分项工程，签署分项、分部工程和单位工程质量评定表。

2）进行巡视、旁站和平行检验，对发现的质量问题应及时通知施工单位整改，并做监理记录。

3）审查施工单位报送的工程材料、构配件、设备的质量证明资料，抽检进场的工程材料、构配件的质量。

4）审查施工单位提交的采用新材料、新工艺、新技术、新设备的论证材料及相关验收标准。

5）检查施工单位的测量、检测仪器、设备及度量衡定期检验的证明文件。

6）监督施工单位对各类土木和混凝土试件按规定进行检查和抽查。

7）监督施工单位认真处理施工中发生的一般质量事故，并认真做好记录等。

（五）进度管控

对进度计划进行跟踪与检查、进度计划的调整与控制，主要内容如下：

1）监督施工单位严格按照施工合同规定的工期组织施工。

2）审查施工单位提交的施工进度计划，核查施工单位对施工进度计划的调整。

3）建立工程进度台账，核对工程形象进度，按月、季和年度向投资人报告工程执行情况、工程进度以及存在的问题。

（六）造价管控

对资金使用计划、工程计量及工程价款支付进行审核，询价与核价，办理工程变更、索赔、签证，做好工程造价的动态管理。

（七）安全文明施工与环境保护

全过程工程咨询单位在施工阶段的安全控制中，应以预防为主，做到强调、检查、督促和必要的经济手段相结合。全过程工程咨询单位针对环境保护必须按照"三同时"规定，把环境保护措施落到实处，防止建设项目建成投产使用后产生新的环境问题。

第二节　施工阶段勘察设计咨询

一、勘察设计现场咨询服务

勘察设计现场配合服务也是勘察设计工作的重要组成部分，随着建筑技术的不断发展，新技术、新结构、新工艺层出不穷，加之实际各专业之间的配合问题，勘察设计的现场配合是勘察设计的关键性服务，既是勘察设计成果的补充完善，又是施工阶段工程建设的支撑。

（一）咨询依据

1）《建筑法》（2011 年修订）。

2）《建设工程勘察设计管理条例》（国务院令第 293 号）（2015 年修订）。

3）《建设工程质量管理条例》（国务院令第 279 号）（2017 年修订）。

4）《岩土工程勘察规范》（GB 50021—2001）（2009 年版）。

5）《建设工程勘察质量管理办法》（建设部令第 115 号）（2007 年修订）。

6）《实施工程建设强制性标准监督规定》（建设部令第 81 号）（2015 年修订）。

7）相关标准规范规程等。

8）建设项目勘察、设计合同。

9）建设项目勘察、设计成果文件。

10）其他相关资料。

（二）咨询内容

全过程工程咨询单位应做好工程施工阶段勘察设计与施工的协调和配合，主要工作内容如下：

1）提供勘察设计的现场咨询服务。

2）组织对原设计图纸进行必要的专项设计或深化设计。

3）组织设计交底与图纸会审。

4）施工过程中地勘及设计的现场服务，如派驻勘察设计现场代表，及时解决勘察设计问题，对质量事故技术方案进行审定，对施工现场进行技术督导和关键工序的指导。

5）对存在不利物质条件情况进行处理。专业咨询工程师（勘察、设计）应对施工中发现与勘察设计不符的不利物质条件进行处理，处理流程如图 7-2 所示。

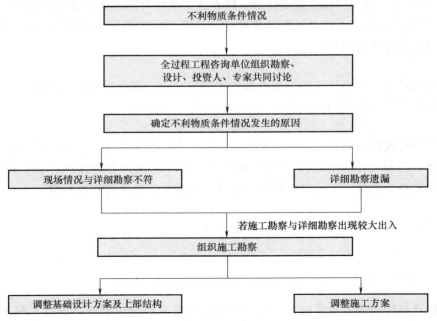

图 7-2　不利物质条件情况的处理流程

6）地基与基础工程验收。

7）主体结构工程验收。

（三）注意事项

1）将设计交底与图纸会审会议纪要及时归档。

2）隐蔽工程要会同专业咨询工程师（勘察、设计）进行现场确认，并做好记录，保存相关资料。

3）做好现场技术支持服务，及时解决施工中存在的问题。

4）在施工过程中，专业咨询工程师（勘察、设计）应对现场提出的技术问题和修改意见做出响应，确保施工现场正常进行。

二、设计文件的资料咨询服务

全过程工程咨询单位对设计文件的资料进行管理，对通过图纸会审及备案的施工图、方案设计文件、初步设计文件均应登记归档，并安排专人进行管理、统一发放，负责统计和分发设计文件。各收图单位也应指定人员到全过程工程咨询单位签领。

（一）咨询服务依据

1）《建设工程文件归档规范》（GB/T 50328—2014）。

2）全过程工程咨询单位的知识和经验体系。

（二）咨询服务内容

1. 设计文件接收

主要做好以下工作：

1）按照合同内容，核实图纸套数，核查图纸数量是否吻合。

2）图纸收录登记，建立台账。

3）涉及图纸深化或修改的，应要求专业咨询工程师（设计）进行书面交底。

4）接收图纸并核实图纸的完整性、规范性（出图章、设计人员签字等是否齐备）。

2. 设计文件分发

1）按施工承包合同、施工标段及承包人要求及时分发设计图纸。

2）设计图纸发放应做好登记。

3）建立图纸资料分配单和图纸资料发放登记表。

3. 图纸资料存档管理

1）图纸资料及时归档。重视零星图纸的管理与归档，应日案日清。

2）作废版本图纸资料在验证后加盖"作废"章，且不得进柜储存，应采取隔离措施，不与有效图纸相混淆。

3）需借用存档图纸资料，应按规定办理借阅、归还手续。

4）重要资料借阅时应提供复印件，不得随意将原件借出。

（三）注意事项

1）设计文件资料管理要依据国家有关规定，建立规范的资料管理档案和管理制度，保证设计资料不丢失、不混乱、不混淆。

2）图纸资料的签收和分发一定要保证双方签字认可，避免事后纠纷。

3）图纸深化时一定要附带目录，避免图纸混乱而耽误施工。

4) 重要的文件、图纸应备好复印件，不能将原件随意借出。

5) 注意图纸的使用及图纸数量是否满足施工需要。

三、专项设计

专项设计是针对建设规模相对较大、技术含量较高、各专业关系错综复杂、原设计图纸已表达但不能满足施工需要的，而进行的后续设计。

（一）专项设计依据

专项设计的依据除本节咨询依据外，还有以下依据：

1)《建设工程设计文件编制深度规定》（建质〔2008〕216号）。

2) 建设项目设计合同、设计任务书等。

3) 经批准的建设项目设计图纸。

（二）专项设计内容

1) 依据原设计图纸和特殊要求，结合施工需求，做专项设计。专业咨询工程师（勘察、设计）应根据已审批的设备、材料的规格和种类进行专项设计。

2) 所有的专项设计完成后，要组织专门的评审会议，涉及的专项设计工程师须做好汇报准备，确保沟通顺畅。

3) 总咨询师负责专项设计总体进度管理，专业咨询工程师（勘察、设计）应在总咨询师的进度管理要求下，负责各专业专项设计进度。

4) 总咨询师负责专项设计的技术统筹，并负责将各专业的所有专项设计内容综合反映在一个共用模型或图纸系统内，该模型或图纸系统与所有工程相关单位共享使用。

（三）专项设计程序

1) 确定专项设计及深化设计界面划分及相应的设计要求。

2) 依据界面划分、合同约定，确定相应的专项设计及深化专业咨询工程师（设计），要求其应具备相应的专项设计资质。

3) 在总咨询师综合协调下，专项设计及深化设计图纸应经总咨询师及各相关专业、深化专业咨询工程师（设计）跨专业会签。各专业设计及深化设计会签完成后，由总咨询师汇总、审核后的设计图纸提交投资人，由投资人组织相关单位进行审定。

4) 如报审未能通过，须根据投资人、施工图审查机构的审查意见进行修改，牵扯到其他专业的还须重新进行确认。

专项设计及深化设计管理流程如图7-3所示。

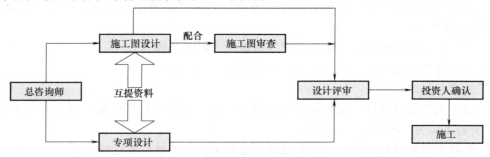

图7-3 专项设计及深化设计管理流程

（四）注意事项

1）专项设计及深化设计业务一定要委托给具备相应资格的专业咨询工程师（设计）。

2）在专项设计之前，首先要熟悉和理解项目合同、原设计图纸、特殊要求等，有些重要部位还要对照原设计图纸及招标文件中的工程和技术规范及现场实际工作环境，根据自身的工程实践经验和设计经验进行专项设计。

四、设计交底与图纸会审

（一）依据

1）《建筑法》（2011 年修订）。

2）《建设工程质量管理条例》（国务院令第 279 号）（2017 年修订）。

3）《建设工程勘察设计管理条例》（国务院令第 293 号）（2015 年修订）。

4）《建设工程设计文件编制深度规定》（住房和城乡建设部建质〔2016〕247 号）（2016 年修订）。

5）建设项目设计合同、设计任务书等。

6）经批准的建设项目设计图纸。

（二）内容

1）在技术交底与图纸会审之前，投资人、承包人、全过程工程咨询单位及有关单位必须事先指定主管该项目的工程技术人员、专业工程师熟悉图纸，进行初步审查，初步审查意见会审前两天送交全过程工程咨询单位汇总，然后移交专业咨询工程师（设计）。

2）设计技术交底与图纸会审是设计图纸施工前的一次详细审核，各有关单位必须在图纸会审签到表上签字。

3）设计技术交底与图纸会审时，主要专业咨询工程师（设计）应了解设计情况的人员的出席情况，对所提交的施工图纸进行有计划、有系统的技术交底。

4）全过程工程咨询单位负责形成会审纪要底稿，在正式的会议纪要发出前，专业咨询工程师（造价）应对会审中提出的设计变更所涉及的费用变化提供详细的咨询报告，对设计变更可能引起的费用增减提出意见，以便投资人最后决策是否需要变更。

5）会议纪要应由各单位签字确认，各单位签字确认的会议纪要分发至各有关单位，各方无异议，即被视为设计档案的组成部分。

（三）程序

施工图设计技术交底与图纸会审流程如图 7-4 所示。

（四）注意事项

1）涉及会议纪要发生的变更，需

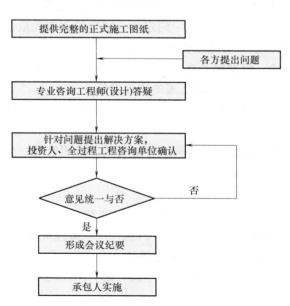

图 7-4　施工图设计技术交底与图纸会审流程

要专业咨询工程师（造价）提出咨询意见，由投资人确认是否发生该变更后，会议纪要方可发出。

2）各参加单位需要在已整理好的图纸会审纪要上签字确认并各自存档。

<h2 style="text-align:center">第三节　工程监理</h2>

一、工程监理概述

全过程工程咨询服务单位或委托的工程监理单位，应依照法律、法规及有关的技术标准、设计文件和建筑工程承包合同，对承包单位的质量、建设工期和建设资金使用等方面，代表建设单位实施监督，在建设工程中发挥着专业技术服务和综合管理作用。全过程工程咨询单位或工程监理单位应当根据建设单位的委托，客观、公正地执行监理任务。实行总监理工程师负责制，监理人员应公平、独立、科学地开展建设工程监理工作，维护建设单位的合法权益，不损害其他有关单位的合法权益。

工程监理单位应根据项目特征，以全过程工程咨询服务总目标为依据，分解质量控制、投资控制、进度控制、安全管理等具体服务目标，科学地提供专业咨询服务。

工程监理单位设立驻场监理机构，按照现行国家标准《建设工程监理规范》（GB/T 50139—2013），遵循事前控制和主动控制原则，制定和实施相应的监理措施，采用旁站、巡视和平行检验等方式对项目实施监理，并及时准确记录监理工作实施情况。

（一）工程监理的内容

工程施工阶段的工程监理应包括下列内容：

1）以施工合同工期为工程进度控制总目标。采用动态控制方法，实施主动控制，注重跟踪检查，使阶段性施工进度计划和总进度计划协调一致。

2）以施工合同中约定的合同价款和工程量清单为依据，进行工程量计量并签认应支付的工程款，实施工程造价控制。

3）根据相关法律法规、工程建设强制性标准、施工图纸、工程质量目标等相关要求，履行建设工程质量管理的监理责任。

4）根据相关法律法规、工程建设强制性标准，履行建设工程安全生产管理的监理职责。

5）依据施工合同文件进行施工合同管理，处理工程变更、工程延期、索赔及施工合同争议、解除等事宜。

（二）工程监理应注意事项

1）建立完善的监理资料管理制度，明确监理资料管理人员，及时、准确、完善地收集、整理、编制、传递、归档、保存监理资料，并负责审核工程施工资料、竣工文件的及时性、准确性、完整性和系统性。

2）通过监理例会、专题会议、工作联系单、情况交流等方法协调建设工程合同相关方的关系。

3）按合同要求实施监理。

二、施工阶段进度控制

建设工程总进度目标是指整个项目的进度目标，工程进度控制的依据是项目决策阶段所确定的工期以及建设工程施工合同所约定的工期目标，在确保工程质量和安全并符合控制工程造价的原则下控制进度，应采用动态的控制方法，对工程进度进行主动控制。

（一）进度控制依据

1）施工合同。

2）施工总进度计划。

3）施工现场进度情况统计表。

4）相关资源供应、消耗资料、资金支付报表。

5）全过程工程咨询单位的知识和经验体系。

（二）进度控制内容

施工阶段进度控制主要包括对进度计划的审查、检查与跟踪管理，严格执行进度计划，发现有滞后或偏离的应及时做调整。全过程工程咨询单位的进度控制应符合下列规定：

（1）进度控制严格执行规定

① 按照工程施工合同确定的总工期制定进度控制目标。

② 按项目实施过程、专业、阶段或实施周期对进度控制目标进行分解。

③ 在保证进度控制目标的前提下，遵从各种资源供应条件，遵循合理的施工顺序，保证工程进度实施的连续性和均衡性。

④ 将关键线路上的各项活动过程和主要影响因素作为项目进度控制的重点。

⑤ 对项目进度有影响的相关方的活动进行跟踪协调。

（2）配合进度控制，做好相关工作　为了完成施工阶段进度控制工作，项目全过程工程咨询单位的专业咨询工程师（监理）需要做好以下工作：

① 编制工程施工阶段项目总进度计划，并上报建设单位审定。

② 按照经建设单位审定的项目总进度计划及工程施工合同确定的总工期，完善建设工程控制性进度计划。

③ 编制年、季、月工程进度计划报告并按期上报给建设单位。

④ 审查承包人提交的施工进度计划。

⑤ 组织进度协调计划，协调各方关系，协调解决影响工程进度控制的关键问题，督促施工单位严格控制工程进度。

⑥ 协助投资人编制和实施由投资人负责供应的材料与设备供应计划。

⑦ 跟踪检查实际施工进度。

⑧ 对计划进度与实际进度进行比较，出现偏差要提出相应的纠正或调整措施，组织编制调整后的施工进度计划。

⑨ 研究制定预防工期索赔的措施，对事故单位提交的工程延期申请进行审查和评估，做好工期延期审批工作等。

（三）进度控制程序

项目施工阶段进度控制程序如图7-5所示。

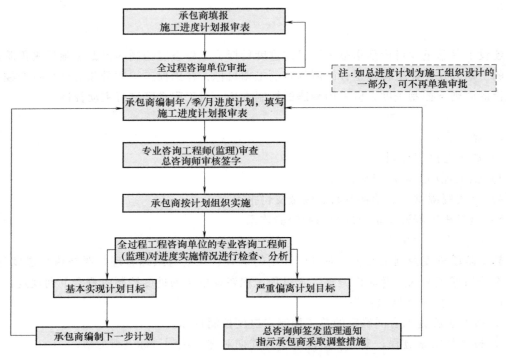

图 7-5 项目施工阶段进度控制程序

（四）进度控制注意事项

1）专业咨询工程师（监理）审查阶段性施工进度计划时，应注意阶段性施工进度计划与总进度计划目标的一致性。

2）注意并加强对项目进度有影响的相关方的活动进行跟踪与协调。

3）建设项目出现进度偏差时，应及时找出原因，分析对策并提出解决方案。

三、施工阶段质量控制

建设工程质量控制就是通过采取有效措施，在满足工程造价和进度要求的前提下，实现预定的工程质量目标。全过程工程咨询单位按照工程施工合同确定的质量要求，制定项目的总体质量管理目标，并将其分解为各单项工程、单位工程、分部工程、分项工程的质量目标。

（一）质量控制依据

施工阶段质量控制的依据如下：

1）《建筑法》（2011 年修订）等国家相关法律。

2）《建设工程质量管理条例》（国务院令第 279 号）（2017 年修订）等国家相关法规。

3）《建筑工程质量检测管理办法》（建设部令第 141 号）等行业主管部门规章、制度。

4）《建筑工程施工质量验收统一标准》（GB 50300—2013）、《质量管理体系 基础和术语》（GB/T 19000—2016）等相关标准规范。

5）建设项目施工合同。

6）建设项目投资人的功能要求报告及设计任务书。

7）建设项目地质勘察文件、设计施工图纸及设计要求。

8）建设项目施工组织设计及专项施工方案措施。

9）建设项目质量管理计划。

10）其他影响质量的因素等。

（二）质量控制的内容

1. 建立施工阶段质量目标体系

（1）施工质量目标 其基本目标是合格，即符合设计与施工质量验收规范的要求。此外，还应满足投资人对本项目的特殊要求，如果投资人就是项目的使用方，项目施工质量要达到或部分达到精品的标准。这就需确定特定的验收标准或明确达到工程某奖项的质量标准。在对施工质量目标进行定义时，要考虑与施工阶段的进度、造价等目标协调一致。

（2）项目功能质量目标

1）专业功能目标：项目开工时，施工图已基本完成，对于大型公共建筑项目，还有许多专业需深化设计，如建筑内部装饰装修、幕墙工程、空调、智能建筑等，在施工阶段，需对这些专业的功能目标进行深化和细化。

2）功能目标的实现：功能目标包含空间的使用、建筑功能（声、光、热、通风等）、生产与生活的使用功能、建筑物内外色彩与造型等，这些功能虽在设计阶段基本确定，但在施工阶段还需通过材料、设备的选用、细部处理等环节来确保达到原策划的效果，这就需要对施工图中未解决和不满意的部分确定功能质量目标。

3）部分功能目标的调整，在施工过程中，甚至某些部位施工完毕后，投资人可能会对施工结果不满意或建设意图产生变化，需对部分功能目标（如空间使用、建设标准、装饰效果等）进行调整。

2. 建立施工阶段质量管理体系

（1）建立项目施工阶段工程质量管理责任制 依据法律法规的规定和相关合同的约定，明确各参建方的责任，包括施工单位、材料设备供应商、全过程工程咨询单位、建设单位等。

1）施工单位：是施工质量的直接实施者和责任者，应全面履行《建设工程质量管理条例》和施工合同约定的质量责任，应强调施工单位在自检质量合格后报全过程工程咨询单位或监理单位查验。

2）建筑材料、设备供应商：对所提供的材料、设备、构配件的质量负责，所提供的材料、设备、构配件必须符合产品标准和合同的约定。

3）监理单位（或全过程工程咨询单位）：代表建设单位对施工质量实施监理，并对施工质量承担监理责任。应强调监理单位对施工质量的监理不能代替施工单位自身的质量检查与管理，监理人员的检查与验收是对施工单位作业活动质量的复核与确认，如果施工单位的专职质检员没有检查或检查不合格，监理人员应拒绝验收。

4）建设单位：承担《建设工程质量管理条例》规定的建设单位责任及对工程质量管理的决策责任。

（2）建立健全施工阶段工程质量管理制度

1）项目管理团队建立的相关制度：应根据工程复杂程度与实施工程质量管理的需要，制定相关制度。如重大技术问题的论证制度、设计变更管理制度、工程质量状况汇报分析与协调制度、各参建方高层领导协调制度、样板工程制度、材料选用与封样制度、质量问题和质量事故处理制度等。

2）督促各参建方建立健全施工质量管理制度，特别在发现施工质量管理存在问题时，更应及时要求相关方制定和完善相应的质量管理制度。

3. 质量控制的重点工作

为了完成施工阶段质量控制，全过程工程咨询单位的专业咨询工程师（监理）需要重点做好以下工作：

1）审查、确定施工质量控制的难点、重点，并抽查其控制效果。

2）严把建设工程材料、构配件、设备质量关。

3）检查施工机械和机具质量。

4）审查施工组织设计和施工方案。

5）检查承包人的现场质量管理体系和管理环境。

6）控制施工工艺过程质量。

7）验收分部分项工程和隐蔽工程。

8）处置工程质量问题、质量缺陷。

9）协助处理工程质量事故。

任何建设工程项目都是由分项工程、分部工程和单位工程所组成的，而工程项目的建设，则通过一道道工序来完成。工程项目施工阶段质量控制是从工序质量到分项工程质量、分部工程质量、单位工程质量的控制过程，从原材料的质量控制开始，到各项工程质量目标实现为止的质量控制过程。为确保工程质量，按照施工过程前后顺序将过程控制划分为事前、事中、事后质量控制，主要内容如图7-6所示。

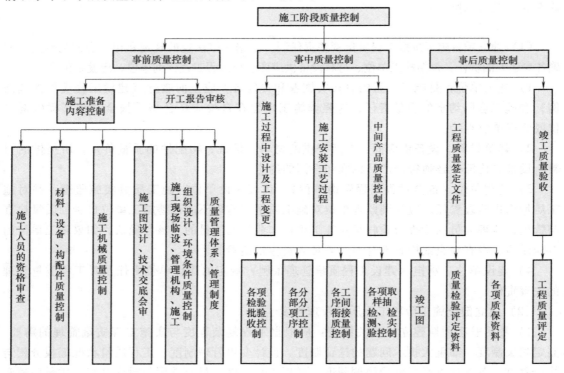

图7-6 按照施工过程划分的施工质量控制内容

（三）质量控制程序

1）工程开工前，应严格按照开工程序、严格进场材料的报审、严格各项方案措施的落实。

2）工程施工过程中，在每道工序完成后，严格执行检查验收程序。承包人应进行自检，自检合格后，填报报验申请表交全过程工程咨询单位的专业咨询工程师（监理）检验。检验批、隐蔽验收、分项、分部工程完成后的检查验收，承包人首先对报检的工程进行自检，填报相应质量验收检查记录资料，确认工程质量符合要求，然后向专业咨询工程师（监理）提交报验申请表，并附上自检的相关资料，经现场检查及对相关资料审核后，符合要求予以签认验收；反之，则指令承包人进行整改或返工处理。只有上一道工序被确认质量合格后，方可进行下道工序。

3）在施工质量验收过程中，涉及结构安全的试块、试件以及有关材料，应按规定进行见证取样检测；对涉及结构安全和使用功能的重要分部工程，应进行抽样检验。对施工过程中出现的质量问题，经过返工整改或加固处理仍不能满足结构安全使用要求的分部、分项工程和构件严禁验收。

施工阶段质量控制程序如图 7-7 所示。

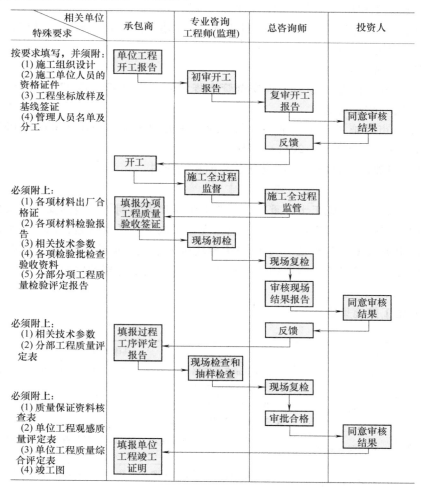

图 7-7　全过程工程咨询单位施工阶段质量控制程序

（四）质量控制注意事项

1）在工程施工过程中，全过程工程咨询单位应将质量目标细化，并明确到具体责任人，做好各种应对准备。

2）质量验收程序规范，参与主体明确，承担试验检验的单位应具有相应的资质。

3）各项施工任务完成后应及时完善质量保证资料。

第四节　施工阶段安全文明施工与环境保护

一、安全文明施工管理

（一）安全文明施工管理的依据

1）《建筑法》（2011 年修订）、《安全生产法》（2014 年修订）、《环境保护法》等相关法律。

2）《安全生产许可证条例》（国务院令第 397 号）（2014 年修订）、《建设工程安全生产管理条例》《建设工程质量管理条例》等相关法规。

3）《建筑施工企业安全生产许可证管理规定》（建设部令第 128 号）、《建筑工程施工许可管理办法》（住建部令第 18 号）等相关规章。

4）各省市建筑管理条例。

5）《危险性较大的分部分项工程安全管理规定》（住建部令第 37 号公布，第 47 号修正）等管理办法、政策规定。

6）《建筑与市政施工现场安全卫生与职业健康通用规范》（GB 55034—2022）、《建设施工安全检查标准》（JGJ 59—2011）等标准规范。

7）拟建项目建设项目施工组织设计及其他相关资料。

（二）安全文明施工管理的内容

在施工阶段安全文明施工十分重要，既要保障生产者和周围环境的安全，又要保证工程建设按程序顺利实施。为实现这一目标，施工现场采取了一系列措施，同时又强调安全文明施工的管理。根据《安全生产法》等相关法律法规的规定，安全文明施工管理是工程建设各方的重要职责，本书仅从工程咨询角度梳理安全文明施工管理的内容。

1. 安全文明施工的措施

安全文明施工措施见表 7-1。

表 7-1　建设工程安全文明施工措施

类别	项目名称		具体要求
安全施工	临边洞口交叉高处作业防护	楼板、屋面、阳台等临边防护	设 1.8m 高的定型化、工具化、标准化的防护栏杆，用密目式安全立网全封闭，作业层另加两边防护栏杆和 18cm 高的踢脚板
		通道口防护	设防护棚，防护棚应为不小于 5cm 厚的木板或两道相距 50cm 的竹笆，两侧应沿栏杆架用密目式安全网封闭
		预留洞口防护	用木板全封闭，其短边超过 1.5m 长的洞口，除封闭外四周还应设有防护栏杆
		电梯井口防护	设置定型化、工具化、标准化的防护门，在电梯井内每隔两层（不大于 10m）设置一道安全平网

（续）

类别	项目名称		具体要求
安全施工	临边洞口交叉高处作业防护	楼梯边防护	设1.2m高的定型化、工具化、标准化的防护栏杆,18cm高的踢脚板
		垂直方向交叉作业	设置防护隔离棚或其他设施
		高处作业防护	有悬挂安全带的悬索或其他设施,有操作平台,可上下的梯子或其他形式的通道
	脚手架	脚手架封闭	外侧必须用合格的密目式安全网封闭,且应将安全网固定在脚手架外立杆内侧
	其他	安全检测及专家论证费	现场起重机械与外用电梯(物料提升机)、安全防护用具、钢管脚手架等检测和危险较大项目专家论证费用
		应急和保健措施	应急救援器材及保健急救措施和医药用品、急救用品等
		施工机械防护措施	现场起重机械与外用电梯(物料提升机)等建筑起重机械的安全防护措施
		基坑支护及地下室防护措施	基坑支护的变形监测及地下作业中的安全防护和监测
		安全教育培训及安全宣传标语横幅等费用	现场安全管理人员及作业人员的相关安全教育培训等费用和用于安全生产的宣传标语横幅等费用
		安全信息化管理	施工现场远程视频监控系统及其他与安全生产直接相关的支出
文明施工与环境保护	安全警示标志牌		在易发伤亡事故(或危险)处设置明显的、符合国家标准要求的安全警示标志牌
	现场围挡		1)市区主要道路设置不低于2.5m高的围挡,一般道路设置不低于1.8m高的围挡,围挡的墙面应进行适当的美化 2)围挡材料可采用彩色、定型钢板、砖、混凝土砌块等墙体
	六牌一图		在进门处悬挂工程概况、管理人员名单及监督电话、安全生产、文明施工、消防保卫、重大危险源公示六牌和施工现场总平面图
	企业标志		现场出入的大门应设有本企业标识或企业标志
	场容场貌		1)施工现场主要道路必须进行混凝土硬化,并保持畅通 2)排水沟、排水设施通畅 3)裸露的场地和集中堆放的土方应采取覆盖、固化或绿化等措施 4)现场办公区和生活区应采用永久性绿化
	材料堆放		1)材料、构件、料具等堆放时,悬挂有名称、品种、规格等标牌 2)水泥和其他易飞扬细颗粒建筑材料应密闭存放或采取覆盖等措施 3)易燃、易爆和有毒有害物品分类存放
	现场防火		消防器材配置合理,符合消防要求
	垃圾清运		施工现场应设置密闭式垃圾站,施工垃圾、生活垃圾应分类存放,采用相应容器或管道运输

（续）

类别	项目名称		具体要求
临时设施	现场办公生活设施		1）施工现场办公、生活区与作业区划分清晰，有相应的隔离措施并保持安全距离 2）工地办公室、宿舍、食堂、农民工学校、厕所、饮水设施、休息场所等符合卫生和安全要求
	施工现场临时用电	配电线路	1）按照 TN-S 系统要求配备五芯电缆、四芯电缆和三芯电缆 2）按要求架设临时用电线路的电杆、横担、瓷夹、瓷瓶等，或设置电缆埋地的地沟 3）对靠近施工现场的外电线路，设置木质、塑料等绝缘体的防护棚
		配电箱开关箱	1）按三级配电要求，配备总配电箱、分配电箱、开关箱三类标准电箱，开关箱应符合一机、一箱、一闸、一漏，三类电箱中的各类电器应是合格品 2）按三级保护的要求，选取符合容量要求和质量合格的总配电箱和开关箱中的漏电保护器
		接地保护装置	施工现场保护零线的重复接地应不少于三处

2. 安全施工管理

全过程工程咨询单位对安全施工管理审查，主要有以下几点：

1）承包人资质与施工人员资格是否合法，承包人、技术负责人专职安全生产管理人员的资格、安全生产考核合格证等是否符合相关文件的规定；特种作业人员是否持有特种作业操作资格证书等。

2）审核承包人报送的施工组织设计与施工方案，审核施工组织设计是否有针对性，是否进行了危险源辨识和风险评估，是否编制了危险性较大的分部分项工程项目清单，对高、中度风险的危险源和危险性较大的分部分项工程是否采取了相应措施或制定专项施工方案，对各种可能发生的安全事故是否编制了应急预案等。审核施工方案时，还应考虑安全因素、措施是否到位。

3）执行有关安全施工管理的各项程序。监理人员应掌握并认真执行法律法规与规范性文件规定的安全施工管理的各项程序，如基坑支护及坑边防护、脚手架等安全设施经验收合格后方可使用；高大模板支撑体系经验收合格并由承包人项目经理、项目技术负责人、项目安全负责人和项目总监签字后，方可进入后续工序施工，并且在拆除前也应经承包人项目经理、项目技术负责人、项目安全负责人和项目总监核查混凝土同条件养护试块强度报告并履行拆模审批签字程序；起重机械经拆装报验、报验审批、验收、检测等程序后，方可投入使用。

4）掌握并执行有关安全施工的强制性标准。《建设工程安全生产管理条例》规定："工程监理单位应当审查施工组织设计中的安全技术措施或者专项施工方案是否符合工程建设强制性标准。"

5）全过程咨询单位应按经审批同意的专项施工方案实施监理，特别对超过一定规模的危险性较大分部分项工程，必须切实检查承包人是否按照经专家论证通过的专项施工方案实施。

6）对于发现存在安全事故隐患，应要求承包人整改；情况严重的，应要求承包人暂停施工，并及时报告投资人。承包人如不整改或者不停止施工的，应当及时向有关主管部门报告。

7）抽查工程监理人员实施施工安全监理工作形成的记录。工程监理人员在实施施工安全监理工作中及时形成完整、准确的记录，如安全设施的验收记录、检测报告，各项程序检查的记录，发出的监理通知、会议纪要、工程暂停指令等。

3. 文明施工管理

全过程工程咨询单位对文明施工管理应关注以下事项：

1）按照环保部门核发的建设项目环境保护"三同时"审核通知单对环保设施的要求，关注并督促承包人、监理人员组织好对环保设施的施工。

2）执行当地环保部门、建设主管部门发布的关于绿色施工管理的规定，包括施工降水、渣土消纳、扬尘防治、土方运输、文物保护、夜间施工等规定。

4. 实施过程安全管理工作

1）检查承包人落实各分部分项工程开工前的安全技术方案。

2）监督核查施工现场危险源的检查、巡查工作情况，以及施工安全隐患的及时处理。

3）督查施工安全设施、施工机械验收的工作。

4）组织参加现场安全检查或安全会议。

5）配合安全事故的调查，分析安全事故发生的原因，督促安全事故的及时处理。

6）督促核查参建方安全资料的收集、整理、归档等工作。

（三）安全文明施工管理程序

项目安全文明施工管理程序如图 7-8 所示。

（四）安全文明施工注意事项

1）全过程工程咨询单位应督促承包人做好安全文明施工技术措施计划的实施工作，保证安全文明施工技术措施计划的实现。对安全事故处理，应坚持事故原因不清楚不放过，事故责任者和人员没有受到教育不放过，事故责任者没有处理不放过，没有制定纠正和预防措施不放过等原则。

2）检查执行施工现场安全文明施工教育制度，确保上岗作业人员具备安全文明施工知识。

3）督促承包人建立健全安全文明施工的各项制度，包括安全文明施工责任制度、安全文明施工技术措施管理制度、安全文明施工教育制度、设备机械操作运行安全管理制度、职业健康安全文明施工检查制度、职业健康安全文明施工奖罚制度、工伤事故处理制度等。

二、环境保护

（一）环境保护的依据

1）《环境保护法》《环境影响评价法》（2016 年修订）、《固体废物污染环境防治法》（2016 年修订）等相关法律。

2）《规划环境影响评价条例》（国务院令第 559 号）、《建设项目环境保护管理条例》（国务院令第 253 号）（2017 年修订）等相关法规。

3）《城市建筑生活垃圾管理规定》（建设部令第 157 号）等相关规章。

4）《建设工程施工现场环境与卫生标准》（JGJ 146—2013）、《环境管理体系、要求及使用指南》（GB/T 24001—2016）等标准规范。

5）安全生产环境保护奖罚考核制度等。

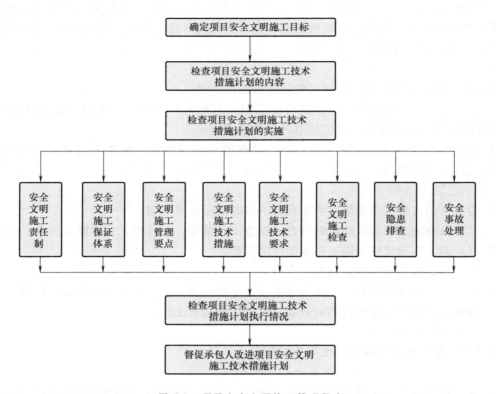

图 7-8　项目安全文明施工管理程序

6）建设项目施工组织设计及其他相关资料。

（二）环境保护的内容

根据《环境保护法》规定，环境保护坚持保护优先、预防为主、综合治理、公众参与、损害担责的原则。

建设项目需要配套建设的环境保护设施，必须与主体工程同时设计、同时施工、同时投产使用。施工现场环境保护包括防噪、降尘、清污、排污等。如现场施工机械设备降低噪声、防扰民措施；水泥和其他易飞扬细颗粒建筑材料要密闭存放或采取覆盖措施等；工程防扬尘洒水；土石方、渣土外运车辆冲洗防护措施等；现场污染源的控制、生活垃圾清理外运、场地排水排污措施等。

国家根据建设项目对环境的影响程度，按照下列规定对建设项目的环境保护实行分类管理：

1）建设项目对环境可能造成重大影响的，应当编制环境影响报告书，对建设项目产生的污染和对环境影响进行全面评价。

2）建设项目对环境可能造成轻度影响的，应当编制环境影响报告表，对建设项目产生的污染和对环境影响进行分析或者专项评价。

3）建设项目对环境影响很小，不需要进行环境影响评价的，应当填报环境影响登记表。

施工现场环境保护主要由全过程工程咨询单位配合投资人负责编制总体策划部署，建立项目环境管理组织机构，制定相应制度，使现场人员高度重视环境保护。

（三）环境保护的程序

1）确定项目环境管理目标，制定项目环境保护计划。

2）检查承包人的项目环境管理体系建立与运行情况。

3）检查施工现场承包人的环境管理执行情况，建立环境管理责任制度。明确责任，建立相应的奖罚制度。

4）督促承包人做好施工现场的环境保护工作，实现环境持续改进目标。

施工现场环境保护的程序如图7-9所示。

（四）环境保护注意事项

1）加强环境管理，需进行定期检查，及时解决发现的环境问题，实施纠正和预防措施，保持良好的作业环境、卫生条件和施工秩序，达到预防污染的目的。

2）全过程工程咨询单位督促承包人制定环境保护应急准备和相应措施，保证信息通畅，预防可能出现的非预期的损害。当出现环境事故时，应及时清除污染，并制定相应措施，防止环境二次污染。

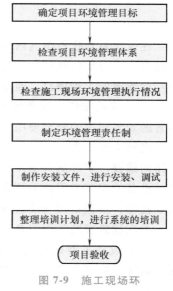

图7-9 施工现场环境保护的程序

3）加强检查和监控工作，促使承包人按照规定的环境实施要求施工。

第五节　施工阶段造价管控

施工阶段造价管控就是依据项目施工合同、前期造价成果文件和其他相关资料，在满足工程质量和进度要求的前提下，力求使工程实际造价不超过预定造价目标。造价管控主要包括资金使用计划、工程计量与工程款支付、工程变更、工程签证、工程索赔和合同期中结算的审核。

一、资金使用计划

项目资金使用计划应根据施工合同和批准的施工组织设计进行编制，应与计划工期、预付款支付时间、进度款支付节点、竣工结算支付节点等相符。项目资金使用计划应根据工程量变化、工期、建设单位资金情况等定期或适时调整。

（一）资金使用计划的作用

建设项目投资都是分期支付，编制资金使用计划，建设单位可据此合理及时筹措资金和使用资金，尽可能减少资金占用和利息支出，有利于降低工程投资成本，提高资金使用效率。

（二）资金使用计划编制依据

1）国家现行法律法规、方针政策。

2）已批复的项目概算文件或确认的施工图预算。

3）拟建项目招标文件和中标通知书。

4）拟建项目施工承包合同。

5）经审批的拟建项目施工组织设计和施工总进度计划。

（三）资金使用计划编制内容

1. 按固定资产投资费用构成编制资金使用计划

建设项目总投资按其内容分为建筑安装工程费、设备工器具购置费和工程建设其他费三个部分。建设单位通常需要按费用类型编写资金使用计划书，这种编制方法比较适合于有大量经验数据的工程项目，通常包括：

（1）建筑安装工程费使用计划编制　是指各种建筑物、构筑物的建造费用和各种设备装置的安装费用的资金使用计划。包括各种房屋建造工程，各种用途设备基础和各种工业炉窑的砌筑工程；为施工而进行的各种准备工作和临时工程以及完工后的清理工作等；铁路、道路的铺设，矿井的开凿及石油管道的架设等；水利工程；防空地下建筑等特殊工程；各种机械设备的安装工程；为测定安装工程质量，对设备进行的试运行工作等发生的费用。在安装工程中，不包括被安装设备本身的费用。

再在建筑安装工程费基础上，编制各分项工程的资金使用计划。

（2）设备工器具购置费使用计划编制　是指购置的设备、工器具的费用的资金使用计划。新建、扩建的项目，按照设计要求购置的全部设备、工器具，均计入"设备、工器具购置费"中。

（3）工程建设其他费使用计划编制　是指在建设项目施工和设备购置过程中发生的，除建筑安装工程和设备、工器具购置以外的各种费用。

2. 按工程进度编制资金使用计划

按照项目的特点，为了优化资金使用，将建设项目分成若干子项工程实施建设，实行流水作业，优化人工材料及施工机械配套，对期中进度及投资目标进行跟踪管理，通过进度及投资方案的对照，适时做出调整，确保工期以及投资目标的实现。

按工程进度编制资金使用计划，需要利用总进度计划网络图和横道图。

1）首先确定工程施工进度计划。

2）根据每单位时间（一般按月为单位时间）内完成的实物工程量或投入的人工、材料设备和施工机械以及资金投入，计算出单位时间的资金支出额（例如：表7-2为某项目资金计划）。

3）计算出计划时间内的累计资金支出额。

4）绘制计划时间-计划投资累计S曲线（图7-10）。

表7-2　计划时间内的累计资金计划表

时间	1月	2月	3月	4月	5月	6月	7月	8月	9月	10月
计划投资/万元	50	80	150	200	280	300	300	220	180	70
累计投资/万元	50	130	280	480	760	1060	1360	1580	1760	1830

S曲线包括在由全部工作均按最早开始时间（ES）开始和全部工作均按最迟开始时间（LS）开始的曲线所组成的"香蕉图"内（图7-11）。

如果所有工作都按最迟开始时间开始，能节约建设单位的建设资金成本，但同时可能导致工程不能按期竣工。因此，必须合理地确定投资支出计划，达到既节约投资支出又保证工程按期完成的目的。

（四）资金使用计划编制注意事项

1）全过程工程咨询单位应督促发包人建立健全建设项目资金管理制度。

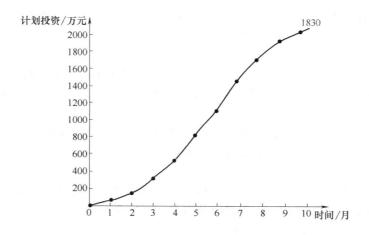

图 7-10　时间计划投资累计曲线（S 曲线）

2）按不同子项目编制资金使用计划，做到合理分配，须对工程项目进行合理划分，划分的粗细程度根据实际需要而定。

3）按时间进度编制的资金使用计划，通常利用项目进度网络图进一步扩充后得到。

4）资金使用计划也可采用 S 曲线与香蕉图的形式，其对应数据的产生依据是施工计划网络图中时间参数（工序最早开工时间，工序最早完工时间，工序最迟开工时间，工序最迟完工时间，关键工序，关键路线，计划总工期）的计算结果与对应阶段资金使用要求。

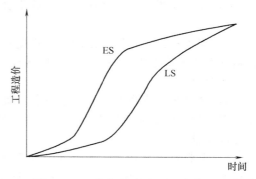

图 7-11　工期与投资控制"香蕉图"

二、工程计量与工程款支付

加强工程计量与工程款支付管理，是施工阶段造价管控的重要内容之一。

（一）工程计量与工程支付依据

1）国家现行法律法规、方针政策以及其他国家、行业和地方政府的现行有关规定。

2）《建设工程工程量清单计价规范》（GB 50500—2013）、《建设项目全过程造价咨询规程》（CECA/GC 4—2017）以及其他标准规范、规程等。

3）拟建项目施工承包合同。

4）拟建项目施工设计图纸。

5）拟建项目招标文件和投标文件。

6）拟建项目工程变更签证及修订的工程量清单。

7）经审批的拟建项目施工组织设计和施工总进度计划。

8）拟建项目施工过程中的工程签证、变更费用洽商单和索赔报告等。

9）拟建项目核准的工程形象进度确认单。

10）拟建项目核准的签认付款证书。

11）拟建项目用于工程实体的主要材料设备进场验收记录和必要的试验检测报告，以及分部分项工程和隐蔽工程验收文件等。

（二）工程计量与工程款支付内容

工程计量是向承包人支付工程款的前提和凭证，是约束承包人履行施工合同义务，强化承包人合同意识的手段。全过程工程咨询单位应认真坚持工程计量原则，严把工程款支付审核关，其工作内容如下：

1）根据工程施工合同中有关工程计量周期及合同价款支付计划时点的约定，审核工程计量表（见表7-3）和进度款支付申请报告，编制工程预付款支付申请核准表和工程进度款支付申请核准表。

2）在对承包人提交的工程计量结果审核后，可根据合同约定确定本期应付合同价款金额；对于投资人提供的甲供材料/设备费用金额，应按照合同约定列入本期应扣减的金额中，并向投资人提交合同价款支付审核意见。

3）重点审核进度款支付申请中所涉及增减工程变更金额和增减索赔金额。

4）建立工程款支付台账。按照施工合同分类进行建立，便于把关审核。

（三）工程计量与工程款支付程序

1）当工程达到合同约定的计量进度和计量条件时，承包人对已完成工程自行计量，并编制进度款申请报告，在合同约定的进度款申报日期前将申请报告和有关资料报送至全过程工程咨询单位。

2）全过程工程咨询单位审查承包人提交的申请资料、自检资料、工程质量检验表及分项工程计量明细表和有关图纸、文件等。发现问题或资料不全应及时告知并退还承包人，暂不进行计量。

3）资料审查符合后，全过程工程咨询单位对承包人在工程款支付报审表中提交的工程量和支付金额进行审核，确定实际完成的工程量，提出到期应支付给承包人的价款数额及相应的审查意见。

4）根据投资人的审批意见，向承包人签发工程款支付证书，见表7-4。工程计量与工程价款支付程序如图7-12所示。

表7-3　工程计量表

序号	中标合同总价	材料价	签证价	变更价	清单错漏项	本次计量审定价	累计计量审定价	未计量工程结余价	应付工程款	已付工程款	本次申领工程款
1											
2											
3											
4											
5											
6											
7											
小计											

填报单位：　　　　　　　　　填报日期：　　　　　　　　　单位：万元

承包人（公章）　　　　　咨询单位：　　　　　建设单位（单位）

项目经理：　　　　　　　　　　　　　　　　　单位负责人：

经办人：　　　　　　　　项目负责人：　　　　项目负责人：

表 7-4 工程款支付证书

工程名称：

致：_____（建设单位）

根据施工合同约定，经审核承包编号为_____工程款支付报审表，扣除有关款项后，共计大写：

小写：¥　　　　万元

其中：

1. 施工单位申报款为：　　　　　　　　　　　　万元

2. 经审核施工单位应得款为：　　　　　　　　　万元

3. 本期应扣款为：　　　　　　　　　　　　　　万元

4. 本期应付款为：　　　　　　　　　　　　　　万元

5. 其中本期工资性工程款为：　　　　　　　　　万元

附件：工程款支付报审表及附件

全过程工程咨询单位（盖章）：_____

总咨询师（盖章）：_____

年　　月　　日

注：本表项目建设单位、施工单位、全过程工程咨询单位各执一份。

（四）工程质量与工程款支付注意事项

1）工程计量方式一般以现场勘查结合图纸计算为主。首先进行实地测量与实地勘查，确认现场实际施工进度。然后根据图纸计算工程量。特殊施工内容根据现场记录，如桩基按一桩一表施工记录计量。措施项目按现场实际投入及完成计量。

2）计量规则按技术规范和工程量清单计算规则进行计量。工程的计量应以净值为准，除非项目专用合同条款另有约定。工程量清单中各个子目的具体计量方法按合同文件技术规范中的规定执行。

3）工程计量最终确认：合同文件中的工程量清单是依据设计图纸计算和统计的，是供施工招标投标报价的数量，其数量并不能直接作为计量支付的依据。根据合同通用条款和技术规范中有关计量支付的规定，以设计图纸为工程量计量标准。施工实际完成数量必须经承包人的复测、复核并经确认后才能作为工程进度款支付依据。因此，在每个分部工程开工前及在施工过程中，应不断地认真调查、测量、计算、复核及按程序进行审批，以审批后的数量作为建立计量台账和计量支付的依据。

4）暂估价格与实际价格的差额根据合同约定可在进度款中同期支付。

三、工程变更

在工程项目实施过程中，按照合同约定的程序，根据工程需要，由发包人、承包人或设计方提出，在合同工作范围内的各种类型的改变，包括合同工作内容的增减、合同工程量的变化、因地质原因引起的更改、根据实际情况引起的结构物尺寸和标高的更改、材料和施工工艺的改变、合同外增加工作等，统称为工程变更。在工程建设过程中工程变更是不可避免的，工程变更对工程建设的投资、质量及施工进度都存在较大影响。

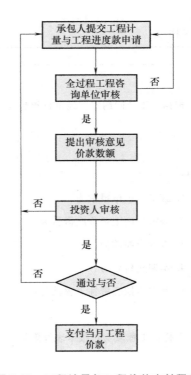

图 7-12　工程计量与工程价款支付程序

（一）工程变更的依据

1）《建设工程工程量清单计价规范》（GB 50500—2013）。

2）《建设项目全过程造价咨询规程》（CECA/GC 4—2017）、《建设项目全过程工程咨询标准》（T/CECS 1030—2022）等标准规范。

3）拟建项目施工承包合同。

4）拟建项目施工设计图纸。

5）拟建项目招标文件和投标文件。

6）拟建项目工程变更通知书、变更指示、计量签证。

7）经审批的拟建项目施工组织设计和施工总进度计划。

8）人工、材料、机械台班的信息价及市场价格。

9）其他相关资料。

（二）工程变更的内容

在建设项目施工阶段，由于发包人、承包人、全过程工程咨询单位、施工合同及环境等原因，经常出现工程变更和合同争议等问题。也因工程变更引起工程量变化、工程价款的调整等，可能出现项目投资超出原计划目标，因此，全过程工程咨询单位应当重视工程变更及其价款的管理。

全过程工程咨询单位进行工程变更管理的主要内容如下：

1）审查工程变更理由的充分性：对承包人提出的工程变更，应严格审查工程变更的理由是否充分，防止承包人利用工程变更增加工程造价，减少全过程工程咨询单位应承担的风险和责任。

2）审查工程变更程序的正确性：对承包人提出的工程变更，应审查工程变更的程序是否正确，其程序是否符合国家和地方有关规定，以及双方施工合同的约定。

3）审查工程变更造价计算的准确性：工程变更造价的计算应遵循一定的规则，否则将不予认可。

工程变更造价计算规则如下：

① 工程变更计量应按合同约定方法计算工程变更增减的工程量，合同没有约定的按国

家和地方现行的工程量计算规则计算。

② 工程变更计价应按合同约定条款计算工程变更价款，合同没有约定的，按照《建设工程工程量清单计价规范》（GB 50500—2013）规定计算。

③ 合同中另有约定的，按约定计算。

4）提出审核意见，签认工程变更报价书。对于全过程工程咨询单位审查同意承包人的要求，如果投资人授权全过程工程咨询单位签认即可，则可以直接签认；如果投资人未授权，则需报投资人签认。对于全过程工程咨询单位审查未同意承包人的要求，则需要注明工程变更报价书的错误，未同意的理由，提出工程变更价款调整方案，并抄送有关人员审阅。

（三）工程变更的程序

工程变更对建设项目产生极大影响，全过程工程咨询单位应从工程变更的提出到工程变更的完成，再到支付承包人工程价款，对整个过程的工程变更进行管理。

工程施工过程中出现的工程变更可分为全过程工程咨询单位指示的工程变更和承包人提出的工程变更两类。

1. 咨询单位指示的工程变更

咨询单位根据工程施工的实际需要或建设单位要求实施的工程变更，可以进一步划分为直接指示的工程变更和通过与施工承包人协商后确定的工程变更两种情况。

（1）咨询单位或建设单位直接指示的工程变更 咨询单位直接指示的工程变更属于必需的变更，如按照建设单位的要求提高质量标准、设计错误需要进行的设计修改、协调施工中的交叉干扰等情况。此时不需征求承包人意见，咨询单位经过建设单位同意后发出变更指示要求承包人完成工程变更工作。

（2）与施工承包人协商后确定的工程变更 此类情况属于可能发生的变更，与承包人协商后再确定是否实施变更，如增加承包范围外的某项新工作等。此时，工程变更程序如下：

1）咨询单位首先向承包人发出变更意向书，说明变更的具体内容和建设单位对变更的时间要求等，并附必要的图纸和相关资料。

2）承包人收到咨询单位的变更意向书后，如果同意实施变更，则向咨询单位提出书面变更建议。建议书的内容包括提交包括拟实施变更工作的计划、措施、竣工时间等内容的实施方案以及费用要求。若承包人收到咨询单位的变更意向书后认为难以实施此项变更，也应立即通知咨询单位，说明原因并附详细依据。如不具备实施变更项目的施工资质、无相应的施工机具等原因或其他理由。

3）咨询单位审查承包人的建议书，承包人根据变更意向书要求提交的变更实施方案可行并经建设单位同意后，发出变更指示。如果承包人不同意变更，咨询单位与承包人和建设单位协商后确定撤销、改变或不改变原变更意向书。

4）变更建议应阐明要求变更的依据，并附必要的图纸和说明。咨询单位收到承包人书面建议后，应与建设单位共同研究，确认存在变更的，应在收到承包人书面建议后的14天内（或根据合同约定时间）做出变更指示。经研究后不同意作为变更的，应由咨询单位书面答复承包人。

2. 承包人提出的工程变更

承包人提出的工程变更可能涉及建议的变更和要求的变更两类。

（1）承包人建议的变更 承包人对建设单位提供的图纸、技术要求等，提出了可能降低合同价格、缩短工期或提高工程经济效益的合理化建议，均应以书面形式提交咨询单位。合理化建议书的内容应包括建议工作的详细说明、进度计划和效益以及与其他工作的协调等，并附必要的设计文件。

咨询单位与建设单位协商是否采纳承包人提出的建议。建议被采纳并构成变更的，咨询单位向承包人发出工程变更指示。

承包人提出的合理化建议使建设单位获得工程造价降低、工期缩短、工程运行效益提高等实际利益，应按专用合同条款中的约定给予奖励。

（2）承包人要求的变更 承包人收到咨询单位按合同约定发出的图纸和文件，经检查认为其中存在属于变更范围的情形，如提高工程质量标准、增加工作内容、改变工程的位置或尺寸等，可向咨询单位提出书面变更建议。变更建议应阐明要求变更的依据，并附必要的图纸和说明。

咨询单位收到承包人的书面建议后，应与建设单位共同研究，确认存在变更的，应在收到承包人书面建议后的 14 天内（或根据合同约定时间）做出变更指示。经研究后不同意作为变更的，应由咨询单位书面答复承包人。

工程变更管理程序如图 7-13 所示。

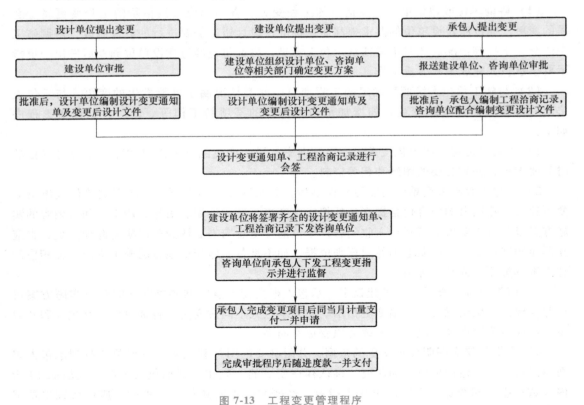

图 7-13 工程变更管理程序

（四）工程变更注意事项

1）在工程建设出现工程变更情况时，要注意工程变更不能超出合同规定的工程范围，若超出该范围承包人有权不执行变更内容，或可采用先定价格后进行变更的形式进行工程变更。

2）承包商不能擅自作主进行工程变更，在施工过程中常出现承包人擅自变更工程的现象，导致工程索赔出现问题。因此，若发现图纸错误或须进行变更的工程内容时，要首先上报咨询单位，经同意后按照规定程序进行工程变更。否则变更后不仅无法得到应有赔偿，而且还会为今后的工程增添麻烦。

3）发包人和承包人在对工程变更进行确认时，需明确变更费用计算范围、计算办法、支付时间，避免结算时出现纠纷。

4）发包人要重视设计图纸的质量，设计中存在的缺陷和漏项，会直接影响工程量清单的合理性和准确性，高质量的设计图纸可有效减少工程变更。

四、工程签证

工程签证主要包括施工经济签证和工期签证。承包人按照发包人通知完成施工承包合同以外的项目、非承包人责任事件等工作，承包人及时以书面形式向发包人提出工程签证要求。工程签证多以现场为主。

（一）工程签证依据

工程签证管理时，主要有以下依据：

1）国家、行业和地方政府的有关规定以及有关的标准规范。

2）《建设项目全过程造价咨询规程》（CECA/GC 4—2017）、《建设项目全过程工程咨询标准》（T/CECS 1030—2022）等标准规范。

3）拟建项目施工承包合同。

4）拟建项目施工设计图纸。

5）拟建项目现场地质相关资料、计量签证。

6）拟建项目工程联系单、会议纪要等资料。

（二）工程签证内容

工程签证一般是指施工现场经济签证和工期签证，其内容主要包括：

1）凡属于合同外，必要的措施类项目（如地下障碍物处理）。

2）建设单位要求新增临时、零星工程项目。

3）非承包商原因引起的拆改项目、人员窝工、材料和机械损失，如停水、停电，业主材料不足或不及时，设计图纸修改等。

4）建设单位委托的合同外的工程项目。

5）零星用工。施工现场发生的与主体工程施工无关的用工，如定额费用以外的搬运拆除用工等。

6）其他需要签证的费用。

（三）工程签证程序

全过程工程咨询单位应严格审查工程签证，把好审核关。对于涉及金额较大、签证理由不足的，还须征得投资人的同意，实行投资人、全过程工程咨询单位和承包人会签制度，具体流程如下：

1）发包人以书面形式向承包人发出指令，要求承包人完成施工承包合同以外的项目、非承包人责任事件等工作。

2）承包人在合同约定的时间范围内以书面形式向发包人提出工程签证要求，提交工程签证报告。承包人逾期未提出申请，视同放弃签证要求。

3）发包人在收到承包人提交的工程签证报告后，在合同约定的时间内，对签证报告进行核实，提出修改意见或予以确认。发包人逾期未确认也未提出修改意见的，视同认可承包人的签证申请。

4）发包人采用计日工计价的，承包人按合同约定提交如下资料送发包人复核：

① 签证所涉及的工作名称、内容和数量。

② 投入该工作所有人员花名册（包括人员姓名、工种、级别）以及耗用工时数量。

③ 签证所涉及的材料名称、类别和数量。

④ 投入该工作所有机械设备名称、型号、台数以及耗用台班数量。机械设备如果为租赁的，需提供租赁合同。

⑤ 发包人或合同要求提交的其他资料和凭证。

5）若合同中已有工程签证的工作相对应的计日工单价，工程签证列明完成该类项目所需的人工、材料和施工机械台班的数量即可。若合同中没有工程签证的工作相对应的计日工单价，应在工程签证报告中列明完成该签证工作所需的人工、材料和施工机械台班的数量及单价。

6）签证费用支付根据合同约定，若合同未约定，在每个支付期末，承包人向发包人提交本期所有工程的签证汇总表，调整合同价款，列入进度款周期同比例支付。

工程签证流程如图7-14所示。

（四）工程签证注意事项

1）签证办理应计算准确，如工程量签证要尽可能做到详细、准确计算工程量，凡是可明确计算工程量套综合单价（或定额单价）的内容，一般只能签工程量而不能签人工工日和机械台班数量。

2）签证办理应实事求是，如无法套用综合单价（或定额单价）计算工程量的内容，可只签所发生的人工工日或机械台班数量，但应严格把握，实际发生多少签多少，不得将其他因素考虑进去以增大数量进行补偿。

3）签证办理应及时，现场签证不论是承包人，还是建设单位均应抓紧时间及时处理，以免由于时过境迁而引起不必要的纠纷，且可避免现场签证日期与实际情况不符的现象产生。凡涉及经济费用支出的停工、窝工、用工签证、机械台班签证等，一定要在第一时间做好现场原始记录，并提醒相关单位及时办理相关确认手续。

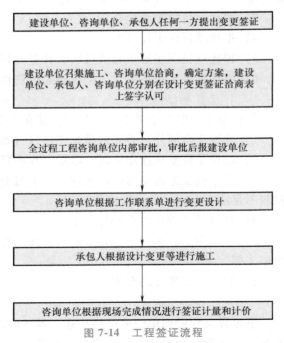

图7-14 工程签证流程

4）签证办理应避免重复，在办理签证时，必须注意签证单上的内容与合同承诺、设计图纸、计价定额、工程量清单计价等所包含的内容是否有重复，对重复项目内容不得再计算签证费用。

五、工程索赔

工程索赔通常是指在工程合同履行过程中，合同当事人一方因对方不履行或未能正确履行合同或者由于其他非自身因素而受到经济损失或权利损害，通过合同规定的程序向对方提出经济或时间补偿要求的行为。由于施工现场条件、气候条件的变化，施工进度、物价的变化，以及合同条款、规范、标准文件和施工图纸的变更、差异、延误等因素的影响，使得工程建设中不可避免地出现工程索赔。工程索赔包括索赔和反索赔。

（一）工程索赔的依据

1）国家现行的有关法律法规、政策文件、计价规范等。

2）招标文件、投标文件、施工合同文本及附件、补充协议、设计变更、施工现场的各类签认记录，经认可的施工进度计划书，设计图纸、地质勘察资料及技术规范等。

3）双方往来的信件及各种会议纪要、会谈纪要。

4）施工进度计划和实际施工进度记录、施工现场的有关文件（施工记录、施工日志等）及工程照片，施工现场各种信息（人员、材料、机械、管理）的记录。

5）气象资料、工程检查验收报告、工程中送停电、送停水、道路开通和封闭的记录和证明。

6）发包人或者工程师签认的签证。

7）工程核算资料、财务报告、财务凭证等。

8）各种验收报告和技术鉴定资料。

9）工程有关的图片和录像、影像资料。

10）投标前发包人提供的现场资料和参考资料。

11）其他有关资料。

（二）工程索赔的内容

1）根据合同约定，承包人认为其有权从发包人得到追加付款和（或）延长工期；发包人认为其有权从承包人得到减少付款和（或）延长缺陷责任期，可以向对方提出索赔。

2）索赔包括费用索赔和工期索赔。费用索赔就是损失方向责任方要求补偿不应该由自己承担的经济损失或额外开支，也就是取得合理的经济补偿。工期索赔是损失方向责任要求延长施工时间或逾期损失赔偿。

3）由不可抗力、不利的自然条件和障碍引起、责任方违约、工程变更、合同变更、工程质量未达到合同约定、逾期交付等引起的经济损失或工期延长。

（三）工程索赔的程序

1）索赔方应在知道或应当知道索赔事件发生后 28 天内（合同有约定的按合同约定的时间），向对方提交索赔通知书，说明发生索赔事件的事由。除专用合同条件另有约定外，索赔方逾期未发出索赔通知书的，索赔方无权获得追加/减少付款、延长工期/缺陷责任期，并免除对方与造成索赔事件有关的责任。

2）索赔方应在发出索赔通知书后 28 天内（合同有约定的按合同约定的时间），向对方正式提交索赔报告。索赔报告应详细说明索赔理由以及要求追加/减少付款的金额，延长工期/缺陷责任期的天数，并附必要的记录和证明材料。被索赔方收到索赔方的索赔报告后，应及时审查索赔报告的内容，查验索赔方的记录和证明材料。被索赔方应在收到索赔报告或有关索赔的进一步证明材料后的 42 天内（合同有约定的按合同约定的时间），将索赔处理结果答复索赔方。如果被索赔方逾期未做出答复，视为索赔已被认可。

3）索赔事件具有连续影响时，索赔方应每月提交延续索赔通知，说明连续影响的实际情况和记录，列出累积的追加/减少付款的金额和（或）延长工期/缺陷责任期的天数。

4）在索赔事件影响结束后的 28 天内（合同有约定的按合同约定的时间），索赔方应向对方提交最终索赔报告，说明最终索赔要求的追加/减少付款的金额和（或）延长工期/缺陷责任期的天数，并附必要的记录和证明材料。

5）索赔方接受索赔处理结果，索赔款项在当期进度款中进行追加/减少；索赔方不接受索赔处理结果，应按合同约定的争议解决方式处理。

6）当承包人就索赔事项同时提出费用索赔和工期索赔时，发包人认为二者具有关联性的，应结合工程延期，综合做出费用赔偿和工程延期的决定。

7）发承包双方在按合同约定办理了竣工结算后，承包人在提交的最终结清申请中，只限于提出竣工结算后的索赔，提出索赔的期限应自发承包双方最终结清时终止。

工程索赔流程如图 7-15 所示。

图 7-15　工程索赔流程

（四）工程索赔的注意事项

1）索赔事件是否具有合同依据，索赔理由是否充分及索赔论证是否符合逻辑。

2）索赔事件的发生是否存在承包人的责任，是否有承包人承担的风险。

3）承包人是否按合同约定的程序和时间提交索赔意向通知和索赔报告。

4）费用索赔的合理确定：根据合同约定，对索赔费用进行计算。若合同未约定，一般采用总费用法，又称为总成本法，通过计算出某项工程的总费用，减去单项工程的合同费用，剩余费用为索赔费用。或者采用分项费用法，即按工程造价的确定方法，逐项进行工程费用索赔，可分为人工费、材料费、机械费、管理费、利润、措施费、不可竞争费、税金等索赔费用。

5）工期索赔的计算：

① 网络分析法：通过分析延误前后的施工网络计划，比较两种计算结果，计算出工程应顺延的工期。

② 比例分析法：通过分析增加或减少的单项工程量（工程造价）与合同总量（合同总造价）的比值，推断出增加或减少的工期。

③ 其他方法：工程现场施工中，可以根据索赔事件的实际增加天数确定索赔工期；通过发包人与承包人协议确定索赔工期。

六、合同期中结算

发承包双方应按照合同约定的时间、程序和方法，在合同履行过程中根据完成进度计划的里程碑节点办理期中价款结算，并按照合同价款支付分解表支付结算价款。发承包双方可在确保承包人提供质量保证金的前提下，在合同中约定结算价款支付比例。

采用工程量清单计价的项目，应按合同约定对完成的里程碑节点应予计算的工程量及单价进行结算，支付结算价款，并扣除施工过程已支付的预付款、工程进度款。

（一）合同期中结算的依据

1）国家现行法律法规、方针政策、技术规范。

2）建设项目招标文件。

3）建设项目施工承包合同（补充协议）。

4）建设项目施工设计图纸。

5）建设项目投标文件（技术标及商务标）。

6）工程变更签证及索赔资料。

7）施工过程结算报告文件。

8）施工过程结算审核报告。

（二）合同期中结算的内容

1）施工过程结算是竣工结算的组成部分，竣工结算时不再对达成一致且没有错漏的施工过程结算文件进行审核。

2）合同约定节点合同价款调整部分，包括因法律法规政策调整、工程变更、项目特征描述不符、工程量清单缺项、工程量偏差、计日工、物价变化、暂估价、不可抗力、提前竣工（赶工补偿）、误期赔偿、索赔、现场签证、暂列金额、发承包双方约定的其他调整事项等原因增加或减少的工程价款，按调整事项的发生时间计入约定节点施工过程结算价款。

3）竣工结算价款等于全部节点的施工过程结算价款与施工过程结算价款以外的按合同（协议）约定应计算的工程价款（含工程预付款）之和。

（三）合同期中结算的程序

1）根据合同约定，已完成施工合同约定节点工作内容且工程质量合格或达到合同约定目标的，方可办理施工过程结算。

2）发承包双方应在合同约定的施工过程结算时限内进行，合同未约定的应在该项节点工程已施工完成并验收合格后28天内。

3）承包人按合同约定的施工过程结算节点，编制施工过程结算报告书，并在合同约定期限向发包人递交施工过程结算报告及相关资料。

4）在合同约定期限内，发包人（或委托咨询单位）完成施工过程结算的核对、确认和价款支付，合同未约定的在收到承包人递交的过程结算报告 28 天内完成。

5）采用总价合同的，按照合同约定对结算节点范围内的工程价款进行结算。节点合同价款调整部分，施工合同约定不明或未约定的，按调整事项的发生时间计入约定节点施工过程结算价款。

6）采用单价合同的，施工过程结算应对节点工程的清单工程量进行计量，并对该节点的工程变更、现场签证、工程索赔、价差等可调整内容进行计量计价。

7）对于采用工程总承包方式招标的项目，可在发承包双方确定的施工图纸及预算的基础上，按照合同约定进行施工过程结算。

（四）合同期中结算注意事项

1）项目采用施工过程结算，应在招标文件合同条款中进行详细约定。

2）各节点施工过程结算价款之和（扣除合同价款调整部分）超过合同总价时，发承包双方和受委托的咨询单位应及时分析原因，调整合同价款并及时补充协议。

3）发承包双方或一方发现已完成的施工过程结算成果文件有错漏，经发承包双方复核，确实需要修正的，可在下个节点的施工过程结算或竣工结算中进行调整。

4）施工过程结算中计量、计价有争议时，发承包双方可做出暂定结算价，暂定结算价在不影响合同履行的前提下，可作为施工过程结算支付依据，不作为竣工结算依据。

5）合同双方或一方不同意暂定结算价的，争议部分可在工程造价管理机构或第三方调解机构协调下进行调解，调解不成，争议部分可留在下个节点或竣工结算时解决。无争议部分应按施工合同约定办理施工过程结算。

第八章

竣工阶段工程咨询

第一节　竣工阶段咨询内容

一、竣工阶段咨询的目的、作用

（一）工程项目竣工咨询概述

建设项目竣工阶段是项目建设期的最后一个程序，是检验工程质量是否符合有关法律、法规和工程建设强制性标准，是否符合设计文件及合同要求的内容。它是全面体现项目的投资效益和社会效益，全面修复质量缺陷，取得资产权属的重要阶段。

在这一阶段，全过程工程咨询进入竣工咨询管理阶段，应根据建设工程项目全过程咨询服务合同约定，根据国家相关法律、法规，行业规范、标准，当地省、市管理单位和行业管理部门制定的规定以及委托方的相关验收文件要求，采取相应的项目管理措施，为建设单位提供管理咨询服务。

全过程工程咨询单位在竣工阶段工作主要以工程资料整理、竣工验收、竣工结算为主。一方面需要收集和整理从决策、设计、发承包、实施等阶段中形成的过程文件、图纸、批复等资料，同时，协助投资人完成竣工验收、结算、移交等工作；另一方面，把经过验收合格的建设项目及工程资料完整移交给项目运营单位进入运营阶段。

（二）竣工管理咨询的作用

竣工验收管理是建设项目转入投产使用的必要环节。全过程工程咨询竣工验收管理的作用在于解决竣工验收中的诸多问题，包括且不限于：

1）通过验收管理的咨询，全面考核建设成果，检查设计、工程质量是否符合要求，确保建设项目按要求的各项技术经济指标正常使用。

2）通过验收管理的咨询，总结设计的不足，提升建设项目的设计质量。

3）通过验收管理的咨询，总结项目管理的不足，提升建设项目的管理水平。

4）通过验收管理的缺陷期咨询，为项目运维阶段提供有价值的建议。

5）通过竣工验收办理竣工结算与决算，同时办理固定资产使用手续，可以总结工程建设经验，为提高建设项目的经济效益和管理水平提供重要依据。

二、竣工阶段咨询的工作内容

依据《建设工程项目管理规范》（GB/T 50326—2017），项目收尾管理包括竣工验收、竣工结算、竣工决算、保修期管理及项目管理总结等。相应地，在工程项目竣工验收阶段，全过程工程咨询单位应提供的项目管理咨询工作主要有：项目竣工验收管理、项目竣工备案管理、项目竣工资料管理、项目竣工结算管理、项目竣工移交管理、竣工决算管理及项目工程保修期管理。

（一）工程项目竣工咨询各部分主要工作内容

1. 项目竣工验收管理

建设工程项目竣工后，全过程工程咨询单位应提出项目竣工验收的具体方案，配合建设单位完成竣工验收工作。项目竣工验收咨询管理应包括下列内容：

1）接受各承包人提出的验收申请。

2）审查项目竣工验收的实际情况，参加项目预验收。

3）协助建设单位组织制定工程项目验收计划并进行审核。

4）按照竣工验收程序协助组织工程相关方进行工程验收。

2. 项目竣工备案管理

建设单位应当自项目竣工验收合格之日起 15 日内，按照规定向工程所在地的县级以上地方人民政府建设行政主管部门备案。

全过程工程咨询单位协助建设单位办理项目竣工验收备案，应当提交下列文件：

1）工程竣工验收备案表。

2）工程竣工验收报告：包括工程报建日期，施工许可证号，施工图设计文件审查意见，勘察、设计、施工、工程监理等单位分别签署的质量合格文件及验收人员签署的竣工验收原始文件，市政基础设施的有关质量检测和功能性试验资料以及备案机关认为需要提供的有关资料。

3）法律、法规规定应当由规划、环保等部门出具的认可文件或者准许使用文件。

4）法律法规规定应当由消防部门出具的对大型人员密集场所和其他特殊建设工程验收合格的证明文件。

5）施工单位签署的工程质量保修书。

6）法规、规章规定的必须提供的其他文件。

建设行政主管部门在收到上述竣工验收备案文件后，验证文件是否齐全，如齐全应当在工程竣工验收备案表上签收文件收讫。

3. 项目竣工资料管理

建设项目的竣工资料管理工作非常重要，一切工程建设活动，无论其过程如何复杂，最终只能留下两个建设结果：一个是工程实体本身，另一个就是竣工资料。竣工资料质量是建设项目质量管理的重要组成部分。

竣工资料档案管理的主要内容包括归档资料的范围、质量要求，归档资料的立卷，资料的归档，档案的验收与移交。竣工归档的资料必须依照《建设工程文件归档规范》（GB/T 50328—2014）中对于归档文字资料、竣工图以及声像资料的要求来整理。

4. 项目竣工结算编制与审核

项目竣工结算应在项目完成竣工验收且验收合格后进行。建设项目竣工结算应按准备、编制和定稿三个步骤开展，由全过程工程咨询单位组织编制，承包人、审核人和投资人共同签字盖章确认。工程项目竣工结算咨询服务应包括下列内容：

1）收集、整理竣工结算的依据资料，做好送审资料的交接、核实、签收，对资料缺陷向建设单位提出书面意见及要求。

2）计量、计价审核及核对，现场踏勘核实，召开审核会议，澄清问题，提出补充依据性资料和必要的弥补性措施，形成会议纪要。

3）就竣工结算审核结果与承包人、投资人进行沟通，召开协调会议，处理分歧事项，形成竣工结算审核成果文件，提交竣工结算审核报告。

5. 项目竣工移交管理

项目竣工移交应在工程竣工备案后进行。项目竣工移交包括项目竣工档案移交和项目工程实体移交。全过程工程咨询单位要对竣工档案进行严格审核，保证竣工档案资料的完整性；督促承包人按合同约定的时限进行工程竣工移交。

6. 项目竣工决算编制与审核

竣工决算是整个建设工程的最终价格，是作为建设单位财务部门汇总固定资产的主要依据。竣工决算应严格遵守编、审分离的原则，全过程工程咨询单位不得同时承担同一项目的竣工决算编制和审计工作。工程项目竣工决算咨询服务包括竣工决算编制和配合决算审查。项目竣工决算报告应在项目竣工验收交付使用后约定的时间内完成。

7. 项目工程保修期管理

项目保修咨询服务工作应在项目竣工验收完成后进行。全过程工程咨询单位应协助建设单位进行项目保修的组织及管理，并实施监督。

建设工程在保修范围和保修期限内发生质量问题，全过程工程咨询单位应督促监理立即分析原因，找出责任单位，并要求相关责任单位在规定时间内完成修补工作。建设工程质保期满时，全过程工程咨询单位应组织投资人、物管方、监理部门以及施工单位进行工程质量保修期到期验收，并以此作为退还质保金的依据。保修期过后，施工单位的质保义务解除，全过程工程咨询单位完成质保金退还手续后，相应的义务也完成。

（二）竣工阶段工程咨询的主要成果文件

1）竣工验收 验收组名单及竣工验收签到表、竣工验收报告、竣工验收备案表等。

2）竣工结算 竣工结算审核报告及配套明细表。

3）竣工移交 竣工资料清单目录、竣工档案移交记录、建设工程档案合格证。

4）竣工决算 竣工决算编制（或审核）报告及配套明细表。

5）项目保修 工程保修期保修合同、工程质量缺陷修复费用审核结果等。

三、工程项目竣工咨询流程

工程项目竣工咨询流程如图8-1所示。

1）项目完工后，全过程咨询单位督促施工单位按竣工计划及相关要求进行消防查验、电梯检测、电气检测、防雷检测、室内空气检测等专项检测，并取得检测合格证明。

2）项目完工后，施工单位项目负责人组织项目技术人员进行自检验收合格后，项目总监理工程师组织监理人员及施工单位技术人员对项目进行初验。

3）全过程工程咨询单位项目总咨询师协助建设单位组织勘察、设计、施工、监理五方责任主体对项目进行预验收。

4）全过程工程咨询单位协助建设单位向项目属地建设主管部门申请对项目进行竣工验收。

5）全过程工程咨询单位组织相关参建单位整理工程竣工资料，并按规定程序和相关要求报城建档案管理机构进行资料预验收，合格后移交工程资料。

6）工程竣工验收合格后，全过程工程咨询单位协助建设单位办理项目竣工验收备案。

7）工程竣工验收合格后，项目进入工程质量缺陷责任保修期。

8）全过程工程咨询单位组织各参建单位向建设单位进行工程实体及资料移交。

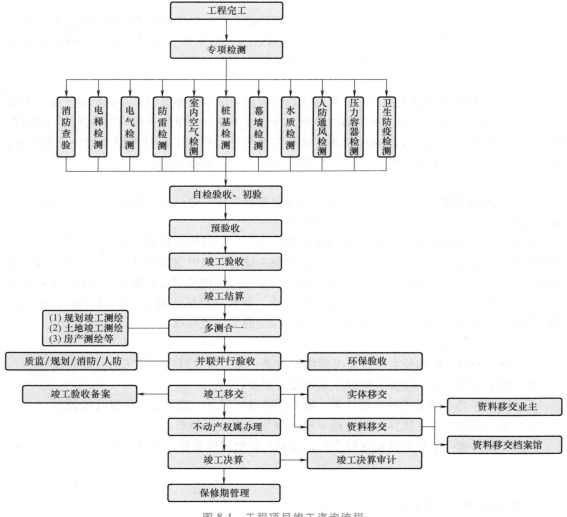

图 8-1　工程项目竣工咨询流程

9）项目竣工后，全过程工程咨询单位协助建设单位对配套建设的环境保护设施进行验收。

10）全过程工程咨询单位组织相关参建单位配合测绘单位进行建筑"多测合一"测绘。

11）全过程工程咨询单位督促施工单位及时编制并提交工程竣工结算报告与文件资料，竣工结算审核单位进行审核。

12）全过程工程咨询单位协助建设单位办理资产权属。

13）全过程工程咨询单位协助建设单位编制工程竣工财务决算，配合审计单位进行审计。

第二节　项目竣工验收管理

建设项目竣工验收是全面考核工程项目决策、设计、施工及设备制造安装质量，总结项目建设经验，提高项目管理水平的重要环节。

一、竣工验收管理的依据

竣工验收管理主要有以下依据：

1）国家相关的法律、法规。

2）《建设工程质量管理条例》（国务院令第 279 号）（2017 年修订）。

3）《建筑工程施工质量验收统一标准》（GB 50300—2013）及其他验收规范。

4）国家、行业和地方相关设计、施工标准、规范、规程等。

5）本项目的批复文件，包括可行性研究报告及批复文件、环境影响评价报告及批复文件、设计任务书、初步设计批复文件以及与项目建设有关的各种文件。

6）本项目工程设计文件，包括方案设计、初步设计和施工图设计文件及设计变更洽商记录。

7）本项目设备技术资料，主要包括设备清单及其技术说明。

8）本项目工程招标投标及工程承包合同文件、施工日志及施工过程中设计修改变更通知书等。

9）本项目竣工图及说明。

10）引进项目的合同和国外提供的技术文件。

11）其他验收资料。

二、竣工验收管理的内容

项目竣工验收是综合评价工程建设的成果，项目竣工验收主要的工作内容就是检查项目有没有完成图纸和合同约定的各项工作，以及完成的工作是否符合相关的法律法规和验收标准。

（一）竣工验收条件

根据国务院发布的《建设工程质量管理条例》（国务院令第 279 号）（2017 年修订）的规定，建设单位收到建设工程竣工报告后，应当组织设计、施工、工程监理等有关单位进行竣工验收。根据住房和城乡建设部《关于<房屋建筑和市政基础设施工程竣工验收规定>的通知》（建质〔2013〕171 号）规定，建设工程完工后符合下列要求方可进行竣工验收：

1）完成工程设计和合同约定的各项内容。

2）施工单位在工程完工后对工程质量进行了检查，确认工程质量符合有关法律、法规和工程建设强制性标准，符合设计文件及合同要求，并提出工程竣工报告。工程竣工报告应经项目经理和施工单位有关负责人审核签字。

3）对于委托监理的工程项目，监理单位对工程进行了质量评估，具有完整的监理资料，并提出工程质量评估报告。工程质量评估报告应经总监理工程师和监理单位有关负责人审核签字。

4）勘察、设计单位对勘察、设计文件及施工过程中由设计单位签署的设计变更通知书进行了检查，并提出质量检查报告。质量检查报告应经该项目勘察、设计负责人和勘察、设计单位有关负责人审核签字。

5）有完整的技术档案和施工管理资料。

6）有工程使用的主要建筑材料、建筑构配件和设备的进场试验报告，以及工程质量检测和功能性试验资料。

7）建设单位已按合同约定支付工程款。

8）有施工单位签署的工程质量保修书。

9）对于住宅工程，进行分户验收并验收合格，建设单位按户出具住宅工程质量分户验收表。

10）建设主管部门及工程质量监督机构责令整改的问题全部整改完毕。

11）法律、法规规定的其他条件。

(二) 竣工验收标准

根据国家有关规定，建设项目竣工验收、交付生产使用，必须符合以下要求：

1）生产性项目和辅助、公用设施以及必要的生活设施，已按批准的设计文件要求建成，能满足生产、生活使用需要，经试运行达到设计能力。

2）主要工艺设备和配套设施经联动负荷试车合格，形成生产能力，能够生产出设计文件所规定的产品。

3）生产准备工作能适应投产的需要，其中包括生产指挥系统的建立、经过培训的生产操作人员的配备、抢修队伍及装备，生产所需的原材料、燃料和备品备件的储备，经验收检查能够满足连续生产要求。

4）环境保护设施、劳动安全卫生设施和消防设施、节能降耗设施、降尘降噪设备设施，已按设计要求与主体工程同时建成使用。

5）生产性投资项目如工业项目的土建工程、安装工程、人防工程、管道工程、通信工程等工程的施工和竣工验收，必须按照国家和行业施工质量验收规范执行。

(三) 验收合格条件

建筑工程施工质量验收合格应符合下列条件：

1）符合工程勘察、设计文件的要求。

2）符合《建筑工程施工质量验收统一标准》（GB 50300—2013）和相关专业验收规范的规定。

3）建筑工程施工质量验收应包括单位工程、分部工程、分项工程和检验批。

① 单位工程质量验收合格应符合下列规定：所含分部工程的质量均应验收合格；质量控制资料应完整；所含分部工程中有关安全、节能、环境保护和主要使用功能的检验资料应

完整；主要使用功能的抽查结果应符合相关专业验收规范的规定。

② 分部工程质量验收合格应符合下列规定：所含分项工程的质量均应验收合格；质量控制资料应完整；有关安全、节能、环境保护和主要使用功能的抽样检验结果应符合相应规定；观感质量应符合要求。

③ 分项工程质量验收合格应符合下列规定：所含检验批的质量均应验收合格；所含检验批的质量验收记录应完整。

④ 检验批质量验收合格应符合下列规定：主控项目的质量经抽样检验均应合格。一般项目的质量经抽样检验合格。当采用计数抽样时，合格点率应符合有关专业验收规范的规定，且不得存在严重缺陷。对于计数抽样的一般项目，正常检验一次、二次抽样可按《建筑工程施工质量验收统一标准》（GB 50300—2013）附录 D 判定。具有完整的施工操作依据、质量验收记录。

（四）专项检测与测量

1. 专项检测

在建设项目竣工前，需进行各项检测，如桩基（复合地基）检测、幕墙三性检测、环境空气质量检测、水质监验（二次供水）、卫生防疫检测、人防通风检测、防雷检测、消防设施检测、电器检测、锅炉、电梯、压力容器、压力管道委托检测及使用证办理等，检测结论报告在进行专项验收时提交。

2. 专项测量

建设工程竣工后，还应经城市规划行政主管部门认可的测绘单位进行竣工测量，主要是为满足规划管理需要，在建设项目完成后，按照规划审批对项目实地进行测量的过程，并形成工程竣工测量记录表。

竣工测量主要内容包括室内地坪测量，间距测量，高度测量，建筑面积测量以及竣工地形图测绘，市政公共配套设施的位置、尺寸、规模，建筑工程的绿地率等。此外，在竣工验收后还应及时完成房产面积测量，并向当地房产主管部门备案，以便不动产登记办理。

（五）验收内容

建筑工程质量验收按《建筑工程施工质量验收统一标准》（GB 50300—2013）的规定，建筑工程施工质量验收应划分为单位工程、分部工程、分项工程和检验批。

1. 单位工程

单位工程按下列原则划分：

1）具备独立施工条件并能形成独立使用功能的建筑物或构筑物为一个单位工程。

2）对于规模较大的单位工程，可将其能形成独立使用功能的部分划分为一个子单位工程。

单位工程完工后，由承包人组织有关人员进行自检。全过程工程咨询的总咨询师以及专业咨询工程师（监理）对工程质量进行竣工预验收。存在施工质量问题时，应由施工单位整改。整改完毕后，由施工单位向建设单位提交工程竣工报告，申请工程竣工验收。建设单位收到工程竣工报告后，应由建设单位项目负责人组织监理、施工、设计、勘察等单位项目负责人进行单位工程验收。

2. 分部工程

分部工程应按下列原则划分：

1）可按专业性质、工程部位确定。

2）当分部工程较大或较复杂时，可按材料种类、施工特点、施工程序、专业系统及类别将分部工程划分为若干子分部工程。

分部工程可由全过程工程咨询单位的总咨询师以及专业咨询工程师（监理）组织承包人的项目负责人和项目技术负责人等进行验收。专业咨询工程师（勘察、设计）的项目负责人和承包人技术、质量部门负责人参加地基与基础分部工程的验收。专业咨询工程师（设计）的项目负责人和承包人技术、质量部门负责人参加主体结构、节能分部工程的验收。

3. 分项工程

分项工程可按主要工种、材料、施工工艺、设备类别进行划分。分项工程可由全过程工程咨询单位的专业咨询工程师（监理）组织承包人的项目专业技术负责人等进行验收。

4. 检验批

检验批可根据施工、质量控制和专业验收的需要，按工程量、楼层、施工段、变形缝等进行划分。检验批应由全过程工程咨询单位的专业咨询工程师（监理）组织承包人的项目专业质量检查员、专业工长等进行验收。

5. 专项工程验收

鉴于建设项目工程的复杂性、特殊性、阶段性，结合合同标段的划分等因素，竣工阶段需进行的专项验收包括电梯等特种设备、环保、消防、建筑节能、室内环境、防雷装置、卫生防疫以及人防工程验收等。当专业验收规范对工程中的验收项目未做出相应规定时，可由全过程工程咨询单位的总咨询师协助投资人来组织专业咨询工程师（监理、设计）以及承包人等相关方制定专项验收要求。涉及安全、节能、环境保护等项目的专项验收要求可由全过程工程咨询单位的总咨询师协助投资人组织专家论证。

6. 工程竣工验收

当承包人完成合同约定的所有工程量，且单位工程均通过自检验收合格后，可提出竣工验收报告，申请工程竣工验收。同时，承包人应及时编制竣工验收计划给投资人确认，全过程工程咨询单位协助审核，待投资人同意后实施。

收到竣工验收申请后，全过程工程咨询单位的总咨询师和专业咨询工程师（勘察、设计、监理、造价）应在规定时间内完成合同工程量完成情况的审核，符合要求后由全过程工程咨询单位的专业咨询工程师（监理）落实预验收计划，提交并通知投资人参加预验收。全过程工程咨询单位组织各预验收单位检查确认预验收合格后，编写全过程工程咨询单位的专业咨询工程师（监理）评估报告。

预验收合格且投资人审核认为符合竣工验收条件后，应及时落实竣工验收的各项准备工作，成立验收小组，编写工程建设总结，组织竣工验收并通知工程所在地政府相关监督管理部门参加验收，验收通过后及时会签竣工验收报告，填写建设工程竣工验收备案申请表，完成竣工备案工作。

三、竣工验收管理的程序

项目竣工验收是在各参建方完成自检合格的基础之上，由投资人组织各方责任主体以及相关政府职能部门参加的一个综合验收，验收组以法律法规、设计文件、施工验收规范、质量检验标准等为依据，按照一定的程序和手续对项目进行检验综合评价的一个活动。

建设项目竣工验收的实施一般由全过程工程咨询单位组织投资人、承包人、专业咨询单位等共同组成竣工验收小组，按照竣工验收程序，对工程进行核查后，做出验收结论，形成竣工验收记录。

（一）竣工交付验收总程序

建设项目竣工交付验收包括：

1）各承包人向全过程工程咨询单位的专业咨询工程师（监理）提出验收申请。

2）专业咨询工程师（监理）审查验收条件，由总咨询师组织各专业咨询工程师进行预验收。

3）项目内部验收通过。

4）各专项验收机构如消防、人防等参加专项验收。

5）全过程工程咨询单位协助投资人组织单位工程的验收。

6）全过程工程咨询单位协助投资人组织竣工验收。

7）工程交付投资人使用。

建设项目竣工验收总程序如图 8-2 所示。

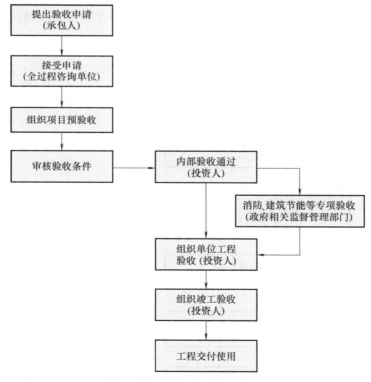

图 8-2　建设项目竣工验收总程序

（二）工程竣工验收计划的编制

1. 工程竣工验收计划的内容

（1）专项工程验收计划　建设项目的专项工程验收内容及进程一般为：防雷验收（竣工验收前）、园林绿化验收（竣工验收前）、建筑节能验收（竣工验收前）、档案预验收（竣工验收前）、规划验收（竣工验收后档案备案前）、消防验收（竣工验收后档案备案前）、环保验收（竣工验收后档案备案前）、人防验收（竣工验收后档案备案前）、档案验收备案。

专项工程验收计划的编制需根据国家和部门颁布的法律法规及工程所在地专业主管部门颁布的其他相关文件，制定各专项工程的验收计划。专项工程的验收计划应包括验收小组的建立、前置条件的预验收、问题处理、验收资料的准备、提请申请、组织验收、验收批复或报备的时间计划安排和组织等工作，可采用工作进度横道图形式表示。

（2）竣工验收管理工作计划　竣工验收管理工作计划可以按照竣工验收计划的流程编制，包括机构建立、工程预验收、问题整改、验收资料预验、竣工验收、各专项验收、档案备案、项目交付、项目后评价等时间节点计划安排。

2. 工程竣工验收计划的编制程序

1）全过程工程咨询单位协助投资人组织专业咨询工程师（监理）、承包人制定项目竣工验收计划。项目竣工验收计划应列出清单，详细理清项目竣工验收工程的内容、责任单位、验收时间。

2）全过程工程咨询单位审核项目竣工验收计划。一是应全面掌握项目竣工验收条件。二是认真审核项目竣工验收内容。三是审核验收计划是否具体可行。

3）投资人批准竣工验收计划。投资人调查核实项目竣工验收实际情况，按照报批程序执行。

（三）竣工验收程序

1. 专项工程验收程序

专项工程验收包括消防工程、建筑节能工程以及环保等专项验收，验收程序如图 8-3 所示。

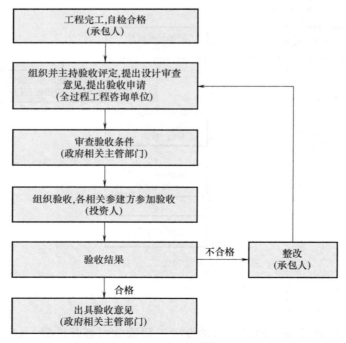

图 8-3　专项工程验收程序

2. 单位工程竣工验收程序

单位工程竣工验收程序如图 8-4 所示。

3. 工程竣工验收程序

当整个建设项目已按设计要求全部建设完成，并已符合竣工验收标准，全过程咨询单位组织的预验收已通过，投资人应及时组织竣工验收。工程竣工验收程序如图 8-5 所示。

（四） 竣工验收记录

竣工验收备案过程形成的验收记录主要包括以下成果文件：

1） 验收组名单及竣工验收签到表。

2） 观感评定。

3） 竣工验收报告。

4） 竣工验收备案表。

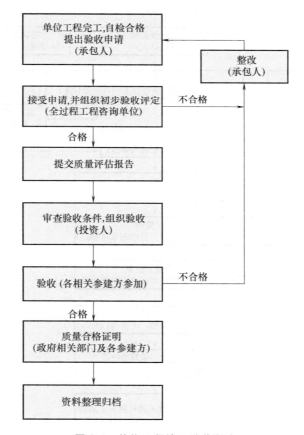

图 8-4　单位工程竣工验收程序

四、竣工验收管理注意事项

1） 运营投产或投产使用准备情况，包括岗位培训、物资准备、外部协作条件等是否已经落实，是否满足投产运营和安全生产的需求。

2） 机电和工艺设备选型配套及设备安装单体和系统调试情况，其中主要设备是否经过空载单机试验、联动试运行等，以及试生产和国外引进设备合同执行情况。

　　3）参加竣工验收人员必须具备相应资格并备齐委托手续。

　　4）协助建设单位组织竣工移交和备案。

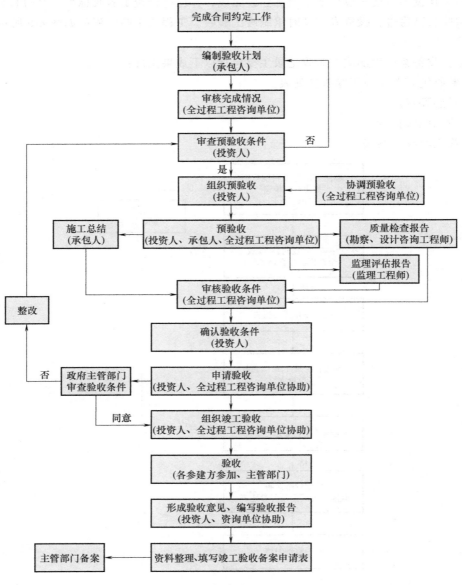

图 8-5　工程竣工验收程序

第三节　竣工阶段造价管控

　　竣工阶段工程造价管控是建设项目投资管理的最后环节，也是全面考核建设工作，审查投资使用合理性，检查造价控制情况的重要阶段；同时还是投资成果转入生产或使用的标志阶段。竣工阶段造价管控的主要内容有竣工结算的编制和审核、结算争议的处理等工作。

一、竣工结算的编制

合同工程完工后，承包人应在经过发承包双方确认的合同工期中价款结算的基础上汇总编制完成竣工结算文件，并在提交竣工验收申请的同时向发包人提交竣工结算文件。

（一）竣工结算编制的依据

1）国家相关法律法规，特别是影响合同价款的法律、法规、部门规章及规范性文件。

2）与工程结算编制相关的国家、各省有关主管部门发布的建设工程造价计价标准、计价办法、计价定额、价格信息、有关政策规定等计价依据。

3）有关的设计、施工及验收标准、规范，工程造价计价规程等。

4）本项目施工合同、专业分包合同及补充合同，有关材料、设备采购合同。

5）建设工程设计文件及相关资料。

6）本项目招标文件、投标文件。

7）经批准的施工组织设计、设计变更、工程洽商、工程索赔与工程签证、相关会议纪要等。

8）工程材料及设备认价单。

9）发承包双方确认追加或核减的合同价款。

10）经批准的开工、竣工报告或停工、复工报告。

11）影响合同价款的其他相关资料。

（二）竣工结算编制的内容

1）工程结算文件一般应由封面、签署页、工程结算汇总表、单项工程结算汇总表、单位工程结算表和工程结算编制说明等组成。

2）工程结算文件的封面应包括工程名称、编制单位等内容。工程结算编制单位应在工程结算文件上加盖企业公章。

3）工程结算文件的签署页应包括编制、审核、审定人员姓名及技术职称等内容，并应签署造价工程师执业印章。

4）工程结算汇总表、单项工程结算汇总表、单位工程结算表等内容应按《建设项目工程结算编审规程》（CECA/GC 3—2010）第4章规定详细编制。

5）工程结算编制说明可根据工程项目的实际情况，以单位工程、单项工程或建设项目为对象进行编制，并应说明以下内容：

① 工程概况。
② 编制范围。
③ 编制依据。
④ 编制方法。
⑤ 有关材料、设备、参数和费用说明。
⑥ 其他有关问题的说明。

6）工程结算编制单位提交结算文件时，应当同时提供与工程结算相关的附件，包括所依据的发承包合同、设计变更、工程洽商、材料及设备中标价或认价单、调价后的单价分析表等与工程结算相关的其他书面材料。

（三）竣工结算编制的程序

工程结算应按准备、编制和定稿三个工作阶段进行，并实行编制人、校对人和审核人分别署名盖章确认的编审签署制度。

1. 结算编制准备阶段

1）收集与工程结算编制相关的原始资料。

2）熟悉工程结算资料内容，进行分类、归纳、整理。

3）召集相关单位或部门的有关人员参加工程结算预备会议，对结算内容和结算资料进行核对与充实完善。

4）收集建设期内影响合同价格的法律和政策性文件。

5）掌握工程项目发承包方式、现场施工条件、应采用的工程计价标准、定额、费用标准、材料价格变化等情况。

2. 结算编制阶段

1）根据竣工图、施工图以及施工组织设计进行现场踏勘，对需要调整的工程项目进行观察、对照和必要的现场实测与计算，做好书面或影像记录。

2）按既定的工程量计算规则计算需调整的分部分项、施工措施或其他项目工程量。

3）按招标文件、施工发承包合同规定的计价原则和计价办法对分部分项、施工措施或其他项目进行计价。

4）对于工程量清单或定额缺项以及采用新材料、新设备、新工艺的，应根据施工过程中的合理消耗和市场价格，编制综合单价或单位估价分析表。

5）工程索赔应按合同约定的索赔处理原则、程序和计算方法，提出索赔费用，经发包人确认后作为结算依据。

6）汇总计算工程费用，包括编制分部分项费、施工措施项目费、其他项目费、零星工作项目费或直接费、间接费、利润和税金等表格，初步确定工程结算价格。

7）编写编制说明。

8）计算主要技术经济指标。

9）提交结算编制的初步成果文件，待校对、审核。

3. 结算编制定稿阶段

1）由结算编制单位的部门负责人对初步成果文件进行检查、校对。

2）工程结算审定人对审核后的初步成果文件进行审定。

3）工程结算编制人、校对人、审核人分别在工程结算成果文件上署名，并应签署造价工程师执业印章。

4）工程结算文件经编制、审核、审定后，编制单位应在成果文件上加盖公章。

竣工结算编制程序如图8-6所示。

（四）竣工结算编制注意事项

1）工程结算原则上由承包人或其委托咨询单位编制。

2）工程结算编制的依据应合法、合规。

3）工程概况应按项目实际进行描述。

4）工程量及主要材料用量、价格、人工费、材料费、机械使用费、定额套用等应真实、合理、合法。

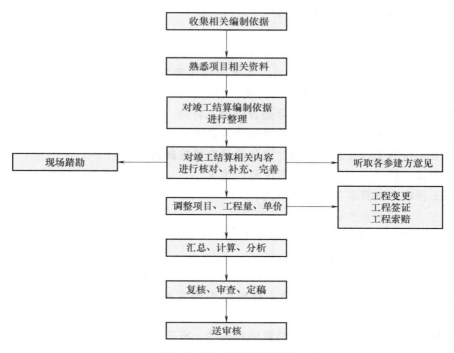

图 8-6　竣工结算编制程序

5）各项综合取费基数、取费费率等应合理、合法。

6）工程结算书应符合规范要求。

二、竣工结算的审核

（一）竣工结算审核的依据

在进行竣工结算审核时，要充分依靠竣工结算资料。除了工程结算文件外，竣工结算审核的依据也包括如下内容：

1）工程结算审核委托合同和完整、有效的工程结算文件。

2）国家有关法律、法规、规章制度和相关的司法解释。

3）国家、省和有关部门发布的工程造价计价标准、规范、计价办法、有关规定及相关解释。

4）建设工程计价定额、价格信息、造价调整规定等。

5）本项目施工发承包合同、专业分包合同及补充合同，有关材料、设备采购合同，招标文件、投标文件。

6）本项目工程竣工图或施工图、经批准的施工组织设计、设计变更、工程洽商、索赔与现场签证，以及相关会议纪要。

7）工程材料及设备中标价、认价单。

8）双方确认追加（减）的工程价款。

9）经批准的开、竣工报告或停、复工报告。

10）工程结算审核的其他规定。

11）影响工程造价的其他相关资料。

（二）竣工结算审核的内容

1）工程结算编制的依据是否合法、合规。

2）分部分项工程项目、措施项目、其他项目工程量及主要材料用量、价格、人工费、材料费、机械使用费、定额套用等是否真实、合理、合法。

3）各项综合取费基数、取费率等是否合理、合法。

4）工程变更、索赔、奖励及违约费用计取是否正确。

5）施工单位的工程拨款和材料、设备价格有效控制情况。

6）工程款支付是否规范，已支付工程款情况。

7）与工程竣工结算有关的其他情况。

（三）竣工结算审核的程序

根据《建设项目工程结算编审规程》（CECA/GC 3—2010），对竣工结算的审核应按准备、审核和审定三个工作阶段进行。

1. 审核准备阶段

1）审核工程结算手续的完备性、资料内容的完整性，对不符合要求的应退回限时补正。

2）审核计价依据及资料与工程结算的相关性、有效性。

3）熟悉招标投标文件、工程发承包合同、主要材料设备采购合同及相关文件。

4）熟悉竣工图纸或施工图纸、施工组织设计、工程状况，以及设计变更、工程洽商和工程索赔情况等。

2. 结算审核阶段

1）审核结算项目范围、内容与合同约定的项目范围、内容的一致性。

2）审核工程量计算的准确性、工程量计算规则与计价规范或定额保持一致性。

3）审核结算单价时应严格执行合同约定或工程所在地建设行政主管部门发布的计价办法。

4）审核变更签证凭据的真实性、合法性、有效性，核准变更工程费用。

5）审核索赔是否依据合同约定的索赔处理原则、程序和计算方法以及索赔费用的真实性、合法性、准确性。

6）审核取费标准时，应严格执行合同约定的费用定额及有关规定，并审核取费依据的时效性、相符性。

7）编制与结算相对应的结算审核对比表。

3. 结算审定阶段

1）工程结算审核初稿编制完成后，应组织召开由结算编制人、结算审核委托人及结算审核受托人共同参加的会议，听取意见，并进行合理的调整。

2）由结算审核受托人单位的部门负责人对结算审核的初步成果文件进行检查、校对。

3）由结算审核受托人单位的主管负责人审核批准。

4）发承包双方代表人和审核人应分别在结算审定签署表上签认并加盖公章。

5）对结算审核结论有分歧的，应在出具结算审核报告前，至少组织两次协调会；凡不能共同签认的，审核受托人可适时结束审核工作，并做出必要说明。

6）在合同约定的期限内，向委托人提交经结算审核参与人和受托人单位盖章确认的正式结算审核报告。

竣工结算审核程序如图 8-7 所示。

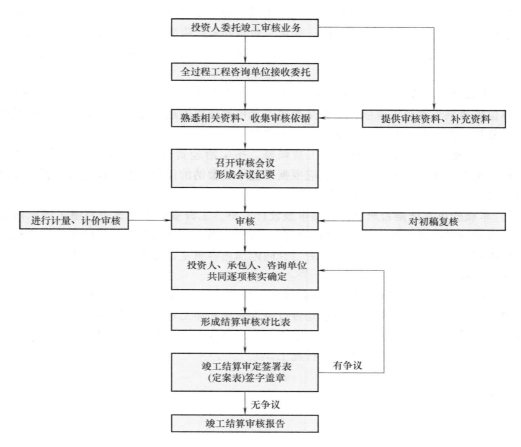

图 8-7　竣工结算审核程序

（四）竣工结算审核的注意事项

1）审核送审项目资料的真实性、有效性。审核送审资料是否与实际内容一致，是否存在篡改和仿造的资料，是否存在重复申报的资料和结算内容。重点关注合同内工程取消的变更是否办理有关手续，送审资料填写是否规范，签字盖章是否齐全，资料是否装订成册，真实有效。

2）审核施工过程资料，包括施工组织设计、施工日志、监理日志、施工记录、监理旁站记录、隐蔽工程验收记录、工程设计变更及签证资料是否完整、真实、有效。对照竣工图，审核实际完成项目是否超出概算范围、施工合同范围，重点审核竣工图和实际完成工程量是否一致。

3）关注暂列金、暂定价、暂估价、暂定量、专项费用等有无漏扣除，是否按约定办理了结算手续，并对结算手续进行审核。

4）针对固定单价合同，需按实际施工图纸全面审核计算工程量，同时通过分析竣工图纸、施工图纸、设计变更图纸、图纸会审等资料，利用收集的隐蔽工程资料，结合现场踏勘，确认图纸工程量完成情况，扣除有关未实施工程量，据实结算。

5）针对固定总价合同，除暂列金、暂定价、暂估价、暂定量外，清单内其他工程内容是否按图纸完成，通过分析竣工图纸、施工图纸、设计变更图纸、图纸会审等资料，现场踏勘，进行确认合同内工程量完成情况。固定总价合同若产生变更签证，且未履行审批手续的情况，在不影响相应使用功能的前提下，若造价减少，审核时予以核减，若造价增加，审核时不予增加。

6）审核开工、竣工（交工）验收报告，审核工期是否符合合同约定。如果工期延误，建设单位需提供工期延误说明，分析是否属于承包单位原因造成延误，结算时需对延误的工期进行复核，决定是否处以工期延误的履约罚款。

7）审核费用调整是否正确，人工费调整、扬尘治理费等政策性调整是否符合文件规定，计算是否准确等。如工程保险费应根据承包单位缴纳的保单金额予以计入，若未提供保单或发票，此部分费用应予以扣除。

8）审核变更签证是否成立。详细审核设计变更、工程签证内容是否与施工图纸内容重复，是否包括在招标范围内，是否包含在招标清单范围内，是否与工程量清单特征描述、措施项目内容、专项工程内容重复，是否与合同范围内容重复，变更、签证理由是否充分，是否合法、合规、合理。

9）对于隐蔽工程的审核是工程价款结算审核的重点，也是关键，对照设计图纸、工程量清单、杆管线迁移方案等资料查看是否按要求完成实体工程项目，通过钻芯取样等方式抽查市政、交通、水利、轨道交通等项目道路结构层厚度、雨污水管回填材料、标识标牌的基础、设备基础及垫层是否按照要求进行施工。

三、结算争议的处理

（一）结算争议原因及类型

1. 施工现场条件变化引起的争议

施工现场条件变化是指在施工过程中，承包人遇到的实际自然条件比招标文件中所描述的更为困难和恶劣，是一个有经验的承包人不可能预见到的不利的自然条件或障碍，因而承包人为完成合同要花费更多的时间和费用。在实践中，"有经验的承包人"的界定常常出现分歧，发包人总是试图将现场条件的变化界定为承包人应该知晓的，所发生的费用包含在投标报价中，从而拒绝承包人的争议及结算要求。

2. 工期延误引起的结算争议

发包人因未按规定时间向承包人提供施工现场或道路、未按时提供设计图纸等情况导致工程延期，从而使承包人为完成合同花费了更长的时间和更大的开支。在这种情况下，承包人有权向发包人提出工程价款追加及工期顺延。同样的，在项目的施工过程中，由于多方面的原因，工程竣工时间拖后，影响到发包人对工程的使用，给发包人造成经济损失。如果工程竣工延期是由于承包人原因造成的，发包人有权向承包人提出误期损害赔偿。

3. 工程质量不符合要求的结算争议

当承包人的施工质量不符合合同要求，或使用的设备和材料不符合合同规定，或在合同缺陷责任期未满以前没有完成应该负责修补的工程时，发包人有权向承包人追究责任，要求补偿所受到的经济损失。如果承包人在规定的期限内未完成缺陷修复工作，发包人有权雇用他人修复或自行修复，发生的成本和费用由承包人承担。

4. 物价上涨或国家政策规定变化引起的争议

物价上涨是目前市场的普遍现象，由于物价上涨，必然引起工程成本的增加，承包人可要求发包人给予一定的补偿。由于国家或地方的任何法规、法令、政令或其他法律或规章发生变更，导致承包人成本增加，发包人应给予一定的补偿。

5. 终止工程引起的结算争议

由于发包人不正当地终止工程，承包人有权要求补偿损失，其数额是承包人在被终止工程中的人工、材料、机械设备的全部支出，以及各项管理费、保险费、贷款利息、保函费的支出（减去已结算的工程款），并有权要求赔偿其盈利损失。如果发包人合理终止承包人的承包合同或承包人不合理放弃工程，发包人可以从承包人手中收回由新的承包人完成工程所需的工程款与原合同未付部分的差额。

6. 不可抗力引起的结算争议

不可抗力是指全部满足以下条件或状况的事件：一是一方无法控制；二是在签订合同之前，该方无法合理防范；三是事件发生后，该方不能合理避免和克服；四是该事件本质上不是合同另一方引起的。如战争、敌对行为、外敌入侵；起义、恐怖活动、革命、军事政变或内战；地震、台风、火山爆发等自然灾害等。不可抗力发生后，受到不可抗力的影响，项目会出现工期延误和费用增加，由此引发争议。

7. 其他类型的结算争议

其他类型如工程量的争议、综合单价的争议、工程取费费率的争议，加速施工引起的工程结算争议，承包人不履行保险费用的结算争议，发包人对超额利润的争议等。

（二）结算争议解决方式

根据财政部、建设部印发的《建设工程价款结算暂行办法》（财建〔2004〕369号）第二十条，当事人对工程造价发生合同纠纷时，可通过下列四种办法解决：管理机构的解释或认定；协商和解；调解；仲裁或诉讼。

1. 管理机构的解释或认定

结算争议发生后，发承包双方就工程计价依据的争议以书面形式提请工程造价管理机构对争议以书面文件进行解释或认定。

2. 协商和解

协商和解就是双方自行协议、沟通、谈判解决，对于合作基础比较好的合作伙伴，工程结算争议较小的项目，这种解决方式最好，不仅效率高，也比较经济。

3. 调解

由第三方机构进行调解解决，达成调解协议后到法院进行确认。目前有相应专业从事建设工程调解的组织，有相对专业的调解人员，通过这些调解人员的沟通和协调，可以达成调解。

4. 仲裁或诉讼

由商事仲裁机构进行仲裁，一裁终局。商事仲裁需要签订协议时约定由某个仲裁机构根据其仲裁规则仲裁，或者签订协议后通过补充协议方式约定。仲裁通常效率比较高，争议解决时间比较快，也比较保密。由法院审理进行调解或判决。法院在受理后做出判决之前可以进行调解，达成调解协议后，制作调解书，调解书与判决书具有同等效力，如果不能达成调解，法院可以依法判决。

（三）工程造价鉴定

工程造价鉴定是指鉴定机构接受人民法院或仲裁机构委托，在诉讼或仲裁案件中，鉴定人运用工程造价方面的科学技术和专业知识，对工程造价争议中涉及的专门性问题进行鉴别、判断并提供鉴定意见的活动。

1. 工程造价鉴定依据

1）司法鉴定委托书。

2）适用于鉴定项目的法律、法规、规章、规范性文件以及《建设工程造价鉴定规范》（GB/T 51262—2017）、标准、定额以及同时期、同类型工程的技术经济指标及其各类生产要素价格等。

3）委托人移交的证据资料，包括施工合同、施工图纸、工程变更资料、经济洽商记录、工程会议纪要、民事起诉状、证据质证记录、开庭笔录、证据清单等。

4）鉴定过程中产生的现场勘验记录、鉴定询问笔录、工程量核对记录、材料或设备询价记录等。

5）其他相关资料。

2. 工程造价鉴定内容

（1）合同争议的鉴定　委托人认定鉴定项目合同有效的，鉴定人应根据合同约定进行鉴定。委托人认定鉴定项目合同无效的，鉴定人应按照委托人的决定进行鉴定。鉴定项目合同对计价依据、计价方法没有约定的，鉴定人可向委托人提出"参照鉴定项目所在地同时期适用的计价依据、计价方法和签约时的市场价格信息进行鉴定"的建议，鉴定人应按照委托人的决定进行鉴定。

鉴定项目合同对计价依据、计价方法约定条款前后有矛盾的，或者当事人分别提出不同的合同签约文本的，鉴定人应提请委托人决定适用条款或适用的合同文本，委托人暂不明确的，鉴定人应按不同的约定条款或不同的合同文本分别做出鉴定意见，供委托人判断使用。

（2）证据欠缺的鉴定　鉴定项目施工图（或竣工图）缺失，鉴定人应按以下规定进行鉴定：①建筑标的物存在的，鉴定人应提请委托人组织现场勘验计算工程量做出鉴定；②建筑标的物已经隐蔽的，鉴定人可根据工程性质、是否为其他工程的组成部分等做出专业分析进行鉴定；③建筑标的物已经灭失，鉴定人应提请委托人对不利结果的承担主体做出认定，再根据委托人的决定进行鉴定。

在鉴定项目施工图或合同约定工程范围以外，承包人以完成了发包人通知的零星工程为由，要求结算价款，但未提供发包人的签证或书面认可文件，鉴定人应按以下规定做出专业分析进行鉴定：①发包人认可或承包人提供的其他证据可以证明的，鉴定人应做出肯定性鉴定，供委托人判断使用；②发包人不认可，但该工程可以进行现场勘验，鉴定人应提请委托人组织现场勘验，依据勘验结果进行鉴定。

（3）计量争议的鉴定　当鉴定项目图纸完备，当事人就计量依据发生争议时，鉴定人应以现行国家相关工程计量规范规定的工程量计算规则计量；无国家标准的，按行业标准或地方标准计量。但当事人在合同中约定了计量规则的除外。

一方当事人对双方当事人已经签认的某一工程项目的计量结果有异议的，鉴定人应按以下规定进行鉴定：①当事人一方仅提出异议未提供具体证据的，按原计量结果进行鉴定；②当事人一方既提出异议又提出具体证据的，应对原计量结果进行复核，必要时可到现场复核，按复核后的计量结果进行鉴定；③当事人就总价合同计量发生争议的，总价合同对工程计量标准有约定的，按约定进行鉴定；没有约定的，仅就工程变更部分进行鉴定。

（4）计价争议的鉴定　当事人因工程变更导致工程量数量变化，要求调整综合单价发生争议的；或对新增工程项目组价发生争议的，鉴定人应按以下规定进行鉴定：①合同中有约定的，应按合同约定进行鉴定；②合同中约定不明的，鉴定人应厘清合同履行情况，如是按合同履行的，应向委托人提出按其进行鉴定；如没有履行，可按现行国家标准计价规范的相关规定进行鉴定，供委托人判断使用；③合同中没有约定的，应提请委托人决定并按其决定进行鉴定，委托人暂不决定的，可按现行国家标准计价规范的相关规定进行鉴定，供委托人判断使用。

当事人因物价波动，要求调整合同价款发生争议的，鉴定人应按以下规定进行鉴定：①合同中约定了计价风险范围和幅度的，按合同约定进行鉴定；②合同中约定了物价波动可以调整，但没有约定风险范围和幅度的，应提请委托人决定，按现行国家标准计价规范的相关规定进行鉴定；但已经采用价格指数法进行了调整的除外；③合同中约定物价波动不予调整的，仍应对实行政府定价或政府指导价的材料按现行法律的相关规定进行鉴定。

当事人因人工费调整文件，要求调整人工费发生争议的，鉴定人应按以下规定进行鉴定：①如合同中约定不执行的，鉴定人应提请委托人决定并按其决定进行鉴定；②合同中没有约定或约定不明的，鉴定人应提请委托人决定并按其决定进行鉴定，委托人要求鉴定人提出意见的，鉴定人应分析鉴别：如人工费的形成是以鉴定项目所在地工程造价管理部门发布的人工费为基础在合同中约定的，可按工程所在地人工费调整文件做出鉴定意见；如不是，则应做出否定性意见，供委托人判断使用。

当事人因材料价格发生争议的，鉴定人应提请委托人决定并按其决定进行鉴定。委托人未及时决定可按以下规定进行鉴定，供委托人判断使用：①材料价格在采购前经发包人或其代表签批认可的，应按签批的材料价格进行鉴定；②材料采购前未报发包人或其代表认质认价的，应按合同约定的价格进行鉴定；③发包人认为承包人采购的材料不符合质量要求，不予认价的，应按双方约定的价格进行鉴定，质量方面的争议应告知发包人另行申请质量鉴定。

发包人以工程质量不合格为由，拒绝办理工程结算而发生争议的，鉴定人应按以下规定进行鉴定：①已竣工验收合格或已竣工未验收但发包人已投入使用的工程，工程结算按合同约定进行鉴定；②已竣工未验收且发包人未投入使用的工程，以及停工、停建工程，鉴定人应对无争议、有争议的项目分别按合同约定进行鉴定。工程质量争议应告知发包人申请工程质量鉴定，待委托人分清当事人的质量责任后，分别按照工程造价鉴定意见判断采用。

（5）工期索赔争议的鉴定　当事人对鉴定项目工期有争议的，鉴定人应按以下规定进行鉴定：①合同中明确约定了工期的，以合同约定工期进行鉴定；②合同对工期约定不明或没有约定的，鉴定人应按工程所在地相关专业工程建设主管部门的规定或国家相关工程工期定额进行鉴定。

当事人对鉴定项目暂停施工、顺延工期有争议的，鉴定人应按以下规定进行鉴定：①因发包人原因暂停施工的，相应顺延工期；②因承包人原因暂停施工的，工期不予顺延；③工程竣工前，发包人与承包人对工程质量发生争议停工待鉴的，若工程质量鉴定合格，承包人并无过错的，鉴定期间为工期顺延时间。

当事人对鉴定项目因设计变更顺延工期有争议的，鉴定人应参考施工进度计划，判别是否因增加了关键线路和关键工作的工程量而引起工期变化，如增加了工期，应相应顺延工期；如未增加工期，工期不予顺延。

（6）费用索赔争议的鉴定 当事人因提出索赔发生争议的，鉴定人应提请委托人就索赔事件的成因、损失等做出判断，委托人明确索赔成因、索赔损失、索赔时效均成立的，鉴定人应运用专业知识做出因果关系的判断，做出鉴定意见，供委托人判断使用。

一方当事人提出索赔，对方当事人已经答复但未能达成一致，鉴定人可按以下规定进行鉴定：①对方当事人以不符合事实为由不同意索赔的，鉴定人应在厘清证据事实以及事件的因果关系的基础上做出鉴定；②对方当事人以该索赔事项存在，但认为不存在赔偿的，或认为索赔过高的，鉴定人应根据相关证据和专业判断做出鉴定。

（7）工程签证争议的鉴定 当事人因工程签证费用而发生争议，鉴定人应按以下规定进行鉴定：①签证明确了人工、材料、机械台班数量及其价格的，按签证的数量和价格计算；②签证只有用工数量没有人工单价的，其人工单价按照工作技术要求比照鉴定项目相应工程人工单价适当上浮计算；③签证只有材料和机械台班用量没有价格的，其材料和台班价格按照鉴定项目相应工程材料和台班价格计算；④签证只有总价款而无明细表述的，按总价款计算；⑤签证中的零星工程数量与该工程应予实际完成的数量不一致时，应按实际完成的工程数量计算。

当事人因工程签证存在瑕疵而发生争议的，鉴定人应按以下规定进行鉴定：①签证发包人只签字证明收到，但未表示同意，承包人有证据证明该签证已经完成，鉴定人可做出鉴定意见并单列，供委托人判断使用；②签证既无数量，又无价格，只有工作事项的，由当事人双方协商，协商不成的，鉴定人可根据工程合同约定的原则、方法对该事项进行专业分析，做出推断性意见，供委托人判断使用。

承包人仅以发包人口头指令完成了某项零星工作或工程，要求费用支付，而发包人又不认可，且无物证的，鉴定人应以法律证据缺失为由，做出否定性鉴定。

（8）合同解除争议的鉴定 工程合同解除后，当事人就价款结算发生争议，如送鉴的证据满足鉴定要求的，按送鉴的证据进行鉴定；不能满足鉴定要求的，鉴定人应提请委托人组织现场勘验或核对，会同当事人采取以下措施进行鉴定：①清点已完工程部位、测量工程量；②清点施工现场人、材、机数量；③核对签证、索赔所涉及的有关资料；④将清点结果汇总造册，请当事人签认，当事人不签认的，及时报告委托人，但不影响鉴定工作的进行；⑤分别计算价款。

3. 工程造价鉴定程序

（1）鉴定项目委托与受理 委托人向鉴定机构出具鉴定委托书，应载明委托的鉴定机构名称、委托鉴定的目的、范围、事项和鉴定要求、委托人的名称等。鉴定机构应收到鉴定委托书之日起7个工作日内，决定是否接收委托并书面函复委托人。复函应包括下列内容：同意接受委托的意思表示，鉴定所需证据材料，鉴定工作负责人及其联系方式，鉴定费用及收取方式，鉴定机构认为应当写明的其他事项。

（2）鉴定项目的实施　鉴定机构应在接受委托，复函之日起 5 个工作日内，向委托人、当事人送达鉴定人员组成通知书，载明鉴定人员的姓名、执业资格专业及注册证号、专业技术职称等信息。鉴定人应根据鉴定项目的特点、鉴定事项、鉴定目的和要求制定鉴定方案。方案内容包括鉴定依据、应用标准、调查内容、鉴定方法、工作进度及需由当事人完成的配合工作等。

根据鉴定需要，鉴定人有权了解鉴定事项有关的情况，并对所需要的证据进行复制，鉴定人可以询问当事人、证人并制作询问笔录。鉴定人认为根据鉴定工作需要进行现场勘验时，鉴定机构应提请委托人同意并由委托人组织现场勘验。鉴定项目标的物因特殊要求，需要第三方专业机构进行现场勘验的，鉴定机构应说明理由，提请委托人、当事人委托第三方专业机构进行勘验，委托人同意并组织现场勘验，鉴定人应当参加。

（3）鉴定意见书的出具　鉴定机构在出具正式鉴定意见书之前，应提请委托人向各方当事人发出鉴定意见书征求意见稿和征求意见函，征求意见函应明确当事人的答复期限及其不答复行为将承担的法律后果，即视为对鉴定意见书无意见。

鉴定机构收到当事人对鉴定意见书征求意见稿的复函后，鉴定人应根据复函中的异议及其相应证据对征求意见稿逐一进行复核、修改完善，直到对未解决的异议都能答复时，鉴定机构再向委托人出具正式鉴定意见书。当事人对鉴定意见书征求意见稿仅提出不认可的异议，未提出具体修改意见，无法复核的，鉴定机构应在正式鉴定意见书中加以说明。

（4）鉴定人出庭作证　鉴定人经委托人通知，应当依法出庭作证，接受当事人对工程造价鉴定意见书的质询，回答与鉴定事项有关的问题。鉴定人出庭作证时，应当携带鉴定人的身份证明，包括身份证、造价工程师注册证、专业技术职称证等，在委托人要求时出示。鉴定人出庭作证时，应依法、客观、公正、有针对性地回答与鉴定事项有关的问题，对与鉴定事项无关的问题，可经委托人允许，不予回答。

工程造价鉴定程序如图 8-8 所示。

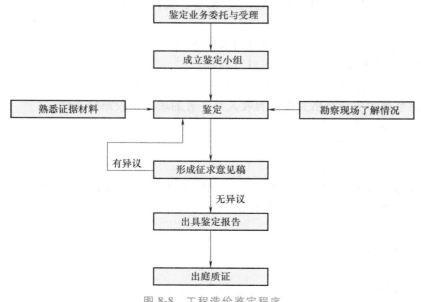

图 8-8　工程造价鉴定程序

4. 工程造价鉴定注意事项

1）鉴定人有法律、法规或规范规定需要回避的，应自行提出回避，未自行回避，经当事人申请，委托人同意，通知鉴定机构决定其回避的，必须回避。

2）鉴定机构对同一鉴定事项，应指定两名及以上鉴定人共同进行鉴定。对争议标的或涉及工程专业较多的鉴定项目，应成立由三名及以上鉴定人组成的鉴定项目组。

第四节　项目竣工备案与移交管理

建设工程项目在项目竣工验收合格后，全过程工程咨询单位在协助建设单位进行项目竣工备案的同时，应组织各参建单位按照项目竣工移交计划开展建设工程项目实体移交和竣工资料移交。竣工资料的移交包括向建设单位的移交和向属地城建档案馆的移交。

一、项目竣工备案

（一）竣工备案依据

1）《建筑法》（2011 年修订）。

2）《建设工程质量管理条例》（国务院令［2000］279 号）（2019 年修订）。

3）本项目合同文件。

4）本项目建设工程竣工验收报告。

5）本项目规划、公安消防、环保等部门出具的认可文件或者准许使用文件。

6）其他相关资料。

（二）竣工备案内容

项目竣工备案主要包括以下内容：

1）工程的基本情况，包括项目名称、地址、规划许可证号、施工许可证号、工程面积、开工时间、竣工时间、各单位（建设、勘察、设计、施工、监理、质量监督、全过程工程咨询等单位）名称。

2）勘察、设计、施工、监理（或全过程工程咨询）单位意见。

3）竣工验收备案文件清单，包括以下内容：

① 工程竣工验收报告，其主要内容为室内环境检测报告和勘察、设计、施工、工程验收等单位分别签署的质量合格文件及验收人员签署的竣工验收原始文件。

② 规划许可证和规划验收认可文件。

③ 工程质量监督注册登记表。

④ 工程施工许可证或开工报告。

⑤ 大型人员密集场所和其他特殊建设工程的住房建设主管部门颁发的消防验收合格证。

⑥ 施工单位签署的工程质量保修书等。

（三）竣工备案程序

竣工验收备案程序如图 8-9 所示。

（四）竣工备案注意事项

1）工程质量验收备案均应在承包人自检合格的基础上进行。

2）参加工程施工质量验收的各方人员应具备相应的资格，在备案前签署质量合格文件。

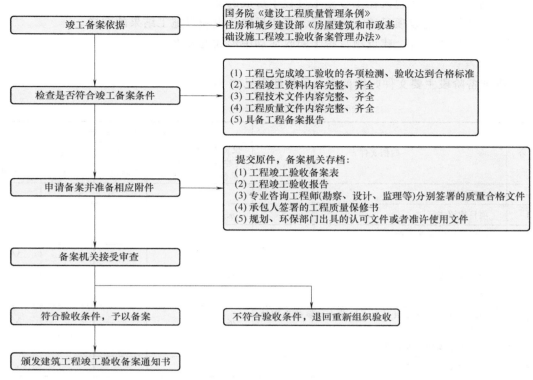

图 8-9　竣工验收备案程序

3）对涉及结构安全、节能、环境保护和主要使用功能的试块、试件及材料，应在进场时或施工中按规定进行检验，形成资料性文件。

二、项目竣工档案移交

（一）竣工档案移交依据

建设工程项目竣工档案移交的主要依据包括：

1）《基本建设项目档案资料管理暂行规定》（国档发〔1988〕4号）。

2）《建设工程文件归档规范》（GB/T 50328—2014）。

3）《国家重大建设项目文件归档要求与档案整理规范》（DA/T 28—2002）。

4）其他规定。

（二）竣工档案移交内容

工程项目竣工归档文件的归档范围及保管期限执行《建设工程文件归档规范》（GB/T 50328—2014）的规定。对与工程建设有关的重要活动、记载工程建设主要过程和现状、具有保存价值的各种载体的文件，均应收集齐全，整理立卷后归档。归档资料可归纳为文字资料、竣工图和声像资料三种类型。具体归档范围应包括：

（1）工程准备阶段文件　工程开工以前，在立项、审批、征地、勘察、设计、招标等工程准备阶段形成的文件。

（2）监理文件　专业咨询工程师（监理）在工程设计、施工等监理过程中形成的文件。

（3）施工文件　承包人在工程施工过程中形成的文件。

（4）竣工图　建设项目竣工验收后，真实反映建设项目施工结果的图样。

（5）竣工验收文件　建设项目竣工验收活动中形成的文件。

1. 工程准备阶段文件

工程准备阶段主要文件归档范围及保管期限见表 8-1。

表 8-1　工程准备阶段主要文件归档范围及保管期限

序号	归档文件	保存单位和保管期限				
		投资人（建设单位）	承包人（施工单位）	全过程工程咨询单位		城建档案馆
				勘察设计	监理	
一	立项文件					
1	项目建议书	永久				√
2	可行性研究报告及附件	永久				√
3	可行性研究报告审批意见	永久				√
4	专家建议文件	永久				√
二	建设用地、征地、拆迁文件					
1	用地申请报告及县级以上人民政府城乡建设用地批准书	永久				√
2	建设用地规划许可证及其附件	永久				√
3	划拨建设用地文件	永久				√
4	国有土地使用证	永久				√
三	勘察、测绘、设计文件					
1	工程地质勘察报告	永久		永久		√
2	水文地质勘察报告，自然条件、地震调查	永久		永久		√
3	地形测量和拨地测量成果报告	永久		永久		√
4	申报的规划设计条件和规划设计条件通知书	永久		长期		√
5	初步设计图纸和说明	长期		长期		
6	技术设计图纸和说明	长期		长期		
7	审定设计方案通知书及审查意见	长期		长期		√
8	有关行政主管部门（人防、环保、消防、交通、园林、市政、文物、通信、保密、河湖、教育、白蚁防治、卫生等）批准文件或取得的有关协议	永久				√
9	施工图及其说明	长期		长期		
10	设计计算书	长期		长期		
11	政府有关部门对施工图设计文件的审批意见	永久		长期		√
四	招标投标文件					
1	勘察设计招标投标文件	长期				
2	勘察设计承包合同	长期		长期		√
3	施工招标投标文件	长期				
4	施工承包合同	长期	长期			√

（续）

序号	归档文件	保存单位和保管期限				
		投资人（建设单位）	承包人（施工单位）	全过程工程咨询单位		城建档案馆
				勘察设计	监理	
5	工程监理招标投标文件	长期				
6	监理委托合同	长期			长期	√
五	开工审批文件					
1	建设项目列入年度计划的申报文件	永久				√
2	建设项目列入年度计划的批复文件或年度计划项目表	永久				√
3	规划审批申报表及报送的文件和图纸	永久				√
4	建设工程规划许可证	永久				√
5	建设工程施工许可证	永久				√
6	工程质量监督手续	长期				√

2. 监理文件

监理文件归档范围及保管期限见表 8-2。

表 8-2　监理文件归档范围及保管期限

序号	归档文件	保存单位和保管期限		
		投资人（建设单位）	全过程工程咨询单位（监理）	城建档案馆
一	监理文件			
1	监理规划	长期	短期	√
2	监理实施细则	长期	短期	√
3	监理月报中的有关质量问题	长期	长期	√
4	监理会议纪要中的有关质量问题	长期	长期	√
二	进度控制			
1	工程开工/复工审批表	长期	长期	√
2	工程开工/复工暂停令	长期	长期	√
三	质量控制			
1	不合格项目通知	长期	长期	√
2	质量事故报告及处理意见	长期	长期	√
四	造价控制			
1	工程竣工结算审核意见书	长期		√
五	监理通知	长期		
1	有关进度控制的监理通知	长期	长期	
2	有关质量控制的监理通知	长期	长期	
3	有关造价控制的监理通知	长期	长期	
六	监理工作总结			
1	工程竣工总结	长期	长期	√
2	质量评价意见报告	长期	长期	√

3. 施工文件

施工文件归档范围及保管期限见表 8-3。

表 8-3　施工文件归档范围及保管期限

序号	归档文件	保存单位和保管期限				
		投资人（建设单位）	承包人（施工单位）	全过程工程咨询单位		城建档案馆
				勘察设计	监理	
一	建筑安装工程					
（一）	土建（建筑与结构）工程					
1	施工技术准备文件					
（1）	施工组织设计	长期				
（2）	技术交底	长期	长期			
（3）	图纸会审记录	长期	长期	长期		√
2	施工现场准备					
（1）	控制网设置资料	长期	长期			√
（2）	工程定位测量资料	长期	长期			√
（3）	基槽开挖放线测量资料	长期	长期			√
3	地基处理记录					
（1）	地基钎探记录和钎探平面布点图	永久	长期			√
（2）	验槽记录和地基处理记录	永久	长期			√
（3）	桩基施工记录	永久	长期			√
（4）	试桩记录	长期	长期			√
4	工程图纸变更记录					
（1）	设计会议会审记录	永久	长期	长期		√
（2）	设计变更记录	永久	长期	长期		√
（3）	工程洽商记录	永久	长期	长期		√
5	施工材料预制构件质量证明及复试试验报告					
6	施工试验记录					
7	隐蔽工程检查记录	长期				
（1）	基础和主体结构钢筋工程	长期	长期			√
（2）	钢结构工程	长期	长期			√
（3）	防水工程	长期	长期			√
（4）	高程控制	长期	长期			√
8	施工记录					
（1）	工程定位测量检查记录	永久	长期			√
（2）	沉降观测记录	长期				√
（3）	结构吊装记录	长期				
（4）	现场施工预应力记录	长期				√
（5）	工程竣工测量	长期	长期			√

（续）

序号	归档文件	保存单位和保管期限				
		投资人（建设单位）	承包人（施工单位）	全过程工程咨询单位		城建档案馆
				勘察设计	监理	
9	工程质量事故处理记录	永久				√
10	工程质量检验记录					
（1）	检验批质量验收记录	长期	长期			
（2）	分项工程质量验收记录	长期	长期			
（3）	基础、主体工程验收记录	永久	长期			√
（4）	幕墙工程验收记录	永久	长期			√
（5）	分部（子分部）工程质量验收记录	永久	长期			√
（二）	电气、给水排水、消防、供暖、通风、空调、燃气、建筑智能化、电梯工程					
1	施工准备文件					
（1）	施工组织设计	长期	长期			
2	图纸变更记录					
（1）	图纸会审记录	永久	长期			√
（2）	设计变更记录	永久	长期			√
（3）	工程洽商记录	永久	长期			√
3	设备、产品质量检查、安装记录					
（1）	设备、产品质量合格证、质量保证书	长期	长期			√
（2）	设备装箱单、商检证明和说明书、开箱报告	长期				
（3）	设备安装记录	长期				√
（4）	设备试运行记录	长期				√
（5）	设备明细表	长期	长期			√
4	预检记录	短期				
5	隐蔽工程检查记录	长期	长期			√
6	质量事故处理记录	永久	长期			√
7	工程质量检验记录					
（1）	检验批质量验收记录	长期	长期		长期	
（2）	分项工程质量验收记录	长期	长期		长期	
（3）	分部（子分部）工程质量验收记录	永久	长期		长期	√
二	市政基础设施工程					
（一）	施工技术准备					
1	施工组织设计	短期	短期			
2	技术交底	长期	长期			√
3	图纸会审记录	长期	长期			√
4	施工预算的编制和审查	短期	短期			

（续）

序号	归档文件	投资人（建设单位）	承包人（施工单位）	全过程工程咨询单位 勘察设计	全过程工程咨询单位 监理	城建档案馆
（二）	施工现场准备					
1	工程定位测量资料	长期	长期			√
2	工程定位测量复核记录	长期	长期			√
3	导线点、水准点测量复核记录	长期	长期			√
4	工程轴线、定位桩、高程测量复核记录	长期	长期			√
（三）	设计变更、洽商记录					
1	设计变更通知单	长期	长期			√
2	洽商记录	长期	长期			√
（四）	原材料、成品、半成品、构配件、设备出厂资料合格证及试验报告					
（五）	施工试验记录					
1	砂浆、混凝土试块强度、钢筋（材）焊接连接、路基强度试验等汇总表	长期				√
2	道路压实度、强度试验记录					
（1）	回填土、路床压实度试验及土质的最大干密度和最佳含水量试验报告	长期				√
（2）	石灰类、水泥类、二灰类无机混合料基层的标准击实试验报告	长期				√
（3）	道路基层混合料强度试验记录	长期				√
（4）	道路面层压实度试验记录	长期				√
3	混凝土试块强度试验记录					
4	砂浆试块强度试验记录					
5	钢筋（材）焊接、连接试验报告	长期				√
6	钢管、钢结构安装及焊缝处理外观质量检查记录	长期				
7	桩基础试（检）验报告	长期				√
（六）	施工记录					
1	地基与基槽验收记录					
（1）	地基钎探记录及钎探位置图	长期	长期			√
（2）	地基与基槽验收记录	长期	长期			√
（3）	地基处理记录及示意图	长期	长期			√
2	桩基施工记录					
（1）	桩基位置平面示意图	长期	长期			√
（2）	打桩记录	长期	长期			√
（3）	钻孔桩钻进记录及成孔质量检查记录	长期	长期			√
（4）	钻孔（挖孔）桩混凝土浇灌记录	长期	长期			√
3	构件设备安装和调试记录					

（续）

序号	归档文件	保存单位和保管期限				
		投资人（建设单位）	承包人（施工单位）	全过程工程咨询单位		城建档案馆
				勘察设计	监理	
（1）	钢筋混凝土大型预制构件、钢结构等吊装记录	长期	长期			
（2）	厂（场）、站工程大型设备安装调试记录	长期	长期			√
4	预应力张拉记录	长期				
5	沉井工程下沉观测记录	长期				√
6	混凝土浇灌记录	长期				
7	管道、箱涵等工程项目推进记录	长期				√
8	构筑物沉降观测记录	长期				√
9	施工测温记录	长期				
10	预制安装水池壁板缠绕钢丝应力测定记录	长期				√
（七）	隐蔽工程检查（验收）记录	长期	长期			√
（八）	工程质量检查评定记录					
1	工序工程质量评定记录	长期	长期			
2	部位工程质量评定记录	长期	长期			
3	分部工程质量评定记录	长期	长期			√
（九）	质量事故及处理记录					
1	工程质量事故报告	永久	长期			√
2	工程质量事故处理报告	永久	长期			√

4. 竣工图

竣工图归档范围及保管期限见表8-4。

表 8-4　竣工图归档范围及保管期限

序号	归档文件	保存单位和保管期限				
		投资人（建设单位）	承包人（施工单位）	全过程工程咨询单位		城建档案馆
				勘察设计	监理	
一	建筑安装工程竣工图					
（一）	综合竣工图					
1	综合图					
（1）	总平面布置图（包括建筑、建筑小品、水景、照明、道路、绿化等）	永久	长期			√
（2）	竖向布置图	永久	长期			√
（3）	室外给水、排水、热力、燃气等管网综合图	永久	长期			√
（4）	电气（包括电力、电信、电视系统等）综合图	永久	长期			√
（5）	设计总说明书	永久	长期			√
2	室外专业图					
（1）	室外给水	永久	长期			√

（续）

序号	归档文件	保存单位和保管期限				
		投资人（建设单位）	承包人（施工单位）	全过程工程咨询单位		城建档案馆
				勘察设计	监理	
（2）	室外雨水	永久	长期			√
（3）	室外污水	永久	长期			√
（4）	室外热力	永久	长期			√
（5）	室外燃气	永久	长期			√
（6）	室外电信	永久	长期			√
（7）	室外电力	永久	长期			√
（8）	室外电视	永久	长期			√
（9）	室外建筑小品	永久	长期			√
（10）	室外消防	永久	长期			√
（11）	室外照明	永久	长期			√
（12）	室外水景	永久	长期			√
（13）	室外道路	永久	长期			√
（14）	室外绿化	永久	长期			√
（二）	专业竣工图					
1	建筑竣工图	永久	长期			√
2	结构竣工图	永久	长期			√
3	装修（装饰）工程竣工图	永久	长期			√
4	电气工程（智能化工程）竣工图	永久	长期			√
5	给水排水工程（消防工程）竣工图	永久	长期			√
6	供暖通风空调工程竣工图	永久	长期			√
7	燃气工程竣工图	永久	长期			√
二	市政基础设施工程竣工图					
1	道路工程	永久	长期			√
2	桥梁工程	永久	长期			√
3	隧道工程	永久	长期			√
4	铁路、公路、航空、水运等交通工程	永久	长期			√
5	地下铁道等轨道交通工程	永久	长期			√
6	地下人防工程	永久	长期			√
7	排水工程	永久	长期			√
8	供水、供热、供气、电力、电信等地下管线工程	永久	长期			√
9	高压架空输电线工程	永久	长期			√
10	污水处理、垃圾处理处置工程	永久	长期			√
11	场、厂、站工程	永久	长期			√

5. 竣工验收文件

竣工验收文件归档范围及保管期限见表8-5。

表 8-5　竣工验收文件归档范围及保管期限

序号	归档文件	保存单位和保管期限				
		投资人（建设单位）	承包人（施工单位）	全过程工程咨询单位		城建档案馆
				勘察设计	监理	
一	工程竣工总结文件					
1	工程概况表	永久				√
2	工程竣工总结	永久				√
二	竣工验收记录					
（一）	建筑安装工程					
1	单位工程质量验收记录	永久	长期			√
2	竣工验收证明书	永久	长期			√
3	竣工验收报告	永久	长期			√
4	竣工验收备案表（包括各专项验收认可文件）	永久				√
5	工程质量保修书	永久	长期			√
（二）	市政基础设施工程					
1	单位工程质量评定表及报验单	永久	长期			√
2	竣工验收说明书	永久	长期			√
3	竣工验收报告	永久	长期			√
4	竣工验收备案表（包括各专项验收认可文件）	永久	长期			√
5	工程质量保修书	永久	长期			√
三	财务文件					
1	竣工决算文件	永久				√
2	交付使用财产总表和财产明细表	永久	长期			√
四	声像、缩微、电子档案					
1	声像档案					
（1）	工程照片	永久				√
（2）	录音、录像材料	永久				√
2	缩微品	永久				√
3	电子档案					
（1）	光盘	永久				√
（2）	磁盘	永久				√

注：表8-1、表8-2、表8-3、表8-4、表8-5中"√"表示应向属地城建档案馆移交。

（三）竣工档案移交程序

竣工档案移交工作具体实施过程包括：

1）全过程工程咨询单位受委托人授权与城建档案管理部门签订建设工程竣工档案移交责任书。

2）城建档案管理部门对项目参与各单位进行业务指导与技术培训。

3）全过程工程咨询单位组织各单位按归档要求对建设工程档案进行收集、整理与汇总。

4）全过程工程咨询单位提交建设工程竣工档案预验收申请表。

5）城建档案馆对工程档案进行预验收，预验收合格后出具建设工程竣工档案预验收意见书。

6）全过程工程咨询单位组织各单位向城建档案管理部门移交建设工程竣工档案。

7）城建档案管理部门对移交档案合格项目发放建设工程档案合格证。

竣工档案移交流程如图 8-10 所示。

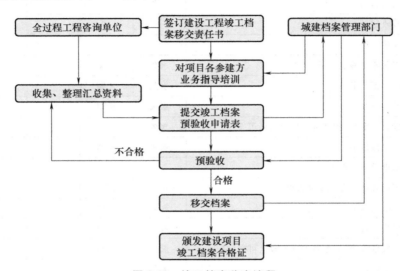

图 8-10　竣工档案移交流程

（四）竣工档案移交注意事项

1）应以总承包单位为主体进行移交。

2）对竣工档案进行严格审核，保证竣工档案资料的完整性、准确性。

3）全过程工程咨询单位向投资人移交工程竣工资料，应办理交验签章手续。

三、项目工程实体移交

（一）工程实体移交依据

建设项目工程实体移交应严格按照国家相关规定开展工作，其主要依据包括：

1）《建设工程质量管理条例》（国务院令〔2000〕279 号）（2019 年修订）。

2）《建筑工程施工质量验收统一标准》（GB 50300—2013）。

3）《房屋建筑和市政基础设施工程竣工验收规定》（住房和城乡建设部建质〔2013〕171 号）。

4）《房屋建筑和市政基础设施工程竣工验收备案管理办法》（住房和城乡建设部令第 2 号）。

5）其他相关资料。

（二）工程实体移交内容

全过程工程咨询单位应组织各参建方按承包的建设项目名称和合同约定的交工方式，向投资人移交，然后再由投资人移交给使用单位。

1. 制定工程移交计划

建设项目移交工作开展之前，全过程工程咨询单位应组织各参建方依照移交内容制定一份移交计划，明确各项移交工作的主体、移交时间、移交责任人等事项。

2. 全过程工程咨询单位的工程移交工作

在建设项目的工程整改及工程竣工验收完毕后，应按照合同约定进行竣工移交。全过程工程咨询单位应协助投资人按合同的约定，组织工程竣工移交。

1）组织承包人提交房屋竣工验收报告、公安机关消防机构出具的消防验收文件、质量技术监督部门出具的电梯验收文件等相关资料。

2）协助建设单位向当地建设行政管理部门办理竣工验收备案手续，取得竣工验收备案回执。

3）参与工程移交预验收，发现问题后要求承包人限期整改并跟踪处理结果。

4）办理工程移交手续，并协助建设单位提前组织设备厂商、承包人完成技术培训。

（三）工程实体移交程序

工程实体移交程序如图 8-11 所示。

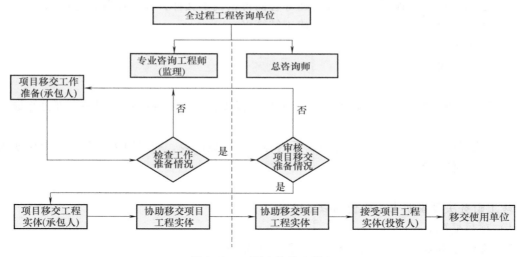

图 8-11 工程实体移交程序

（四）工程实体移交注意事项

1）督促承包人按合同约定的时限进行工程竣工移交。

2）应按有关规定与施工单位签署或补签工程质量保修书。

3）向使用单位提交工程移交工作计划表，确定工程移交时间及移交项目。

4）工程竣工移交过程需要各方签字认可，签字移交记录表需各方保存以备查。

第五节 项目竣工决算

竣工决算是建设工程经济效益的全面反映，是项目法人核定各类新增资产价值，办理其交付使用的依据。通过竣工决算，一方面能够正确反映建设工程的实际造价和投资结果；另一方面可以通过竣工决算与概算、预算的对比分析，考核投资控制的工作成效，总结经验教训，积累技术经济方面的基础资料，提高未来建设工程的投资效益。

工程竣工决算是指在工程竣工验收交付使用阶段，由建设单位编制的建设项目从筹建到竣工验收、交付使用全过程中实际支付的全部建设费用。竣工决算是整个建设工程的最终价格，是作为建设单位财务部门汇总固定资产的主要依据。

一、项目竣工决算编制

（一）竣工决算编制依据

项目竣工决算的编制依据主要包括：

1）国家有关法律法规。

2）经批准的本项目可行性研究报告及其投资估算书。

3）本项目初步设计、概算及概算调整文件。

4）经批准的本项目的设计文件以及设计交底、图纸会审资料。

5）招标文件及招标投标书，施工、代建、勘察设计、监理及设备采购等合同文件，政府采购审批文件、采购合同文件。

6）工程签证、工程变更、工程索赔等合同价款调整文件，以及设备、材料调价文件。

7）竣工图及各种竣工验收资料、竣工结算书。

8）有关的会计及财务管理资料。

9）其他有关资料。

（二）竣工决算编制内容

项目竣工决算的内容包括项目竣工财务决算报表和竣工财务决算说明书两部分组成。

1. 项目竣工财务决算报表

项目竣工财务决算报表主要包括以下内容：项目概况表、竣工财务决算表、交付使用资产总表、交付使用资产明细表。

2. 竣工财务决算说明书

竣工财务决算说明书主要包括以下内容：

1）项目概况。

2）会计账务处理、财产物资清理及债权债务的清偿情况。

3）项目建设资金计划及到位情况，财政资金支出预算、投资计划及到位情况。

4）项目建设资金使用、项目结余资金分配情况。

5）项目概（预）算执行情况及分析，竣工实际完成投资与概算差异及原因分析。

6）尾工工程情况。

7）历次审计、检查、审核、稽察意见及整改落实情况。

8）主要技术经济指标的分析、计算情况。

9）项目管理经验、主要问题和建议。

10）预备费动用情况。

11）项目建设管理制度执行情况、政府采购情况、合同履行情况。

12）征地拆迁补偿情况、移民安置情况。

13）需说明的其他事项。

（三）竣工决算编制程序

1. 收集、整理和分析有关依据资料

在编制竣工决算文件之前，系统地收集、整理所有的项目批复文件、可行性研究及设计资料、各类工程结算资料、竣工图和竣工验收资料等，并从项目立项阶段至项目竣工验收阶段进行全面梳理，分析它们的完整性、准确性，为编制竣工决算提供必要条件。

2. 债权、债务清理和资产物资的清点

竣工决算阶段，在债权、债务清理时，要注意应从建设项目筹建到竣工决算日发生全部支出的各类账项进行全面的债权和债务清理，为编制竣工决算报表提供准确的数据和结果。核对账目，盘点实物的数量，做到账实相符、账账相符，对于交付使用资产及结余的各种材料、工器具和设备物资要逐项清点核实，妥善管理，按规定及时处理，收回资金。

3. 编制竣工决算报表

根据编制依据中的有关资料进行统计或计算各个项目和数量，并将其结果填到相应表格的栏目内，完成所有报表的填写，账表相符。

4. 概算对比分析

对比整个项目的总概算，将建安投资、设备投资、待摊投资和其他投资与竣工决算表中的实际数据和概算批准的概数、概数指标、实际的工程造价对比分析，分析增、减原因，以确定竣工项目的经营成果。

5. 编制建设工程竣工决算说明

依据上述收集的资料、编制完成的竣工决算报表及概算对比分析结果，按照竣工决算说明书的内容要求，逐项编写文字说明。

6. 上报竣工决算成果文件

将上述编写的竣工决算说明书和竣工决算报表经核对无误，装订成册，即为竣工决算成果文件。根据要求项目竣工决算如需经会计师事务所审核，需同时提交竣工决算审核报告共同上报主管部门审查。

（四）竣工决算编制注意事项

1）概算明细项目名称及金额严格按照批准的设计、概算等文件进行填写，不得修改。

2）各类报表之间的数据应具有严谨的逻辑关系，不能相互矛盾，尽可能保持一致。

二、项目竣工决算审计

项目竣工决算审计是指建设项目正式竣工验收之前，审计人员依法对建设项目竣工决算的真实、合法、有效进行的审计监督。

（一）竣工决算审计依据

1）《基本建设财务管理规定》（财建〔2002〕394号）、《基本建设财务规则》（财政部令第81号）。

2）《基本建设项目竣工财务决算管理暂行办法》（财建〔2016〕503号）、《基本建设项目建设成本管理规定》（财建〔2016〕504号）。

3）《行政单位会计制度》《企业会计准则》及后续相关文件（财政部2006年发布，2014年修订）等。

4）《国家审计准则》《中国注册会计师审计准则》及相关规定。

5）其他与审计项目相关的法律法规、政策等。

6）本项目相关资料：项目决算报表及说明书，历年财政资金预算下达文件、历年监督检查、审计意见、整改报告及影响项目决算结果的相关资料。

7）其他相关资料。

（二）竣工决算审计内容

1. 建设资金筹措的审计

审查基本建设程序是否合规，手续是否完善，资金来源是否规范。审查筹资方式的合法性、筹资数额的合理性。评价筹资环节的内部控制。

2. 资金支付及账务处理的审计

1）审查、评价建设项目会计核算制度的健全性、有效性及其执行情况。

2）审查建设资金管理情况，包括建设单位内部控制制度建立执行情况、专款专用和专户存储情况，是否存在挤占、挪用、截留、滞留建设资金问题，是否存在违规借款问题，是否存在拖欠工程款和农民工工资问题等。

3）审查据以付款的原始凭证是否按规定进行了审批，是否合法、齐全。

4）审查建设项目税收优惠政策是否充分运用。

5）审查工程材料和设备物资是否与设计文件相符，有无盲目采购的情况。

6）审查是否按合同规定支付设备款、预付工程款、备料款、进度款；支付工程结算款时，是否按合同规定扣除了预付工程款、备料款和质量保证期间的保证金，有无违规多付的情况。

7）审查建设项目预算执行情况，包括建安投资、设备投资、待摊投资及其他基本建设投资的真实性、合法性、合理性，是否存在多计虚列、少计工程成本等会计核算不实问题，主要包括以下内容：审查工程管理费、征地费、可行性研究费、临时设施费、公证费、监理费等各项费用支出是否存在扩大开支范围。

8）审查是否存在计划外工程以及提高开支标准将建设资金用于集资或提供赞助而列入工程建设支出的问题。

9）审查投资借款利息资本化计算的正确性。

10）审查是否存在管理费超支问题等。

11）审查工程完工后剩余工程物资的盘盈、盘亏、报废、毁损等是否做出了正确的账务处理。

3. 竣工决算的审计

1）审查所编制的竣工决算是否符合建设项目实施程序，有无将未经审批立项、可行性研究、初步设计等环节而自行建设的项目纳入编制竣工工程决算的问题；有无将不具备竣工决算编制条件的建设项目提前或强行编制竣工决算的情况。

2）审查竣工决算编制方法的可靠性，有无造成交付使用的固定资产价值不实的问题。

3）审查竣工工程概况表中的各项投资支出，并分别与设计概算数相比较，分析节约或超支情况。

4）审查交付使用资产明细表，将各项资产的实际支出与设计概算数进行比较，以确定各项资产的节约或超支数额。

5）分析投资支出偏离设计概算的主要原因。

6）审查建设项目结余资金、收尾工程预留款及剩余设备材料等物资的真实性和处置情况，包括审查建设项目工程物资盘存表，核实库存设备、材料账实是否相符；审查建设项目现金结余的真实性；审查应收、应付款项的真实性，审查是否按合同规定预留了承包商在工程质量保证期间的保证金。

7）审查资产交付使用情况。

8）审查与竣工决算报表审计有关的其他问题。

（三）竣工决算审计程序

1. 准备阶段

1）了解项目的基本情况。

2）初步评估重要性水平。

3）初步评价审计风险。

4）编制和审核审计计划。

2. 实施阶段

1）评审内部控制制度，进行符合性测试。

2）进行实质性测试。

3）编制审计工作底稿。

3. 终结阶段

1）分析和综合审计证据。

2）撰写和提交审计报告。

3）审计资料的整理和归档。

（四）竣工决算注意事项

1）根据基本建设工程项目管理单位相关内部控制流程管理要求，检查诸如施工招标、材料采购、项目付款、进度跟踪等是否符合单位相关管理制度要求，是否存在违法违规情况。

2）结合《基本建设项目建设成本管理规定》及其管理办法，对项目成本组成进行审核。

3）结合基本建设项目管理单位固定资产管理与财务核算要求，对项目形成资产进行全面盘点与清理，保证固定资产准确入账核算。

第六节　项目质量保修期管理

工程项目在竣工验收合格之日起便进入质量保修期。全过程咨询单位应按照合同约定及项目质量保修要求与程序，督促各参建方开展质量保修工作，直至项目保修期结束。

一、质量保修期管理的依据

1）《建筑法》（2011 年修订）。

2）《建设工程质量管理条例》（国务院令［2000］279 号）（2019 年修订）。

3）合同文件等。

二、质量保修期管理的内容

(一) 工程质量保修范围

凡是承包人的责任或者由于施工质量不良造成的问题，都属保修范围。保修的内容主要有以下几个方面：基础、主体结构、屋面、地下室、外墙、阳台、厕所、浴室、卫生间及厨房等处渗水、漏水；各种管道渗水、漏水、漏气；通风孔和烟道堵塞；水泥地面大面积起砂、裂缝、空鼓；墙面抹灰大面积起泡、空鼓、脱落；散热器局部不热，接口不严渗漏，及其他使用功能不能正常发挥的部位。

凡是由于用户使用不当而造成建筑功能不良或者损坏者，不属于保修范围；凡从属于工业产品发生问题者，也不属于保修范围，应由使用单位自行组织修理。

(二) 工程质量保修期期限

保修期应从项目竣工验收合格至质量保修期结束。工程质量缺陷责任期从工程通过竣工验收之日起计算。由于施工单位原因导致工程无法按规定期限进行竣工验收的，缺陷责任期从实际通过竣工验收之日起计算。由于建设单位原因导致工程无法按规定期限进行竣工验收的，在施工单位提交竣工验收报告 90 天后，工程自动进入缺陷责任期。

根据《建设工程质量管理条例》（国务院令 [2000] 279 号）（2019 年修订）规定，在正常使用条件下，建设工程的最低保修期限为：

1）基础设施工程、房屋建筑的地基基础工程和主体结构工程，为设计文件规定的该工程的合理使用年限。

2）屋面防水工程，有防水要求的卫生间、房间和外墙面的防渗漏，为 5 年。

3）供热与供冷系统，为 2 个供暖期、供冷期。

4）电气管线、给水排水管道、设备安装和装修工程，为 2 年。

5）其他工程保修期限由发包方与承包方约定。

(三) 工程保修责任

建设工程在保修范围和保修期限内发生质量问题，全过程工程咨询单位应立即分析原因，找出责任单位，并要求相关责任单位在规定时间内完成修补工作，若责任单位拒不或迟迟不予处理的，由全过程工程咨询单位上报投资人认可后，可另行委托施工单位给予维修，产生的费用从责任单位保修金内支出；工程质保期满后，全过程工程咨询单位应组织使用人、物管方和承包人进行质量缺陷的检查，确认无质量缺陷后，办理书面手续，并以此作为退还质保金的依据。

保修期过后，承包人的质保义务解除，全过程工程咨询单位完成质保金退还手续后，相应的义务也完成。

(四) 处理方法

1. 工程质量缺陷责任期内出现质量缺陷的处理

工程质量缺陷责任期内，出现不符合工程建设强制性标准、设计文件以及合同约定的质量缺陷后，全过程工程咨询单位应及时组织各相关参建方到现场进行调查和分析，确需对质量缺陷进行鉴定的，由具有相应资质的单位鉴定。明确责任单位后，向责任单位签发限期整改通知单。责任单位在规定期限内，完成质量缺陷保修工作。

2. 在保修期内出现工程质量问题的处理

1）因承包人施工质量原因造成的问题，应由承包人无偿进行保修。

2）因设计原因造成使用问题，则由投资人提出修改意见由原设计单位提出具体修改方案，经投资人向承包人提出委托，进行处理或翻修，费用原则上由投资人负担。

3）因投资人在使用中有新的要求或投资人使用不当需进行局部处理或返修时，由双方另行协商解决。若由承包人进行处理或施工时，费用由用户负担。

4）对无法协商解决或协商不成的项目质量问题及其他问题，可提交相关仲裁部门仲裁或直接提请法院判决。

3. 发生涉及结构安全的质量缺陷的处理

发生涉及结构安全的质量缺陷，全过程工程咨询单位应协助投资人立即向当地建设行政主管部门报告，采取安全防范措施；由原设计单位或者具有相应资质等级的设计单位提出保修方案，承包人实施保修，原工程质量监督机构负责监督。发生涉及结构安全或者严重影响使用功能的紧急抢修事故，全过程工程咨询单位应单独或通过投资人向政府管理部门报告，并立即通知承包人到达现场抢修。

三、质量保修期管理的工作程序

项目保修期工程咨询服务应包括下列内容：

1）协助建设单位与承包人签订工程保修期保修合同，确定质量保修范围、期限、责任与费用的计算方法。

2）审核承包人制定的项目保修管理制度和保修工作计划。

3）定期回访。全过程工程咨询单位应建立项目质量保修期回访制度，定期对投资人的使用和设施设备运行情况进行回访，及时征求投资人或使用单位的意见，及时发现使用中存在的问题。

4）协调联系。

① 对投资人提出的工程质量缺陷，全过程工程咨询单位应安排监理部门进行检查和记录，并向承包人发出保修通知，要求承包人予以修复。承包人接到保修通知后，应当到现场核查情况，在保修书约定的时间内予以保修。

② 按规定应当编制工程质量缺陷保修方案的，全过程工程咨询单位应督促承包人及时编制保修方案，并按照投资人的相关规定办理进出场手续，专业咨询师（监理）应按规定进行监理或旁站监理，质量缺陷保修前后均应现场拍照或摄像，留存证据。

③ 质量缺陷维修工作完成后，全过程工程咨询单位应组织各相关参建方进行验收，并签署书面验收意见。

④ 工程质量缺陷责任期结束后，全过程工程咨询单位应组织各相关参建方对质量缺陷维修工作进行复核，如无异议则书面确认，保修工作结束。

5）界定责任。

① 全过程工程咨询单位应组织相关单位对于质量缺陷责任进行界定。

② 首先应界定是否是使用不当责任，如果是使用者责任，承包人修复的费用应由使用者承担；如果不是使用者责任，应界定是施工责任还是材料缺陷，分清情况，按施工合同的约定合理界定责任方。

③ 对非承包人原因造成的工程质量缺陷，应核实承包人申报的修复工程费用，并应签署工程款支付证书，同时应报投资人。

6）督促维修。承包人对于质量缺陷的维修过程，专业咨询师（监理）应予监督，合格后应予以签认。

7）检查验收。

① 承包人保修完成后，经全过程工程咨询单位验收合格，由投资人或者工程所有人组织验收。

② 涉及结构安全的，应当报当地建设行政主管部门备案。

8）质量保证金的退回。全过程工程咨询单位应审核各相关单位的质量保证金退回申请，并协助投资人办理质保金退回手续。

9）资料移交。保修期结束后，全过程工程咨询单位应整理质量保修阶段的各项资料，并及时向投资人进行移交，组织投资人和各参建方对保修工作进行确认。各方无异议后，签署工程质量保修期到期验收记录表。

四、质量保修期管理的注意事项

1）工程质量缺陷（或设备故障）修复费用审核结果应由投资人、承包人、全过程工程咨询单位共同签认。

2）建设工程质保期期满时，全过程工程咨询单位应组织投资人、物管方、承包人进行工程质量保修期到期验收，以作为退还质保金的前提条件。

3）保修期到期验收记录。质保期满的验收必须由项目各参建方同时参与，并签字盖章。

4）有竣工 BIM 模型时，应在竣工 BIM 模型基础上增加保修信息。工程竣工以后投资人要求提交 BIM 技术竣工模型并具备项目所使用的材料及设备信息检查功能，主要包括厂家信息、规格信息、进场信息、报验送检信息、使用部位信息、保修信息等。

第九章

运营阶段工程咨询

运营阶段是项目建设完成后的后续阶段，是前几个阶段的延续，它是为了确保项目的成果能够持续产生价值而进行的。建设项目运营阶段的工作由投资人（业主）自行完成或者委托专门的项目公司（或全过程工程咨询单位）来承担。具体承担这个阶段工作的单位简称为运营单位（或运营人）。

对于经营性建设项目，如高速公路、垃圾处理厂等，其运营阶段工作较为复杂，包括经营和维护两大任务。而对于非经营性建设项目，如住宅、公共建筑等，运营阶段主要通过房屋鉴定、修缮、加固、拆除等活动，保证建设项目原有功能、性能满足正常使用的要求。

第一节　运营阶段概述

一、项目运营的概念

1. 运营的概念

运营是对运营过程的计划、组织、实施和控制的总称。它涉及对产品生产和服务创造的各个方面进行管理，包括对运营活动的计划、组织、实施和控制。运营管理也可以是指对生产和提供单位主要产品及服务的系统进行设计、运行、评价与改进的管理工作。

2. 项目运营的概念

项目运营是指一个工程项目建设完成后的设施（包括设备）和固定资产的经营管理工作的总称，包括设施（设备）和资产的维护、管理，以及质量、安全、能源管理等。

运营是一个长期的过程，它涉及设施（设备）、资产的保养、更新、维护和质量、安全管理等，只有通过不断地改进和管理，才能保证设施、资产的安全稳定，以及达到最佳的运行状态。

二、项目运营的基本原则

（1）明确目标与策略　目标是指项目希望达到的预期结果。策略是指为实现这些目标而采取的行动计划。明确目标和策略有助于项目团队明确方向，集中资源，提高工作效率。

（2）建立有效的团队合作机制　项目运营需要一个高效的团队合作机制。团队成员之间要有良好的沟通和协作能力，明确各自的职责和任务，并确保信息的流畅和及时。

三、项目运营的主要内容

项目运营主要包括以下内容：

（1）项目计划制定　确定项目目标、任务、进度和资源分配等。

（2）资源管理　对人力资源、物力资源、财务资源等进行管理和调配。

（3）团队协作　建立高效团队，明确职责分工，确保团队成员之间的协作和配合。

（4）风险控制　识别、评估和应对项目可能面临的各种风险。

（5）监督和评估　对项目进展进行监督和评估，及时发现问题并采取改进措施。

（6）沟通与协调　与项目相关方进行有效的沟通与协调，解决问题和处理冲突。

四、运营阶段的主要工作

从项目运营管理角度看，项目需要进行运营管理、资产管理、拆除预案等策划，通过运营和监督合同的履行，确保建设项目的全生命周期成本最优；从建设经验总结角度看，项目需要进行后评价、绩效评价、绿色建筑的运行评价等。由于运营阶段涉及服务范围较广，要研究的工作内容太多，故本章仅从建设项目的反馈评价及运营需求影响投资决策这两个方面，包括项目后评价、项目绩效评价、设施管理和资产管理四项内容进行阐述。

五、全过程工程咨询单位在运营阶段的主要任务

全过程工程咨询单位在运营阶段的主要任务有以下几项内容：

1）通过评估，评价建设项目全过程建设与管理的教训和经验，提炼项目决策要点。

2）协助运营人，为建设项目提供清晰的影响运营的主要设备材料清单，以及该设备材料的使用要求与使用寿命，协助规划其大中小修方案和费用估算。

3）收集运营人的运营管理需求和意见，以及使用人的需求和意见。

需注意的是：全过程工程咨询单位已经承担建设项目全过程工程咨询时，不再承担项目后评价工作。

第二节　项目后评价

项目后评价是指对已结束项目的目标、执行过程、结果、效益、作用和影响等进行分析、总结和评估的活动。

项目后评价工作应当在整个项目正式结束后进行，并根据后评价的重点确定必要的项目使用或运营时间。

一、项目后评价的依据

1）政府部门或机关行业的项目后评价管理文件，如：

①《中央企业固定资产投资项目后评价工作指南》（国务院国有资产监督管理委员会国资发规划［2005］92号）。

②《国家发展改革委关于印发中央政府投资项目后评价管理办法和中央政府投资项目后

评价报告编制大纲（试行）的通知》（发改投资［2014］2129号）。

2）国家标准《项目后评价实施指南》（GB/T 30339—2013）。

3）建设项目工程资料。

4）建设项目运营阶段资料。

5）建设项目自我总结评价报告。

6）全过程工程咨询单位的知识和经验体系。

7）其他相关资料。

二、项目后评价的相关内容

（一）项目后评价的作用

项目后评价是对已经建成的项目按要求做出的评价，主要有以下几个作用：

1）有利于提高投资决策水平、改进投资决策和提高投资效益。

2）是保证可行性研究和前评估客观、公正性的需要。

3）有利于提高项目管理水平，实现项目管理科学化。

4）为今后项目的实施提供经验教训和改进方向。

（二）项目后评价的原则

1. 独立性

外部项目后评价工作由具备相应资质的第三方机构单独进行。内部项目后评价工作由独立于项目实施或运营维护部门的其他部门负责。

2. 针对性

应针对项目的具体特征确定评价程序和选择评价方法，综合考虑项目级别、类型、规模、复杂程度等要素，确保分析和结论的科学、适当、实际。

3. 客观性

评价应以事实为依据，客观反映项目决策、项目管理和执行的实际情况，在可靠的文件及明确的数据基础上，实事求是地得出评价发现与结论。

（三）项目后评价的内容

项目后评价机构应根据项目具体情况确定后评价工作的内容，应当包括项目目标评价、项目过程评价、项目效益评价和项目可持续性评价四个方面，每个方面的具体评价内容可根据需要增加或简化。

（四）项目后评价的评价要点

1. 项目目标评价

分析和评价项目预设目标的正确性、合理性和实践性，判断项目立项时设定的各项目标的实现程度。项目目标评价要点见表9-1。

表 9-1 项目目标评价要点

序号	内容	指标	评价要点
1	投资（费用）目标	全生命周期费用	建设总投资、运营（服务）成本、维护成本、单位生产能力投资、社会和环境成本等
		收益	运营收益、年净收益、总净收益、投资回报率等

（续）

序号	内容	指标	评价要点
2	时间目标	项目基本时间	建设期、投资回收期、维修或更新改造周期等
		工程寿命	工程设计寿命、物理服务寿命、经济服务寿命等
		产品的市场周期	市场发展周期、高峰期、衰败期等
3	质量目标	设计质量	设计标准及功能、设计工作质量、技术标准或工艺路线、可施工性、可运营性等
		工程质量	材料质量、设备质量、建筑质量等
		运营质量	项目的整体使用功能、产品或服务质量、运营的安全性、运营和服务的可靠性、可维修性及方便拆除情况等
4	职业健康安全目标	卫生指标	废弃物处理能力及标准、排污、排尘、排噪标准等
		安全生产指标	有毒有害气体泄漏标准、易燃易爆物体存放标准、消防标准、危险源辨识标准及应急措施、劳动保护用品配置标准等
		健康指标	平均寿命、增加的寿命年限、质量调整的寿命年限等
5	与环境协调目标	与政治环境协调	可按环境系统结构进一步分解： (1)项目与生态环境的协调 (2)建筑造型、空间布置与环境整体和谐 (3)建设规模应与当时、当地的经济能力相匹配,应具有先进性和适度的前瞻性 (4)节约使用自然资源,特别是不可再生资源 (5)继承民族优秀文化,不破坏当地的社会文化 (6)在项目的建设和运行过程中行为合法 (7)项目应符合上层系统的需求,对地区、国民经济的发展有贡献
		与经济环境协调	
		与市场环境协调	
		与法律环境协调	
		与自然环境协调	
		与上层组织的协调	
		与周边环境的协调	
		与其他方面的协调	
6	各方满意目标	投资者满意	投资额、投资回报率、降低投资风险等
		承包人和供应商满意	工程价格、工期、企业形象等
		政府满意	繁荣与发展地区经济、增加地方财力、改善地方形象、政绩、就业和其他社会问题等
		生产者满意	工作环境(安全、舒适、人性化)、工作待遇、工作的稳定性等
		用户满意	产品或服务价格、产品或服务的安全性、产品或服务的人性化等
		业主满意	项目的整体目标、工程目标、经济目标、质量目标等
		项目周边组织满意	保护环境、保护景观和文物、工作安置、拆迁安置或赔偿、对项目的使用要求等

2. 项目过程评价

在对项目各阶段进行回顾的基础上，确认项目实施过程是否按计划进行，分析过程中产生的重大偏离和原因，以及对项目实施效果产生的影响，并对项目实施全过程的管理水平和工作质量做出评价。项目过程评价要点见表9-2。

表 9-2　项目过程评价要点

序号	阶段	内容	评价要点
1	决策阶段	项目立项	项目立项理由是否充分、依据是否可靠,建设目标与目的是否明确;项目是否符合经济社会发展规划部门年度工作计划;是否根据需要制定中长期实施规划等
		项目决策过程和程序	决策程序是否合规;决策方法是否科学;决策内容是否完整;决策手续是否齐全
		项目评估	项目评估格式是否规范;报告的内容是否完整;引用数据与参数是否可靠;分析方式是否科学;论证结论是否正确;项目评估深度是否满足决策者的需要等
		可行性研究报告	报告收费是否合理;可行性研究阶段的目标是否明确、合理;项目建设规模是否合理;计算方法是否科学;内容深度是否符合国家有关要求;项目风险分析是否充分等
2	设计阶段	勘察工作	勘察时是否遵守国家、相关部门颁发的规定、标准、规范等,是否与勘察任务书一致;工程测绘和勘察深度及有关资料是否满足工程设计和建设的需要,其质量是否符合要求;承担勘察任务单位的资质、能力是否满足项目建设的需要
		设计工作	设计时是否遵循国家、相关部门颁发的规定、标准、定额、规范等,是否与设计任务书一致;项目设计方案是否符合实际,工程设计技术是否先进、经济是否合理、是否安全实用;工程设计深度和有关资料是否满足建设需要,其质量是否符合要求;承担设计任务单位的资质、能力是否满足项目建设的需要
		勘察设计合同签订	勘察设计合同签订的依据和程序是否合规,合同谈判、签订过程中的监管机制是否健全,合同条款是否合理合法;合同文本是否规范完善等
		征地拆迁	征地拆迁安置计划、安置率等
		资金筹措	资金来源是否按策划方案实现,资金结构、融资方式、融资成本是否合理;风险分析是否到位;融资担保手续是否齐全等
		动工准备	技术准备工作质量、劳动组织准备工作质量、物资准备工作质量、施工现场准备工作质量等
3	发承包阶段	招标采购	是否按规定进行了招标;招标文件内容是否符合规定,编制质量是否达到要求;评标办法是否合法合规;招标投标活动是否正常;招标投标程序是否符合要求;中标单位资质、信誉状况是否满足项目建设的需要等
4	施工阶段	施工合同执行与管理情况	施工合同签订的依据和程序是否合规;合同执行情况是否正常;合同管理措施及各阶段合同管理是否达到应有的效果
		质量、进度、投资和安全管理情况	质量、进度、投资和安全管理采取的措施与效果,分析产生差异的原因及对预期目标的影响,各目标的实现程度等
		项目设计变更情况	设计变更增加或减少投资额占变更引起投资额变化比率;其他变更增加或减少投资额占变更引起投资额变化比率;重大设计变更发生的原因分析等
		资金支付与管理	专门财务管理机构和财务制度是否健全;资金实际来源、成本与预测、计划产生差异的原因;资金到位情况与供给的匹配程度,资金支付管理程序与制度严谨性、流动资金的供给及使用情况等
		工程质量控制情况	相关合同及技术文件是否完整;质量保证体系是否完善;质量检查是否到位,相关质量检查文件是否齐全;相关材料、半成品是否经过质量检验;新工艺、新材料、新技术、新结构是否经过技术鉴定;施工各分包商资质、信誉是否符合招标要求

（续）

序号	阶段	内容	评价要点
4	施工阶段	工程监理情况	投资人委托工程监理的规范性和合法性、管理方式的适应性；工程监理组织机构、人员到位情况，以及人员变动情况；监理现场巡察工作情况；质量问题处理及监理指令落实和复查情况等
		组织与管理	建设管理体制的先进性、管理模式的适应性、管理机构的稳定性和有效性、管理机制的灵活性、管理规章制度的完整情况，以及管理工作运行的规范性、连续性等
5	竣工阶段	生产准备	各项工程生产准备内容、试车调试、生产试运行与试生产考核，生产准备工作充分性的情况等
		竣工验收情况	各专项验收是否通过；相关验收记录文件是否齐全等
		资料档案管理	工程资料档案收集是否完整、准确；管理制度是否完善等
6	运营阶段	项目能力实现情况	项目主要能力的实现情况，如建设规模，功能实现、生产能力等
		项目运营情况	项目运营模式、劳动定额、产品生产能力、产品销售情况等
		项目运营成本	项目运营成本的构成、比例等情况
		财务状况	项目的营业收入、营业成本利润总额情况等
		产品结构与市场情况	产品的种类、生产能力、市场现状、行业发展状况等

3. 项目效益评价

在过程评价的基础上，对项目运行的效果做出评价，并为项目可持续性评价提供依据，宜包括项目技术评价、项目经济效益评价、项目社会效益评价和项目环境影响评价。项目效益评价要点见表9-3。

表 9-3　项目效益评价要点

序号	内容	指标	评价要点
1	项目技术评价	项目技术选择	项目技术选择是否符合项目策划的要求，其技术是否符合项目实际；技术水平是否先进，水平高低情况等
		项目功能目标实现程度	项目功能实际目标与计划目标的实现程度等
		技术效果	对技术的适用性、经济性、安全性和创新性进行评价
		项目资源利用效果	对项目的排放情况、能耗水平及能源利用情况进行评价等
2	项目经济效益评价	资产及债务状况	项目总投资、资本金比例、项目资产、项目负债及所有者权益等
		偿债能力指标	借款偿还期、利息备付率、偿债备付率、资产负债率等
		财务效益分析指标	内部收益率、净现值率、投资回收期、总投资报酬率、权益资金利润率、投资利润率、销售利润率等
		运营能力指标	应收账款周转率、存货周转率、流动资产周转率、流动资产周转期、固定资产周转率、固定资产周转期等
		其他指标	能源消耗情况；单位费用效能、资金利用率；项目运营成本组成等
3	项目社会效益评价	对项目主要利益群体的影响	项目在施工期和运营期对各个不同利益群体产生的实际影响，特别是对受益、受损、弱势群体的影响和态度
		项目建设对地区发展的影响	建设项目对地区经济、文化、医疗、教育等方面的影响
		对当地就业和人民生活水平的影响	建设项目能提供就业机会情况，以及薪酬水平，对当地人民生活水平的影响

（续）

序号	内容	指标	评价要点
3	项目社会效益评价	投资项目征迁安置的影响	涉及拆迁安置的,应了解相关群体的受影响程度,以及采取的减缓措施和有关工作的管理质量与水平
		对所在地区少数民族风俗习惯和宗教信仰的影响	涉及少数民族的,应考虑建设项目对少数民族在文化方面的影响
4	项目环境影响评价	污染控制	项目的废气、废水和废渣及噪声是否在总量和浓度上都达到了国家和地方政府颁布的标准
		环境管理	对项目环境保护达标情况、项目环保设施及制度的建设和执行情况进行评价
		自然资源的利用和保护	对节约能源、节约水资源、土地利用和资源的综合利用率、能耗总量等情况进行分析评价
		对地区环境质量的影响	以对当地环境影响较大的若干种污染物为对象,进行环境质量分析评价
		对生态平衡的影响	分析人类活动对自然环境的影响

4. 项目可持续性评价

项目可持续性评价主要评价项目能否依靠自身力量持续运营和发展,分析项目的既定目标能否继续实现,评价项目是否具有可重复性并在未来以同样方式实施同类项目。应从项目社会经济可持续性、环境资源可持续性、项目自身的可持续性等方面评价,见表9-4。

表 9-4　项目可持续性评价要点

序号	内容	指标	评价要点
1	社会经济可持续性	建设项目规划	项目建设规划是否纳入项目所在地社会发展规划中,规划是否合理
		政策环境	行业现行政策环境情况
		社会经济发展指标	人口、就业结构、教育、基础设施、物流条件、社会服务和保障、地方经济等
2	环境资源可持续性	市场环境	现有市场环境、未来市场发展趋势等
		环境指标	环境治理状况、生态指标、环保投资等
		资源指标	资源存量、资源消耗指标等
3	项目自身的可持续性	项目经营管理状况	对管理机构、领导班子情况进行评价;管理体制及规章制度合理性、合规性、完整性进行评价;项目运营管理模式、营销策略、推广计划等评价;项目技术人员培训情况
		财务状况	对成本管理分析、营运能力分析、盈利能力分析、增长能力分析等
		产品竞争力	产品市场地位、产品占有率、生产效率、销售增长率
		技术水平	技术先进性、技术更新可行性等
		污染控制	污染控制成本、污染控制设备寿命等
		适合需求的长期性	功能的稳定性、可持续性、可维护性、低成本运行等

（五）项目后评价文件

在后评价工作结束后,应编制项目后评价文件。该文件应概括全部评价工作,明确评价结论,真实反映项目后评价的结果,客观描述项目后评价中发现的问题,全面给出项目后续发展的对策建议和可供类似项目参考的经验和教训。

项目后评价文件应包括项目背景、评价方法、评价内容、评价结论和对策建议等主要内容。

项目后评价文件通用要素如下：

1. 项目概况

（1）项目情况简述　概述项目建设地点、项目业主、项目性质和特点，以及项目开工和竣工时间。

（2）项目决策要点　项目建设的理由，决策目标和目的。

（3）项目主要内容　项目开展的主要内容，包括预期目标和实际实现目标等。

（4）项目实施周期　项目周期各个阶段的起止时间、时间进度等。

（5）项目资金到位及使用　项目立项决策批复资金情况、资金来源计划和实际到位情况、资金使用情况、项目验收资金决算情况、资金管理制度建立及执行情况等。

（6）项目运行及效益现状　项目运行现状、能力实现状况、项目财务经济效益情况等。

2. 项目目标评价

项目管理直接目标及其实现情况分析，项目宏观目标及其实现情况分析。

3. 项目实施过程的总结与评价

（1）项目前期决策总结与评价　项目立项的依据，项目决策过程和程序，项目评估和可行性研究报告批复的主要意见。

（2）项目勘察设计、发承包、施工、竣工验收总结与评价　项目勘察情况、设计工作及招标采购情况、合同执行与管理情况、项目施工进展情况、项目变更情况、项目费用控制情况、过程质量控制情况、阶段监督管理和验收情况等。

（3）项目运营情况与评价　项目运营情况、项目预期能力实现情况、项目运营成本和财务情况、产品结构与市场情况等。

4. 项目效果和效益评价

（1）项目技术水平评价　项目技术水平包括能力水平、技术经济性。

（2）项目经济效益评价　项目财务效益情况、项目财务效益指标分析和项目经济效益变化原因分析等。

（3）项目运营管理评价　运营管理机构设置情况、运营管理体制及规章制度情况、运营管理策略情况、人员培训情况等。

5. 项目环境和社会效益评价

（1）项目环境效益评价　项目实际产生的环境影响情况，有关制度的建设和执行情况，环境保护、生态保护和资源节约等情况。

（2）项目社会效益评价　项目主要利害相关方，项目实施对当地发展的影响，包括对当地就业和人民生活水平的影响，以及对当地政府财政收入和税收的影响。

6. 项目可持续性评价

根据项目现状，结合国家政策、资源条件和市场环境对项目的可持续性进行分析，预测产品的市场竞争力，从项目内部因素和外部条件等方面评价整个项目的持续发展能力。

7. 项目后评价结论和主要经验教训

项目成功度评价，评价结论和存在的问题，主要经验教训。

8. 对策建议

对项目和项目执行机构的建议，对项目组织的建议，以及宏观的对策建议。

三、项目后评价的方法

（一）资料收集的方法与内容

项目后评价应以可靠、真实的数据、资料为依据，资料收集通常有现场调查和访谈两种方法。

1. 现场调查

现场调查是到项目现场用事先设计好的系统和工具以口头、书面提问及观察来收集资料。目前也可通过互联网，采用问卷调查方式获取相关资料，为确保数据真实可靠，建议最好采用现场调查方法收集资料。

2. 访谈

访谈是一种研究性交谈，通过口头谈话的方式从被研究者那里收集资料的方法。

建设项目资料收集的内容包括工程资料、运营资料及自我总结评价报告，具体内容见表 9-5。

表 9-5　项目资料收集内容

序号	阶段	资料名称	资料内容
1	决策阶段	立项报批文件	包括项目建议书、可行性研究报告、环境影响评价报告、社会稳定风险评价、水土保持方案、交通影响评价、安全评价、地质灾害危险性评价等
2		项目批复资料	立项报批的批复文件、规划意见书、建设用地规划许可证、建设工程规划许可证、环境评价批复等
3		调整文件及批复	项目规划内容的调整报告及批复、项目设计的调整报告及批复、项目概算调整报告及批复、项目目标的调整报告及批复等
4		投资人决议文件	项目评审意见、专家论证意见、投资决策意见、重要会议纪要
5	设计阶段	项目勘察资料	初步勘察报告、详细勘察报告
6		项目设计资料	全部版本的初步设计图、施工图、设计方案等
7	发承包阶段	招标采购资料	招标公告、招标文件、资格审查报告、开标记录、评标报告、中标通知书、中标单位的投标文件等
8	施工阶段	项目动工资料	项目动工报告、经理任命通知书、施工组织方案等
9		项目合同资料	合同文件全文、合同谈判记录、合同管理台账等
10		项目变更资料	项目变更、签证资料
11		质量、安全、进度资料	质量验收及总结、安全管理执行情况及总结、项目进度控制情况及总结资料等
12		项目成本及财务资料	项目控制指标、成本分析报告;项目合同台账与支付统计报表、项目资金收支台账及项目借贷融资统计报表等
13	竣工阶段	竣工验收资料	竣工验收报告、竣工阶段各单位总结及各专项验收意见等
14		竣工结算资料	工程结算书、结算审核表、变更汇总表等
15	运营阶段	自我评价	项目自我总结评价,运营管理组织、定员、制度管理措施等
16		生产及销售资料	生产计划、实际生产情况及阶段性生产工作总结、项目销售计划、实际销售情况及阶段性市场营销工作总结等
17		财务经营分析	财务分析报告、年度决算报告、预算报告及阶段性总结报告等
18		审计资料	财务审计报告、稽查报告、专项审计报告、专项检查报告等

（二）项目后评价的方法

项目后评价一般采用定性和定量相结合的方法，主要包括逻辑框架法、成功度评价法和对比法。

1. 逻辑框架法

逻辑框架法是一种国际上通行的设计、计划和评价的方法（工具），通过这一工具可以实现对项目的指导、管理、监督和评价。在工程咨询中，逻辑框架法作为一种通用工具，可用于项目策划设计、项目建议书、可行性研究、项目评估、项目后评价、可持续性分析、风险评价及社会评价等工作。

逻辑框架法的基本原理是形成一个逻辑框架表，用矩阵式框架结构表达一个建设项目的投入、产出、目的、宏观目标四个层次之间的逻辑关系，基本格式见表9-6。按照由果及因的顺序：目标层次包括宏观目标和项目目的，应有相对应的客观且可度量的验证指标。产出是指项目的建设内容（如实体工程、设备厂房）或投入的产出物（如产品等）。投入是指项目的实施过程及内容，主要包括资源和时间。

表 9-6　项目后评价逻辑框架表的基本格式

目标层次	客观验证指标			重要假设及外部条件	
	项目预期指标	实际成果指标	指标差异	主要内部原因	主要外部条件
宏观目标	预期宏观目标	实现宏观目标	对比结果	宏观目标实现的影响条件	目的和目标间的重要假设和条件
项目目的	预期项目目的	项目直接效果	对比结果	目标实现的影响条件	产出和目的间的重要假设和条件
项目产出	计划产出定量指标	实际产出成果指标	对比结果	产出实现的影响条件	投入与产出间的重要假设和条件
项目投入	计划投入方式及定量指标	实际投入定量指标	对比结果	投入实现的影响条件	保证投入的外部条件

以上四个层次形成了纵向的垂直逻辑关系和横向的水平逻辑关系，基于逻辑框架法的项目后评价实际上就要通过分析它们之间的这种逻辑关系来评价一个项目的实现程度。因此，逻辑框架法为后评价咨询人员提供一个讨论项目建设工作成败与否的分析模式。

2. 成功度评价法

成功度评价法即为传统的打分法，依靠专家或项目参与者的经验，根据个人或集体的认知标准，根据项目的实际情况，用一定的系统方法和判断标准来评价项目总体的成功度，或者说得分高低。成功度评价法主要通过判断项目目标的实现程度和各种影响、效益的大小来评价项目的好坏，以事先确定好的评价指标体系和评分标准，进行专家打分，通过权重配比及一定的统计方法，以得分高低来衡量项目的综合等级和成功程度。

成功度评价是以逻辑框架分析的项目目标的实现程度与经济效益分析的评价结论为基础，以项目的目标和效益为核心所进行的全面系统的评价。项目评价的成功度可分为五个等级，见表9-7。

表 9-7 项目评价的成功度等级标准表

序号	等级	标准
1	完全成功	项目各项目标都已全面或超额实现;相对成本而言,项目取得巨大效益和影响
2	成功	项目大部分目标都已实现;相对成本而言,项目达到了预期的效益和影响
3	部分成功	项目实现了原定的部分目标;相对成本而言,项目只取得了一定的效益和影响
4	不成功	项目实现的目标非常有限;相对成本而言,几乎没有产生正面效益和影响
5	失败	项目的目标是无法实现的;相对成本而言,项目不得不中止

在评价具体项目成功度时,并不一定要测定表中所有的指标。项目成功度评价表包括项目主要评价指标。评价人员首先根据项目的类型和特点,确定表中指标与项目相关的程度,分为"重要""次重要""不重要"三类,在表中第二栏里(相关重要性)填注。

在测定各项指标时,采用打分制,即按上述评定标准的第 1 至第 5 级的五级别分别用 A、B、C、D、E 表示。通过指标重要性分析和单项成功度结论的综合,可得到整个项目的成功度指标,也用 A、B、C、D、E 表示,填在表的最底一行(总成功度)的成功度栏内,见表 9-8。

表 9-8 项目成功度评价表

评定项目指标	项目相关重要性	评定等级
评价指标 1		
评价指标 2		
…		
项目总评		
项目成功度		

注: 1. 项目相关重要性:重要、次重要、不重要。
　　 2. 评定等级分为:A—完全成功;B—成功;C—部分成功;D—不成功;E—失败。

3. 对比法

项目后评价的主要分析评价方法是对比法。对比法是指根据后评价调查得到的项目实际情况,对照项目立项时所确定的直接目标和宏观目标,以及其他指标,找出偏差和变化,分析原因,得出结论和经验教训。

项目后评价的对比法又分为前后对比法、有无对比法。前后对比法是指将项目实施之前与项目完成之后的情况加以对比,以确定项目效益的一种方法。有无对比法是将项目实际发生的情况与若无项目可能发生的情况进行对比,以度量项目的真实效益、影响和作用。

前后对比法在项目评价中,将项目可行性研究与评价时所预测的效益和项目竣工投产运营后的实际效果相比较,以发现变化和分析原因。这种对比用于揭示计划、决策和实施的质量,是项目过程评价的基本思路。如图 9-1 所示,项目的前后效果对比表示为 A/B。

有无对比法中"有"与"无"指的是评价的对象,即计划、规划或项目。评价是通过项目的实施所付出的资源代价与项目实施后产生的效果进行对比来判断项目的成功与否。如图 9-1 所示,项目的有无效果与对比表示为 A/C。

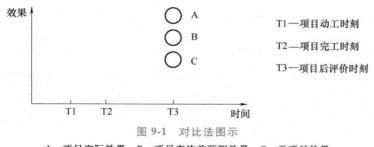

图 9-1　对比法图示

A—项目实际效果　B—项目实施前预测效果　C—无项目效果

四、项目后评价的程序

项目后评价的程序主要由策划、信息收集、汇总和处理、分析与评价、编制项目后评价文件、结果反馈及利用等部分构成。

上述程序中可视项目规模、利益相关方要求、评价目的等因素删减或重复开展某些工作，直至获得合理全面的结论。

1. 策划

策划工作以形成正式的评价工作计划为最终成果形式，可分为两个阶段。

1）第一阶段宜与项目立项批复过程同步开展，在项目论证、立项期间将项目后评价的范围、内容、意向承担单位、节点安排等初步确定。

2）第二阶段宜在项目实施的后期开展，明确后评价模型和方法，组建满足专业评价要求的工作组，确定评价指标体系，给出风险控制和质量保证要求等。

2. 信息收集

通过对项目论证、审批、策划、实施、验收、运行等全周期内形成的各种内部和外部信息的收集与处理，获得能全面反映项目活动的信息。

信息收集可通过文件及记录收集、现场调查和人员访谈等方式进行。

3. 汇总和处理

对收集的所有信息进行整理和归类，形成数据报表等汇总文件，根据项目特征和数据情况研究选取数据处理模型等。

4. 分析与评价

分析与评价的完成，应以得出明确的项目后评价结论为最终成果形式，内容主要包括：

1）项目管理目标和宏观目标实现情况的分析和评价。

2）项目实施过程中的变化、原因、处置及影响的分析和评价。

3）项目管理能力和水平的分析和评价。

4）项目的影响和持续性的分析和评价。

5）项目未来发展的预测分析和评价。

6）项目经验教训的分析总结及建议和改进措施分析。

5. 编制项目后评价文件

项目后评价文件应概括全部评价工作，明确评价结论，真实反映项目后评价的结果，客观描述项目后评价中发现的问题，全面给出项目后续发展的对策建议和可供类似项目参考的经验与教训。

6. 结果反馈及利用

项目后评价完成后应及时将评价结果反馈给项目委托方指定的其他相关方，并在提供评价结果后，注意获取相关方对评价结果及其利用效果的反馈等。

项目后评价结果可用于以下方面：

（1）**修订制度** 通过项目后评价成果的使用机制，建立或修订相关的规章、制度、标准等规范性文件，调整项目的决策、规划、实施和运营中的偏差。

（2）**更新数据** 通过项目后评价成果的汇总机制，更新国家或行业、组织内项目数据库资料。

（3）**知识管理** 通过项目后评价成果的扩散机制，通报相关经验和教训，供相关组织和人员参考。

（4）**决策指南** 通过项目后评价成果的示范机制，指导项目立项机构的决策行为。

五、注意事项

1. 项目后评价主要利害相关方

项目后评价主要利害相关方可包括项目投资机构、项目主管机构、项目应用机构、项目后评价实施机构等，各方应积极配合、充分交流，共同推进后评价工作的开展。

2. 项目后评价组织管理

1）项目后评价组织管理包括编制后评价工作计划、确定后评价项目、下达后评价任务、选择后评价机构并委托、组织后评价成果验收等。

2）后评价工作计划应明确后评价的目的和要求，后评价项目的选取范围和数量，后评价工作的完成时间和费用要求，成果验收方式等。

3）承担项目后评价工作的机构，应在国家、行业和地方有关法律法规的基础上构建明确合理的业务流程、质量基准、质量保证、自我监控和改进等管理制度。

3. 项目后评价文件编制要求

项目后评价文件应根据后评价工作计划规定的形式编制，文字应简洁、准确，并辅以必要的图表和照片，应数据详实、论点明确、论据充分、结论清晰。

第三节 项目绩效评价

项目支出绩效评价（简称项目绩效评价）是指财政部门、预算部门和单位，应依据设定的绩效目标，对项目支出的经济性、效率性、效益性和公平性进行客观、公正的测量、分析和评判。

一、项目绩效评价的依据

1）国家相关法律、法规和规章制度。

2）党中央、国务院重大决策部署，经济社会发展目标，地方各级党委和政府重点任务要求。

3）相关行业政策、行业标准及专业技术规范。

4）预算管理制度及办法，项目及资金管理办法、财务和会计资料。

5）项目设立的政策依据和目标，预算执行情况，年度决算报告、项目决算或验收报告等相关资料。

6）本级人大审查结果报告，审计报告及决定，财政监督稽查报告等。

7）全过程工程咨询单位的知识和经验体系。

8）其他相关资料。

二、项目绩效评价的相关内容

依据 2020 年财政部《项目支出绩效评价管理办法》，结合建设项目业务需要，对项目绩效评价的相关内容做如下介绍。

（一）项目绩效评价的目的与对象、评价方式

1. 项目绩效评价的目的

项目绩效评价的目的是为了客观、全面地评估项目执行情况和效果，从而为项目的改进和提升提供依据。通过绩效评价，可以发现项目存在的问题和不足之处，为项目管理者提供决策依据，以便及时调整项目的执行方向和策略，提高项目的绩效和效益。

2. 项目绩效评价对象

项目绩效评价对象包括财政预算安排的所有预算项目支出，不仅包括单项预算项目支出，还包括部门单位所有的项目支出，同时包括财政一般公共预算、国有资本经营预算、政府性基金预算安排的项目支出；以及涉及财政预算资金和相关管理活动的如政府购买服务、政府投资基金、政府和社会资本合作（PPP）、主权财富基金、政府债务形成的支出项目等。

3. 项目绩效评价的方式

项目绩效评价分为单位自评、部门评价和财政评价三种方式。

单位自评是指预算部门组织部门本级和所属单位对预算批复的项目绩效目标完成情况进行自我评价。

部门评价是指预算部门根据相关要求，运用科学、合理的绩效评价指标、评价标准和方法，对本部门的项目组织开展的绩效评价。

财政评价是指财政部门对预算部门的项目组织开展的绩效评价。

部门评价和财政评价可委托第三方机构实施时，应当按照有关制度办法，对第三方机构及工作质量进行事前、事中、事后全过程监督管理，并对第三方机构出具的评价报告建立评审制度，切实提高绩效评价质量。

（二）项目绩效评价的原则和标准

1. 项目绩效评价原则

（1）科学公正　项目绩效评价应当运用科学合理的方法，按照规范的程序，对项目绩效进行客观、公正的反映。

（2）统筹兼顾　单位自评、部门和财政评价应职责明确，各有侧重，相互衔接。单位自评应由项目单位自主实施，部门和财政评价应当在单位自评的基础上开展，必要时可委托第三方机构实施。本节下面讨论的内容以第三方机构的评价为主，全过程工程咨询单位接受委托开展此项业务。

（3）激励约束　项目绩效评价结果与预算安排、政策调整、改进管理实质性挂钩，体现奖优罚劣和激励相容导向，有效要安排，低效要减压，无效要问责。

（4）公开透明　项目绩效评价结果依法依规公开，并自觉接受社会监督。

2. 项目绩效评价标准

项目绩效评价标准主要用于对绩效指标完成情况进行比较，有以下标准：

1）计划标准：是指以预先制定的目标、计划、预算、定额等作为评价标准。

2）行业标准：是指参照国家公布的行业指标数据制定的评价标准。

3）历史标准：是指参照历史数据制定的评价标准，为体现绩效改进的原则，在可实现的条件下应当确定相对较高的评价标准。

4）按财政部门和预算部门相关规定确认或者认可的其他标准。

（三）项目绩效评价主要内容

部门和财政评价（即委托第三方机构评价）主要内容：

1）项目立项情况。

2）绩效目标和绩效指标设定情况。

3）资金管理和使用情况。

4）相关管理制度办法的健全性及执行情况。

5）实现的产出情况。

6）取得的效益情况。

7）服务对象满意度情况。

（四）项目绩效评价的方法

项目绩效评价方法主要包括成本效益分析法、比较法、因素分析法、最低成本法、公众评判法、标杆管理法等。根据评价对象的具体情况，可采用一种或多种方法。

（1）成本效益分析法　是指将投入与产出、效益进行关联性分析的方法。

（2）比较法　是指将实施情况与绩效目标、历史情况、不同部门和地区同类支出情况进行比较的方法。

（3）因素分析法　是指综合分析影响绩效目标实现、实施效果的内外部因素的方法。

（4）最低成本法　是指在绩效目标确定的前提下，成本最小者为优的方法。

（5）公众评判法　是指通过专家评估、公众问卷及抽样调查等方式进行评判的方法。

（6）标杆管理法　是指以国内外同行业中较高的绩效水平为标杆进行评判的方法。

（五）项目绩效评价的指标

1. 项目绩效评价指标

项目绩效评价指标是衡量绩效目标实现程度的考核工具。通过将绩效业绩指标化，获取具有针对性的业绩值，为开展绩效评价工作提供基础。项目绩效评价指标应当充分体现和真实反映项目的绩效、绩效目标的完成情况及评价的政策需要。

项目绩效评价指标应当符合以下要求：

1）与评价对象密切相关，全面反映项目决策、项目管理和资金管理、产出和效益。

2）优先选取最具代表性、最能直接反映产出和效益的核心指标，精简实用。

3）指标内涵应当明确、具体、可衡量，数据及佐证资料应当可采集、可获得。

4）同类项目绩效评价指标和标准应具有一致性，便于评价结果相互比较。

2. 项目绩效评价指标体系

项目绩效评价指标体系通常包括具体指标、指标权重、指标解释、数据来源、评价标准及评分方法等。

项目绩效评价指标体系设立应当考虑完整性、重要性、相关性、可比性、可行性和经济性、有效性等因素，合理分配指标权重，以充分体现和客观反映项目绩效状况以及绩效目标实现程度。

评价指标的权重根据各项指标在评价体系中的重要程度确定，应当突出结果导向，原则上产出、效益指标权重不低于 60%，特殊情况可做适当调整。项目处于不同实施阶段时，指标权重应当体现差异性，其中实施期间的评价更加注重决策、过程和产出，实施期结束后的评价更加注重产出和效益。

3. 项目绩效评价指标体系框架

项目绩效评价指标体系框架见表 9-9。

表 9-9　项目绩效评价指标体系框架

一级指标	权重（根据项目具体情况设定）	二级指标	三级指标	指标解释	指标说明
决策	15±5	项目立项	立项依据充分性	项目立项是否符合法律法规、相关政策、发展规划以及部门职责，用以反映和考核项目立项依据情况	评价要点： （1）项目立项是否符合国家法律法规、国民经济发展规划和相关政策 （2）项目立项是否符合行业发展规划和政策要求 （3）项目立项是否与部门职责范围相符，属于部门履职所需 （4）项目是否属于公共财政支持范围，是否符合中央、地方事权支出责任划分原则 （5）项目是否与相关部门同类项目或部门内部相关项目重复
			立项程序规范性	项目申请、设立过程是否符合相关要求，用以反映和考核项目立项的规范情况	评价要点： （1）项目是否按照规定的程序申请设立 （2）审批文件、材料是否符合相关要求 （3）事前是否已经过必要的可行性研究、专家论证、风险评估、绩效评估、集体决策
		绩效目标	绩效目标合理性	项目所设定的绩效目标是否依据充分，是否符合客观实际，用以反映和考核项目绩效目标与项目实施的相符情况	评价要点： （如未设定预算绩效目标，也可考核其他工作任务目标） （1）项目是否有绩效目标 （2）项目绩效目标与实际工作内容是否具有相关性 （3）项目预期产出效益和效果是否符合正常的业绩水平 （4）是否与预算确定的项目投资额或资金量相匹配

（续）

一级指标	权重（根据项目具体情况设定）	二级指标	三级指标	指标解释	指标说明
决策	15±5	绩效目标	绩效指标明确性	依据绩效目标设定的绩效指标是否清晰、细化、可衡量等，用以反映和考核项目绩效目标的细化情况	评价要点： （1）是否将项目绩效目标细化分解为具体的绩效指标 （2）是否通过清晰、可衡量的指标值予以体现 （3）是否与项目目标任务数或计划数相对应
		资金投入	预算编制科学性	项目预算编制是否经过科学论证、有明确标准，资金额度与年度目标是否相适应，用以反映和考核项目预算编制的科学性、合理性等情况	评价要点： （1）预算编制是否经过科学论证 （2）预算内容与项目内容是否匹配 （3）预算额度测算依据是否充分，是否按照标准编制 （4）预算确定的项目投资额或资金量是否与工作任务相匹配
			资金分配合理性	项目预算资金分配是否有测算依据，与补助单位或地方实际是否相适应，用以反映和考核项目预算资金分配的科学性、合理性等情况	评价要点： （1）预算资金分配依据是否充分 （2）资金分配额度是否合理，与项目单位或地方实际是否相适应
过程	20±5	资金管理	资金到位率	实际到位资金与预算资金的比率，用以反映和考核资金落实情况对项目实施的总体保障程度	资金到位率＝（实际到位资金/预算资金）×100% 实际到位资金：一定时期（本年度或项目期）内落实到具体项目的资金 预算资金：一定时期（本年度或项目期）内预算安排到具体项目的资金
			预算执行率	项目预算资金是否按照计划执行，用以反映和考核项目预算执行情况	预算执行率＝（实际支出资金/实际到位资金）×100% 实际支出资金：一定时期（本年度或项目期）内项目实际拨付的资金
			资金使用合规性	项目资金使用是否符合相关的财务管理制度规定，用以反映和考核项目资金的规范运行情况	评价要点： （1）是否符合国家财经法规和财务管理制度以及有关专项资金管理办法的规定 （2）资金的拨付是否有完整的审批程序和手续 （3）是否符合项目预算批复或合同规定的用途 （4）是否存在截留、挤占、挪用、虚列支出等情况

（续）

一级指标	权重（根据项目具体情况设定）	二级指标	三级指标	指标解释	指标说明
过程	20±5	组织实施	管理制度健全性	项目实施单位的财务和业务管理制度是否健全,用以反映和考核财务和业务管理制度对项目顺利实施的保障情况	评价要点: (1)是否已制定或具有相应的财务和业务管理制度 (2)财务和业务管理制度是否合法、合规、完整
			制度执行有效性	项目实施是否符合相关管理规定,用以反映和考核相关管理制度的有效执行情况	评价要点: (1)是否遵守相关法律法规和相关管理规定 (2)项目调整及支出调整手续是否完备 (3)项目合同书、验收报告、技术鉴定等资料是否齐全并及时归档 (4)项目实施的人员条件、场地设备、信息支撑等是否落实到位
产出	50±5	产出数量	实际完成率	项目实施的实际产出数与计划产出数的比率,用以反映和考核项目产出数量目标的实现程度	实际完成率=（实际产出数/计划产出数）×100% 实际产出数:一定时期(本年度或项目期)内项目实际产出的产品或提供的服务数量 计划产出数:项目绩效目标确定的在一定时期(本年度或项目期)内计划产出的产品或提供的服务数量
		产出质量	质量达标率	项目完成的质量达标产出数与实际产出数的比率,用以反映和考核项目产出质量目标的实现程度	质量达标率=（质量达标产出数/实际产出数）×100% 质量达标产出数:一定时期(本年度或项目期)内实际达到既定质量标准的产品或服务数量。既定质量标准是指项目实施单位设立绩效目标时依据计划标准、行业标准、历史标准或其他标准而设定的绩效指标值
		产出时效	完成及时性	项目实际完成时间与计划完成时间的比较,用以反映和考核项目产出时效目标的实现程度	实际完成时间:项目实施单位完成该项目实际所耗用的时间 计划完成时间:按照项目实施计划或相关规定完成该项目所需的时间
		产出成本	成本节约率	完成项目计划工作目标的实际节约成本与计划成本的比率,用以反映和考核项目的成本节约程度	成本节约率=[（计划成本-实际成本）/计划成本]×100% 实际成本:项目实施单位如期、保质、保量完成既定工作目标实际所耗费的支出 计划成本:项目实施单位为完成工作目标计划安排的支出,一般以项目预算为参考
效率	15±5	项目效益	实施效益	项目实施所产生的效益	项目实施所产生的社会效益、经济效益、生态效益、可持续影响等。可根据项目实际情况有选择地设置和细化
			满意度	社会公众或服务对象对项目实施效果的满意程度	社会公众或服务对象是指因该项目实施而受到影响的部门（单位）、群体或个人。一般采取社会调查的方式
总分	100				

（六）项目绩效评价报告

项目绩效评价报告应当全面阐述所评价项目的基本情况，说明评价组织实施情况，并在全面分析总结评价的基础上，对照评价指标体系做出具体绩效分析和结论。

项目绩效评价报告（参考提纲）组成如下：

1. 项目基本情况

1）项目概况：包括项目背景、项目的主要内容、项目实施情况、资金来源和使用情况。

2）项目绩效目标：包括总体目标和阶段性目标，以及实现程度。

2. 项目绩效评价工作的组织实施情况

1）项目绩效评价的目的、对象和范围。

2）项目绩效评价工作过程：包括前期准备、组织实施和评价分析、沟通反馈等。

3）项目绩效评价原则、评价指标体系（附表说明）、评价方法、评价标准。

4）项目绩效评价的人员。

5）项目绩效评价的局限性。

3. 综合评价分析情况及评价结论（附相关评分表）

4. 项目绩效评价指标分析（结合评价指标体系进行分析）

1）项目决策情况。

2）项目过程情况。

3）项目产出情况。

4）项目效益情况。

5. 主要经验及做法，存在的问题及原因分析

项目绩效评价报告要通过分析各项指标的评价结果及项目的整体评价结论，总结项目在决策、过程、产出、效益等方面的经验，为类似项目在以后开展积累经验，同时总结存在的不足及原因，为相关建议的提出奠定基础。

6. 有关建议

项目绩效评价报告需要有针对地对项目存在的问题提出改进措施和建议。

7. 其他需要说明的问题

三、项目绩效评价的程序

全过程工程咨询单位开展项目绩效评价程序通常分为三个阶段，即绩效评价准备阶段、实施阶段、评价报告编制阶段，如图9-2所示。

（一）绩效评价准备阶段

绩效评价准备阶段主要完成以下工作：

1）接受项目绩效评价主体的委托，签订绩效评价业务约定书。

2）成立绩效评价工作组。

3）明确绩效评价基本事项：

① 项目背景和项目基本情况。

② 项目绩效评价的对象和内容。

③ 项目的绩效目标、管理情况及相关要求。

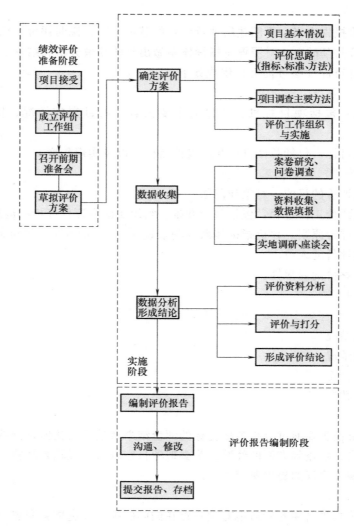

图 9-2　项目绩效评价工作流程

④ 项目绩效评价的目的。

⑤ 投资人及项目绩效评价报告使用者。

⑥ 其他重要事项。

⑦ 制定项目绩效评价方案。

（二）项目绩效评价实施阶段

1）根据项目特点，按照项目绩效评价方案，通过案卷研究、数据填报、实地调研、座谈会及问卷调查等方法收集相关评价数据。

2）对数据进行甄别、汇总和分析。

3）结合所收集和分析的数据，按项目绩效评价相关规定及要求，运用科学合理的评价方法对项目绩效进行综合评价，对各项指标进行具体计算、分析并给出各指标的评价结果及项目的绩效评价结论。

（三）绩效评价报告的编制阶段

1）根据各指标的评价结果及项目的整体评价结论，按项目绩效评价相关规定及要求，编制项目绩效评价报告。

2）就项目绩效评价报告的相关内容与投资人进行沟通。

3）修改完善后形成正式项目绩效评价报告。

四、注意事项

1. 项目绩效评价与项目后评价的区别

项目绩效评价与项目后评价都是评价主体对评价对象进行考核和评价的活动，但其在评价时间、评价目的、评价依据、评价性质、评价作用、评价过程、评价结果和评价细则等方面均存在着明显差异，见表 9-10。

表 9-10　项目绩效评价与项目后评价的区别

两者区别 评价目标	项目绩效评价	项目后评价
评价时间	从项目的前期计划开始进行,贯穿项目实施全过程	项目已经完成并运行一段时间
评价目的	形成过程评价习惯	形成总结习惯
评价依据	以结果为导向,面向过程	将结果作为评价依据
评价性质	循环性	回顾性
评价作用	反馈	总结
评价过程	进行循环评价改善	一次性评价
评价结果	提出改进方向	显示结果
评价细则	通过适用的量化指标及评价标准,规范的考核方法,对项目的前期计划、实施过程及其完成结果进行的综合性考核与评价,对项目管理、经济、技术、社会、生态和可持续发展绩效等内容进行客观的衡量比较和综合评判,以更好地实现项目目标,提高资金的使用效益	总结项目的投资决策、实施、运营等情况,分析项目的技术、经济、社会和环境效益的影响,为投资决策和项目管理提供经验教训

2. 项目绩效评价工作方案的要求

项目绩效评价工作方案应当符合可行性、全面性和简明性原则，评价内容、方法、步骤和时间节点安排应科学合理。

3. 项目绩效评价指标的要求

1）与评价对象密切相关，全面反映项目决策、项目和资金管理、产出和效益。

2）优先选取最具代表性、最能直接反映产出和效益的核心指标，精简实用。

3）指标内涵应当明确、具体、可衡量，数据及佐证资料应当可采集、可获得。

4）同类项目绩效评价指标和标准应具有一致性，便于评价结果相互比较。

5）评价指标的权重应根据各项指标在评价体系中的重要程度确定，应当突出结果导向，原则上产出、效益指标权重不低于 60%，特殊情况可做适当调整。

4. 项目绩效评价结果划分标准

项目绩效评价结果划分标准采取评分和评级相结合的方式，具体分值和等级可根据不同评价内容设定。总分一般设置为 100 分，等级一般划分为四档：90（含）~100 分为优，80（含）~90 分为良，60（含）~80 分为中，60 分以下为差。

第四节　项目设施管理

设施管理的目标是以保持业务空间高品质的生活和提高投资效益为目的，通过最新的技术对人类有效的生活环境进行规划、整备和维护管理的工作。设施管理综合利用管理科学、建筑科学、行为科学和工程技术等多种学科理论，对人类工作和生活环境进行有效的规划和控制，保持高品质的活动空间，提高投资效益，满足各类企业事业单位、政府部门战略目标和业务计划的要求。

在我国项目设施管理越来越被人们重视，特别是公共设施管理包括城市供水、供气、供电、公共交通、环卫设施、城市照明、社会保障等，市场规模扩大迅速，市场竞争不断加剧，政府支持力度也不断增强。全过程工程咨询单位提供这方面的服务，主要为投资人拟定设施管理方案，或开展这方面评估工作，对设施管理提出合理意见与建议。

一、设施管理的依据

1. 国际设施管理标准

2017~2022 年，ISO（国际标准化组织）颁布了设施管理体系系列标准：《设施管理 管理体系—要求及使用指南》（ISO 41001）、《设施管理术语》（ISO 41011）、《设施管理战略寻购和协议制定指南》（ISO 41012）、《设施管理范围、关键概念和收益》（ISO 41013）、《设施管理战略制定》（ISO 41014）、《设施管理　设施管理方针制定》（ISO 41018）等。

2. 国家设施管理标准

2018~2021 年，全国设施管理标准化技术委员会发布的设施管理体系系列标准：《设施管理术语》（GB/T 36688）（等同采用 ISO 41011）、《设施管理交底一般要求》（GB/T 36689）、《设施管理战略寻购和协议制定指南》（GB/T 40059）（等同采用 ISO 41012）、《设施管理质量评价指南》（GB/T 40046）。

2022 年全国设施管理标准化技术委员会发布的设施管理标准：《设施管理办公场所空间管理指南》（GB/T 41473）、《设施管理　运作与维护指南》（GB/T 41474）等。

3. 建设项目相关资料

1）建设项目工程资料。

2）完整的建设项目竣工资料。

3）全过程工程咨询单位的知识和经验体系。

4）其他相关资料。

二、设施管理的内容

根据 ISO 41001，将设施管理定义为"在建筑环境内整合人员、场所、过程，并以改善人们生活质量、提高核心业务生产力为目的组织职能"。其核心管理理念是：助力人们过上美好生活，助力组织获取更高的业务生产能力。此处对设施的定义："通过建造、安装或构建来服务实体需要的资产集合。"其设施不同于设备，应是包含但不限于设备（生产设备、动力设备、行政设备、公共设备等），还包括建筑、道路、停车场、景观物等。

设施管理涵盖并整合了范围广泛的服务、流程、活动和设施，实现了成本效益、安全和健康的工作场所，并确保提供有效的设施服务。不同时期不同组织对设施管理的功能定义有所不同，目前，有将设施管理分为两大模块的，分别为运行管理、资产管理。也有将设施管理分为三大模块的（如国际上北美设施专业委员会）：分别是维护和运行管理、资产管理、设施服务（见图9-3）。

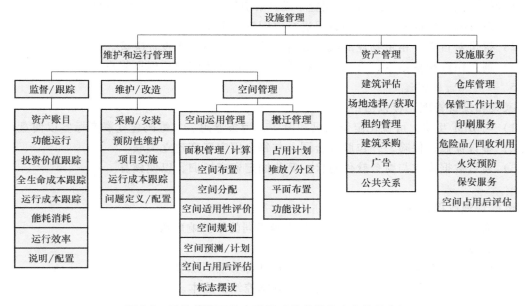

图 9-3 设施管理工作内容图（北美设施专业委员会）

设施管理的主要工作内容有：

1）空间管理：优化空间分配，分析空间利用率，分摊空间费用。

2）租赁管理：根据业务发展合理配置不动产和办公空间。

3）家具和设备管理：监控固定资产成本和分配，计算折旧，规划人员和资产的搬迁。

4）运维管理：通过应需维护、定期维护流程对建筑运维进行规范化。

5）工作场所管理：包括服务台，为公共服务请求提供一站式自助服务门户，降低行政成本；预订管理，帮助员工或客户查找并预订空间、设备或其他任何资源；共享办公空间管理，有效安排多人共享一个工位，减少空间成本支出。

6）环境与风险管理：在发生灾难和紧急情况时，确保业务连续性，加快设施功能恢复。

7）物业管理：以项目管理的方式管理物业的重要维护、翻修、装潢工作等。

8）其他系统与运维系统的数据交换管理。

三、设施管理的程序

设施管理的基本程序应为各类设施台账建立，设施运行及实施计划，正常维护和跟踪，以及环境与风险管理。不同的管理具体流程如下：

1. 空间管理

优化空间分配，分析空间利用率，分摊空间费用。空间管理流程包括：

1）与 BIM、CAD 技术组合，图形化展示空间使用状况。

2）合理调整空间分配，提高空间使用效率。

3）空间费用分摊自动化到各部门，实现精细化管理。

2. 租赁管理

根据运营业务发展需要，合理配置不动产和办公空间。租赁管理流程包括：

1）对准确的空间和人员占用数据进行空间需求分析。

2）提供对自有、租赁物业的成本分析，帮助进行不动产投资决策。

3）通过跟踪租赁信息，直观反映租赁空间，自动提醒租约到期租户。

3. 家具和设备管理

家具和设备管理流程包括：

1）与 BIM 互动，可视化定位家具和设备，用条形码、二维码建立资产标签以便盘点。

2）签订保修、保险、外包服务合同，与每个固定资产建立关联。

3）通过数据集成与财务软件对接，简化固定资产折旧，以便核算。

4. 运维管理

运维管理流程包括：

1）通过 SLA（服务级别协议）规范明确不同的维护响应级别。

2）通过邮件分派，提醒工单。

3）预确定定期维护程序和步骤，在维修日自动生产工单。

4）精确统计备件消耗、维修工时，充分掌控维护成本。

5. 工作场所管理

工作场所管理流程包括：

1）营造自助环境，通过简单的表单、智能工作流、自动通知以简化服务请求，降低管理成本。

2）根据服务级别会议（SLA）系统控制资源的投入，提高执行效率和客户满意度。

3）提供多种报表，分析预算和成本。

6. 环境与风险管理

环境与风险管理流程包括：

1）与 CAD、BIM 相结合，快速准确地访问人员位置、设备位置、有害物质分布、安全出口分布等数据，帮助现场决策。

2）建立多级紧急响应团队和相关负责人，组织各类信息实施灾难恢复计划，迅速恢复正常运营。

3）协助加快保险理赔和谈判，增加更有利的条款。

7. 物业管理

物业管理流程包括：

1）建立统一的项目中心，从资本预算、进度计划、采购、沟通、成本控制等角度进行全面的项目管理。

2）建立项目立项、执行、分包、验收的审批流程，实现项目精细化管控。

四、注意事项

1. ISO 41000 族标准形成

2017 年，ISO（国际标准化组织）发布了设施管理领域的三项新标准：ISO 41011—2017、ISO 41012—2017 和 ISO/TR 41013—2017。新标准为不同市场类别、不同组织形式的企业制定了通用的、具有广泛普遍性的规则和定义参考，将行业规范制度化，促进更多企业了解设施管理领域的目标。2018 年 4 月，ISO（国际标准化组织）发布了 ISO 41001，是同类设施管理的第一个标准，明确了设施管理"是什么"，以及"为什么"，它在所有组织工作场所的管理、运行和养护中与其资产和运行效率中，都是重要的战略性规则。

我国设施管理行业国家标准除了与 ISO 标准同步外，又根据行业和企业要求进行了中国化的适用改造，除了直接使用一些非常基础、国际通用的术语外，对于非基础性标准，如指导性、指南性标准，根据中国标准制定者的考虑进行了修改。

2. ISO 41001 标准的基本内容

该标准对设施、设施管理进行了定义，并清晰界定设施管理体系覆盖的设施种类与数目，对设施分类、命名、编号、登记、建档（技术图文），必要时可考虑建立纸质或电子化设施地图。

（1）设施管理-术语　该标准规定了设施管理相关的术语和定义，该标准适用于各类组织中的设施管理相关的活动。

（2）设施管理-质量评价指南　对于组织而言，支持服务的质量对于其核心业务和目标是至关重要的。因此，组织宜采取必要的方法来定义设施服务质量，并确保所交付的服务质量满足组织的需要。为实现交付的可验证和评价，组织宜建立测量和评价体系，并对测评结果与服务水平协议的目标进行比较分析，以便缩减差距，通过策划、实施、检查和处置（PDCA）循环实现组织设施服务质量的持续改进。

（3）设施管理交底一般要求　该标准给出了设施管理在设计、建造和交付阶段交底的一般要求，为设施管理交底过程提供参考依据，以确保设施在其计划运行寿命期间的预期性能。设施管理交底过程贯穿于设施的规划、设计、施工、安装、测试、调试、移交、启用、运行和维护等各个阶段，对实现设施功能具有重要作用。

（4）设施管理　战略寻购和协议制定指南　该标准强调设施管理寻购过程中的基本要素；寻购过程中的设施管理角色和责任；典型协议模型的制定过程和结构。

设施管理体系框架如图 9-4 所示。

3. 设施管理相关方要求与期望

应全面识别设施管理相关方，如客户/用户/业主、股东、组织内各部门、服务商、法定机构（消防、环保等）、邻近社区等。继而全面识别相关方的要求与期望，重点识别关于改变人们生活质量、提高核心业务生产力的要求与期望。如写字楼租户的主要要求与期望一般是：匹配公司形象、安全、办公效率、价格优惠、交通便利、服务周到等。

基于相关方要求与期望，设施管理战略/方针/目标等，设计设施管理体系价值流，并建立程序文件予以实施、改进。

4. ISO 41001 的价值体现

ISO 41001 是设施管理体系国际标准，它为全球不同领域提供了一个框架来开发、实现

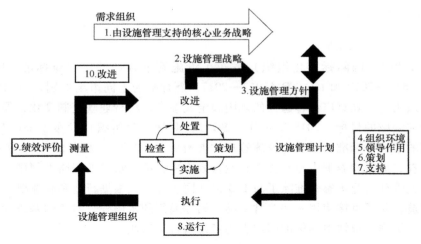

图 9-4 设施管理体系框架

和维护有效的设施管理。

（1）战略重要性 ISO 41001 提高了设施管理的专业化水平，并且认可了将设施管理作为组织战略指引的组成部分所能提供的价值。

（2）全球一致性 为了满足对可扩展设施管理服务不断增长的需求，设施管理提供商已经开始在全球范围内提高能力。随着设施管理服务在国际上日益广泛的使用，一致性至关重要。

（3）服务和资产价值 ISO 41001 提供一种系统性的方法，需要不断审查企业的服务交付和资产，以确保有效运营，最大限度减少不必要的成本并且组织创造有形价值。

（4）综合性的方法 ISO 41001 基于为所有管理体系提供通用框架的 ISO 高阶结构，使不同的管理体系标准保持一致，有助于提高效率和有效性。

5. 设施管理保证项目交付前的价值实现

（1）项目成功（价值实现）涵盖设施管理成功 任何一个单方面的有效实施并不能最终实现整个项目成功。使用人和投资人往往从项目目标的高度来评价项目，而项目管理团队通常只在乎项目管理阶段的成功，如果设施管理失败，则意味着整个项目管理不成功。

（2）建设项目交付前价值实现的途径 设施管理过程中所产生的信息，如项目资料、客户满意度、运营方动态需求、运营方的满意度、现有设施水平、期望设施水平、期望质量水平、建筑周边环境、空间管理、可用预算、可维护性等，均来自设施管理的服务范围中。如何使设施管理过程中的种种需求反馈到项目决策阶段、项目管理阶段（包括项目设计阶段、项目发承包阶段、项目施工阶段等），需要使用价值管理（VM）和全生命周期成本管理（LCM）两种工具，在功能（F）和成本（C）两个角度之间寻求平衡以使项目增值，如图 9-5 所示。

6. 设施管理保证项目交付后的价值实现

（1）设施管理是项目交付后价值实现的关键 对组织不动产的积极性管理要求高层管理具有清晰的战略方向，以及运营管理过程产生清晰的可交付物。起初设施管理关注任务和功能，现如今重视过程及过程的管理，转向资源整合，强调有效工作环境的提供，人、过程

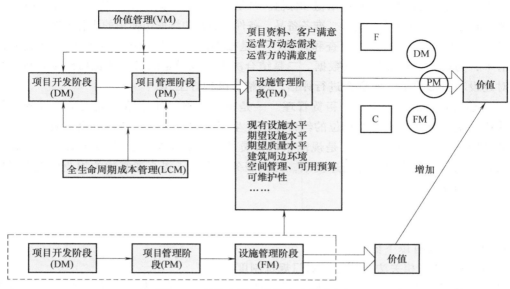

图 9-5 项目交付前价值实现的途径图

和资产问题成为寻求解决方案的同一问题的组成部分。简单地说,设施管理重点逐渐转向综合性资源管理。

（2）项目交付后价值实现的途径 设施管理的组织管理体系必须建立在战略层面上基本活动和日常运营层面上组织资源之间的持续沟通。整合基本活动与辅助活动的关键不仅需要提高双方意识,而且要建立正式的信息沟通渠道,保证双方完全了解外部市场,以及外部市场对公司运营资产基础的影响。

第五节 项目资产管理

一、资产管理概述

建设项目经过建设,并在竣工验收后将转化为合格的建设产品。一方面在竣工阶段对建设项目进行验收,并将完整的、合格的建设产品移交给投资人或产权人,将建设项目产品转化为资产管理,同时通过运营发挥其投资作用;另一方面在运营阶段,通过资产管理实现建设项目的资产价值,是投资人要实现其目标的基础。

资产管理主要从建设项目的资产增值、运营安全分析和策划、运营资产清查和评估、招商策划和租赁管理等方面进行。

（1）建设项目的资产增值 一是把竣工验收和检验合格后的建设项目转化为固定资产,实现资产价值。二是设备材料使用年限分析。三是运营成本分析。在建设项目移交后,应研究工程资料,根据建设项目的功能和建设标准,准确确定运营管理的范围内容和特点,进而分析建筑物维护费用标准的构成,对费用的影响因素和费用可量化程度及量化进行分析,有利于实现资产增值。

（2）建设项目的运营安全分析和策划 一是形成建筑物的运营维护指导书,以保证建筑物正常运营和保证其品质，确保资产的增值和保值。二是维修应急方案策划。编制建筑物的大、中修及常规维护的规划，及时安排资金，准备备品、备件，做好边维修边使用的应急方案。

（3）建设项目的运营资产清查和评估　一是根据建设项目情况对资产进行清查并形成资产清单，为资产评估提供基础数据。二是结合决策阶段设定的目标及优质建设项目评判标准，对建设项目形成的固定资产进行评估、调整、维护等工作。

（4）建设项目的招商策划和租赁管理　一是确定合格的使用单位或人员的要求，尽可能让使用建筑物或建筑小区的单位的经营范围产生聚集效应，通过良好的聚集效应，使其建筑物的功能得到很好的提升。二是规范租赁人员的行为和义务，营造共同保护建筑物的意识。三是借助信息化物联网等先进技术，协调服务，有利于提高建筑物的物业管理水平以及利益相关方的满意度。

二、资产管理的依据

资产管理主要有以下依据：

1）项目涉及的相关法律法规、部门规章制度。

2）《国家发展改革委重大固定资产投资项目社会稳定风险评估暂行办法》（发改投资〔2012〕2492号）。

3）《资产管理体系》（GB/T 33173—2016）和《资产管理体系》（ISO 55001）。

4）可行性研究报告、项目建议书。

5）项目投资目标（基于利益相关者价值体系）。

6）项目实施过程文档资料。

7）验收文档技术资料。

8）设施性能参数和监测的设施性能状况。

9）类似项目后评价资料。

10）使用单位运行维护目标。

11）项目的实际运行资料。

12）设施运行维护方案。

13）运行维护成本实际数据。

14）运行维护的历史成本数据。

15）基于LCC的成本预算目标。

16）全过程工程咨询单位的知识体系及经验。

17）建筑设施外形描述的技术档案等。

三、资产管理的相关内容

（一）资产管理的重要性

资产管理可以降低财务成本、提高工作效率、提高资产使用质量、节约现金流和创造利润。

（二）资产管理的内容

1. 资产增值（保值）

（1）在建工程转固定资产　一要有工程支出发票，无发票则不能计入在建工程科目。

二要有工程验收记录、工程结算单（包括竣工结算单），对于需强制检测安全性的固定资产（如配电设备等），还应取得相关主管部门的检查认定报告。

在建工程转固定资产的条件是工程完工达到预定可使用状态。对已完工需结转的项目、工程或是设备进行确认、明确在建工程确已完工，已达到可用状态，同时对其成本支出进行汇总，明确该在建工程全部成本是否已完全计入；如有部分项目内容尚未决算，则需要组织工程验收，办理项目决算，需强制性检测安全的需取得检查认定报告。符合上述条件的可以结转。对于迟迟尚未取得项目支出结算发票的，如果因合同约定限制等原因不能及时取得结算发票入账的，可以根据上述项目决算数据对尚未结算入账的在建工程内容进行估算，以便及时结转固定资产。根据《企业会计准则第 4 号-固定资产》应用指南的规定，已达到预定可使用状态但尚未办理竣工决算的固定资产，应当按照估计价值确定其成本，并计提折旧；待办理竣工决算后，再按实际成本调整原本的暂估价值，但不需要调整原已计提的折旧额。

（2）设备材料使用年限分析　即对技术上或经济上不宜继续使用的在用固定资产，用新的固定资产进行更换，为此决策而进行的财务分析。具体分析内容包括设备、材料的使用年限、原值及使用成本等。该决策属于长期投资决策，对企业的长期发展产生重要的影响。

（3）运营成本分析　通过项目前期各阶段及其运营管理主体前期介入方式等综合形成的项目交付成果，已经发生了项目 LCC（全生命周期成本）中的全部建设成本，并且已形成了影响后期运行维护成本发生的项目/设施主体。可是项目的运行维护成本的实际发生在运行维护阶段，因此，运行维护管理主体对项目进行基于 LCC 的日常运行维护管理将进一步实现 LCC 的总目标。正因如此，运营阶段一项重要工作是基于设施质量功能目标与性能监测的全生命周期运行维护成本规划与控制，总体框架如图 9-6 所示。

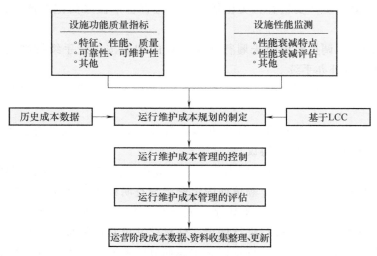

图 9-6　建设项目运营成本管理总体框架

根据图 9-6 的总体框架，运营成本的规划应参考三个方面因素：一是设施的质量与功能目标标准及运行过程中的动态性能监测参数的对比结果。二是类似项目运营阶段的可供参考的信息。三是基于 LCC 的项目成本分析。对于项目/设施的运行维护管理主体可以制定出详细的运行维护成本规划并予以执行，执行中发生偏差，及时做出调整或控制，以保持运行维护成本规划得到落实。

2. 运营安全分析和策划

运营安全分析和策划主要编制好运营维护指导书，制定好安全应急预案。

（1）运营维护指导书　它是根据建设项目的类型、功能，实际运营状况等因素编制而成。该指导书用于管理人员对建设项目运维管理。内容包括管理篇、运营篇、安全篇等。管理篇包括生产运营管理制度、运营各岗位职责、客户服务规范；运营篇包括各类岗位、设备操作规程和标准；安全篇包括燃气运营相关安全管理制度、消防预演方案、事故应急抢险预案等。

（2）安全应急预案　为建设项目利益相关方价值的提升和满意度的提高，需建立一个有效的突发事件应急预案体系，编制较为完善的突发事件预案，开展预案的定期演练，以提高建设项目运营人员预防和处置突发事件的能力，确保发生突发事件时各运营岗位的有效应对，最大限度地预防和减少突发事件及其造成的损害。

3. 建设项目的运营资产清查和评估

（1）资产清查　是指受委托的资产评估机构，应对委托单位的资产、债权、债务进行全面清查，在此基础上，要核实资产账面与资产实际是否相符，考核其经营成果，盈亏状况是否真实，并做出鉴定。

其中固定资产（包括土地、房屋及建筑物、通用设备、专用设备等）清查是本节重点研究的内容，具体清查的范围和内容如下：

1）对固定资产清查，要检查固定资产原值、待报废和提前报废固定资产的数额及固定资产损失、待核销数额等；关注固定资产分类是否合理；详细了解固定资产目前的使用状况等。

2）对出租的固定资产要检查相关租赁合同；检查各单位账面记录情况，检查是否按合同规定收取租赁费。

3）对临时借出、调拨转出但未履行调拨手续的和未按规定手续批准转让出卖的资产，要求各单位收回或者补办手续。

4）对清查出的各项账面盘盈（含账外资产）、盘亏固定资产，要查明原因，分清责任，提出处理意见。

5）检查房屋、车辆等产权证明原件并取得复印件，关注产权是否受到限制，如抵押、担保等，检查取得的相关合同、协议。

6）对批量购进的单位价值低的图书等，如果被资产清查单位无法列明明细金额的，按加总数量清查核对实物，按总计金额填列固定资产清查明细表，并注明总数量。

（2）资产评估　是指评估机构及其评估人员受委托对不动产、动产、无形资产、企业价值、资产损失或者其他经济权益进行评定、估算，并出具评估报告的专业服务行为。

资产评估的对象是资产，是被特定权利主体拥有或控制并能为其带来经济利益的经济资源。资产评估的目的主要是估算出被评资产的现实市场价值。

资产评估的工作范围：一是整体资产评估（企业价值评估）：适用于设立公司、企业改制、股权转让、企业兼并、收购或分立、合资、租赁、融资、抵押贷款、破产清算等。二是单项资产评估，各类房地产、各类机械设备、林木、花卉、景观等。三是无形资产评估：品牌、商标、商誉、字号、企业家价值等，专利权、著作权、专有技术、计算机软件等，特许经营权，海域使用权、航线经营权、建设用地使用权、探矿权、采矿权、排污权等，专业网、营销网等。四是项目评估：项目转让、项目融资、项目投资价值、项目数据分析等。

4. 建设项目的招商策划和租赁管理

（1）招商策划 在运营阶段对建设项目进行招商策划，可以实现建筑物的保值增值。通过策划能够吸引合格的使用单位或人员，进而产生聚集效应。合格人才的聚集现象是一种规模经济现象，使建设范围内的人才交易成本降低，社会效益显著提高。在合格使用者和人员的聚集过程中，不论是在空间上，还是规模上都实现了资源的不断重新配置。在和谐的内外环境下，通过使用者之间信息共享等方式，发挥超过各自独立作用的加总效应，这种效应对建设项目来说是十分经济的。

招商策划首先要确定投资人的目标和诉求，针对目标广泛收集各方面信息资料，制定招商方案，再对方案进行比选，确定最优方案，最后进入招商方案的实施阶段。

（2）租赁管理 为使建设项目正常运营，在招商完成后，要对建设项目的使用者行为进行规范管理，在使用者中营造出共同保护建筑物的意识。在规范管理过程中，要维护投资人与使用者双方的利益，遵循平等、自愿、合法和诚实信用的原则。严格履行与建设项目的使用者订立的租赁或购买合同，及时处理入住使用者在使用过程中的纠纷问题，借助先进的信息化技术为使用者提供高质量服务，实现对使用者、房产信息、租赁、租赁合同的全面管理。

四、资产管理的程序

资产管理是在项目竣工验收合格后进行，主要程序为制定资产管理目标，开展资产管理工作，持续改进优化，提供下一个建设项目决策参考，如图9-7所示。

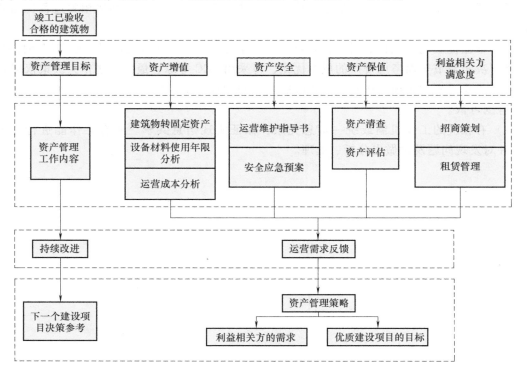

图 9-7 资产管理实施流程图

1. 制定资产管理目标

建设项目资产管理目标包括资产增值、资产安全、资产保值、利益相关方满意度等四个方面。

2. 开展资产管理工作

针对资产管理目标，全过程工程咨询单位协助运营人分别完成以下工作：

1）对建筑物进行转固定资产，并完成对设备材料使用年限分析、运营成本分析。

2）编制运营维护指导书，制定安全应急预案。

3）对建设项目资产进行清查，开展资产评估工作。

4）进行招商策划，对建设项目使用者进行租赁管理。

3. 持续改进

对资产管理工作内容与方法持续改进。

4. 提供决策参考

持续优化的结果最终体现在资产管理策略的优化上，为下一个建设项目提供决策参考。

五、注意事项

在资产管理工作中，既要注意工作流程，还要对工作内容进行不断充实和调整，需要关注以下几点：

1）工作内容和相应部门的对应关系要明确，不能存在工作缺项或职责重复。

2）各部门要做好工作的衔接，明确实施流程中所需要的或应输出的信息、数据。

3）所有工作过程中产生的信息、数据应准确记录并保存完好，其他相关过程性信息应留存。

4）根据优质建设项目的目标和要求，对工作流程运转，开展全过程管理和闭环控制。

5）决策环节全面考虑资产的成本优化，可采用 LCC 等综合最优方法作为决策依据。

6）工作过程中各项工作要建立相应的规章制度和标准，通过制度固化流程，保证各项工作有据可依。

7）有相应的工作机制或统一信息凭条，保证实现信息共享。所有工作能进行监测分析，并对发现问题及时做出分析、处理。

参 考 文 献

[1] 宋伟，车志军. 建设项目全过程工程咨询［M］. 北京：中国建筑工业出版社，2021.

[2] 陈金海，陈曼文，杨远哲，等. 建设项目全过程工程咨询指南［M］. 北京：中国建筑工业出版社，2018.

[3] 上海同济工程咨询有限公司，等. 全过程咨询实践指南［M］. 北京：中国建筑工业出版社，2018.

[4] 潘自强，赵家新. 建设工程项目管理咨询服务指南［M］. 北京：中国建筑工业出版社，2017.

[5] 张江波，吴宁勇. 全过程工程咨询实施路径研究［J］. 中国招标，2023（11）：61-64.

[6] 吴振全. 关于全过程工程咨询服务价值内涵的探讨［J］. 中国工程咨询，2024（1）：43-47.

[7] 刘振亚. 企业资产全寿命周期管理［M］. 北京：中国电力出版社，2015.

[8] 孟宪海. 全寿命周期成本管理与价值管理［J］. 国际经济合作，2007（05）.

[9] 周和生，尹贻林. 建设项目全过程造价管理［M］. 天津：天津大学出版社，2008.

[10] 吴玉珊，等. 建设项目全过程工程咨询理论与实务［M］. 北京：中国建筑工业出版社，2018.

[11] 全国注册咨询工程师（投资）资格考试参考教材编写委员会. 工程咨询概论（2012年版）［M］. 北京：中国计划出版社，2011.

[12] 全国咨询工程师（投资）职业资格考试专家委员会. 工程项目组织与管理（2017年版）［M］. 北京：中国计划出版社，2016.

[13] 宋体民. 全生命周期工程造价管理研究［J］. 科技资讯，2005（25）.

[14] 陈勇，曲赜胜. 工程项目管理［M］. 北京：清华大学出版社，2016.

[15] 过俊. BIM在建筑全生命周期中的应用［J］. 建筑技艺，2010（10）.

[16] 乐云，李永奎. 工程项目前期策划［M］. 北京：中国建筑工业出版社，2011.

[17] 丁士昭. 工程项目管理［M］. 北京：中国建筑工业出版社，2006.

[18] 国家发展和改革委员会. 政府投资项目可行性研究报告编写通用大纲（2023年版）［S］. 2023.

[19] 国家发展和改革委员会. 企业投资项目可行性研究报告编写参考大纲（2023年版）［S］. 2023.

[20] 国家发展和改革委员会. 关于投资项目可行性研究报告编写大纲的说明（2023年版）［S］. 2023.

[21] 国家发展和改革委员会，建设部. 建设项目经济评价方法与参数［M］. 3版. 北京：中国计划出版社，2006.

[22] 段宁，张惠灵，范先媛. 建设项目环境影响评价［M］. 北京：冶金工业出版社，2021.

[23] 国家节能中心. 能效评价技术依据（一）［M］. 北京：中国发展出版社，2014.

[24] 向鹏成. 重大工程项目社会稳定风险评估机制研究［M］. 天津：南开大学出版社，2022.

[25] 范瑞瑜. 生产建设项目水土保持方案编制指南［M］. 郑州：黄河水利出版社，2020.

[26] 国家标准化委员会. 地质灾害危险性评估规范：GB/T 40112—2021［S］. 北京：中国标准出版社，2021.

[27] 马海涛，王云海，谢旭阳，等. 高速公路建设项目安全预评价［M］. 北京：清华大学出版社，2013.

[28] 王根城. 建设项目交通影响评价理论与实务［M］. 北京：中国建筑工业出版社，2011.

[29] 霍小森，李胜男，焦柳丹. 公共建筑绿色改造项目施工阶段关键风险研究［J］. 建筑经济，2023，44（12）：60-66.

[30] 班辉，杨璐璐. "十四五"期间京津冀交通一体化下轨道交通全过程工程咨询的发展前景［J］. 中国工程咨询，2023（10）：79-82.

[31] 刘芳，张慧，朱娟. 全过程工程咨询市场发展现状与展望——基于我国东部9市的实证研究［J］.

建筑科技，2023，7（06）：124-128.

[32] 陈正维，谭庆扬，姚琨，等. 广东省水库移民后期扶持项目"全过程"咨询模式研究［J］. 人民珠江，2023，44（S2）：425-430.

[33] 严玲，尹贻林. 工程造价导论［M］. 天津：天津大学出版社，2004.

[34] 尹贻林. 工程价款管理［M］. 北京：机械工业出版社，2018.

[35] 中国中建设计集团有限公司，北京中皖国际工程咨询股份有限公司. 建设项目全过程工程咨询标准：T/CECS 1030—2022［S］. 北京：中国计划出版社，2022.

[36] 何佰洲. 建设工程施工合同（示范文本）条文注释与应用指南［M］. 北京：中国建筑工业出版社，2013.

[37] 郑意叶. 工程总承包项目管理研究［D］. 上海：华东理工大学，2016.

[38] 谢能榕. 施工总承包合同管理研究与实践［D］. 重庆：重庆大学，2016.

[39] 安玉华. 施工项目成本管理［M］. 北京：化学工业出版社，2010.

[40] 郑博文. 基于 BIM 技术 JD 项目施工成本控制研究［D］. 大连：大连理工大学，2016.

[41] 中国建设监理协会. 建设工程合同管理［M］. 北京：中国建筑工业出版社，2018.

[42] 全国造价工程师执业资格考试培训教材编审委员会. 建设工程计价［M］. 北京：中国计划出版社，2017.

[43] 中国建设工程造价管理协会. 建设项目施工图预算编审规程：CECA/GC 5—2010［S］. 北京：中国计划出版社，2010.

[44] 中国建设工程造价管理协会. 建设项目工程结算编审规程：CECA/GC 3—2010［S］. 北京：中国计划出版社，2010.

[45] 中国建设工程造价管理协会. 建设工程招标控制价编审规程：CECA/GC 6—2011［S］. 北京：中国计划出版社，2011.

[46] 中国建筑设计咨询有限公司. 建设工程咨询管理手册［M］. 北京：中国建筑工业出版社，2017.

[47] 中国工程建设标准化协会. 建设项目全过程工程咨询标准：T/CECS 1030—2022［S］. 北京：中国计划出版社，2022.

[48] 陈新生，邓华勇，陈勇. 全过程工程咨询模式下城市建成区内地质勘察钻探作业精细化管理模式研究与实践——以佛山市顺德区第二批联围治理工程为例［J］. 中国水能及电气化，2023（12）：64-67，58.

[49] 住建部. 建设工程造价鉴定规范：GB/T 51262—2017［S］. 北京. 中国建筑工业出版社，2018.

[50] 杨哲. 全过程工程造价管理在现代建筑工程经济控制中的重要作用［J］. 经济研究导刊，2023（15）：117-119.

[51] 中国建设工程造价管理协会. 建设项目全过程造价咨询规程：CECA/GC 4—2017［S］. 北京：中国计划出版社，2017.